宜春学院校级教改课题：YCUJG-2015-08 信息化时代高校哲学课程理论教育实效性提升路径研究

领略宗教的信仰

尹业初 ◎ 编著

中国社会科学出版社

图书在版编目(CIP)数据

领略宗教的信仰/尹业初编著.—北京：中国社会科学出版社，2017.3

ISBN 978-7-5161-9700-4

Ⅰ.①领… Ⅱ.①尹… Ⅲ.①宗教学—研究 Ⅳ.①B920

中国版本图书馆 CIP 数据核字(2017)第 002943 号

出 版 人	赵剑英
责任编辑	凌金良
责任校对	董晓月
责任印制	张雪娇

出　　版	中国社会科学出版社
社　　址	北京鼓楼西大街甲 158 号
邮　　编	100720
网　　址	http://www.csspw.cn
发 行 部	010-84083685
门 市 部	010-84029450
经　　销	新华书店及其他书店

印　　刷	北京君升印刷有限公司
装　　订	廊坊市广阳区广增装订厂
版　　次	2017 年 3 月第 1 版
印　　次	2017 年 3 月第 1 次印刷

开　　本	710×1000 1/16
印　　张	19
插　　页	2
字　　数	308 千字
定　　价	68.00 元

凡购买中国社会科学出版社图书，如有质量问题请与本社营销中心联系调换
电话：010-84083683
版权所有　侵权必究

宜春学院政法学院 13 思政班集体照

目 录

前言 …………………………………………………………（1）
第一章　家乡的宗教习俗 ……………………………………（1）
第二章　领略宗教的起源 ……………………………………（31）
第三章　领略原始宗教与神话 ………………………………（56）
第四章　领略宗教仪式与成人礼 ……………………………（75）
第五章　漫谈佛教与佛学 ……………………………………（98）
第六章　领略早期中国佛教信仰 ……………………………（123）
第七章　领略禅宗的信仰 ……………………………………（134）
第八章　领略道教的信仰 ……………………………………（144）
第九章　辨析道教文化与民间迷信 …………………………（157）
第十章　领略基督教的信仰 …………………………………（182）
第十一章　领略基督教的演变与教义 ………………………（199）
第十二章　领略伊斯兰教的信仰 ……………………………（229）
第十三章　反对邪教 …………………………………………（253）
结语 …………………………………………………………（292）

前　言

在17—18世纪的启蒙运动提倡的理性主义洗礼之后，人类采用考古学、人类学、语言学和神话学等社会科学方法进行研究，使现代意义上的宗教学得以开始以比较宗教学的形式，即理性的客观的形式出现在西方。时至今日，许多知识分子对流行的宗教普遍采取一种理性批判的态度，更为关注宗教信仰的超越性与精神内涵。正是因为宗教的这种价值性与普适性的趋势，使得宗教生命力得以绵绵不绝地延续。

在思想文化与学术界，曾经有过围绕马克思关于"宗教是人民的鸦片"这一论断展开的广泛讨论。许多学者认为，不能把马克思的这一论断简单地理解为"宗教是毒品，需要从人类思想文化领域中清除"，进而得出应该消灭宗教的结论，更不应该错误地认为马克思对宗教是绝对否定的。在马克思之前，西方不少宗教人士也曾用"鸦片"来比喻宗教，而且他们把鸦片视为镇痛治病的良药。其所以镇痛，正在于具有麻醉功能。宗教固然能够麻醉信仰者的精神，也能减轻或者镇住他们身心遭受的痛苦，给正处在痛苦中的信仰者以精神安慰。在社会本身还没有进入到完美无缺状态的时候，人类还不能解决社会苦难的情况下，宗教给苦难的人民以精神上的镇痛或麻醉，是社会生活的需要，不能完全否定。

当代大学生对世界宗教文化的了解，是对整个人类文明形成与发展的追忆。宗教现象的产生不是客观世界的自在形态，而是人类出现之后才有的一种自为形态，象征着物质世界的自我觉醒。宗教现象演变成为宗教文化，标志着人类文明的诞生。何光沪先生在"宗教与世界"丛书的总序中指出："在构成世界上各种文明的物质生产、组织制度和思想观念三个层面中，宗教同第一个层面相互影响，同第二个层面相互影响又相互重叠，同第三个层面既相互重叠，而且在其中还往往居于深层和核心的地位。"因此，可以说宗教是人类历史上一种古老而又普遍的社会文化现象，宗教现象是和人类的文化现象紧密联系着的。认识人类的文化现象，就必须研究宗教。

当代大学生视野开阔，思维活跃，但心智并没有成熟，他们在一定程度上缺乏对是非善恶的判断力，在各种纷繁复杂的文化现象中显得眼花缭乱而不知所措。特别是对宗教文化的价值与功能，缺乏必要的了解。因此，大学课堂上开设《宗教学概论》课程，便是理性地、客观地阐述宗教现象及其相关基础理论，根本目的在于培养大学生树立正确的宗教文化观。宗教学概论课程的开设，就是借鉴前人对宗教文化研究的基础上，引导大学生领略古今中外的各种宗教文化为切入点，激发他们分析宗教文化与现实生活之间的联系。

这本书凝聚了宜春学院政法学院13思政专业几十个同学的心血，承载着他们对宗教现象与宗教文化的心得与体会。书中每一篇都是他们在课后用心写出来的真情实感。理解一种文化总是应该具有虔诚与理性的态度为前提，领略宗教的信仰尤其如此！他们从我设计的十三个课程教学主题出发，为整个学期的宗教学概论课教学交出了一份比较满意的答卷。希望这本书能成为他们心智成长过程中不能忘却的纪念！书的后记，是由本班表现非常优秀的刘服园同学完成，希望能够代表着全班同学的共同心声。书中的作者分别是：01 邓雪晖　02 杜星悦　03 冯佳婕　04 黄碧文　05 黄菊华　06 黄连华　07 金影　08 赖琦　10 刘荣晴　11 刘小湾　12 刘小珍　13 龙瑜　14 卢苏平　15 陆彩文　17 欧阳丽萍　18 欧阳敏　19 沈慧　20 沈路萍　21 石丽芳　22 素木撸　23 唐瑜苓　25 文欢欢　26 谢程程　27 熊艳梅　28 熊云琴　29 杨慧娟　30 俞静　31 张悦　32 朱芳燕　33 左春明　34 付桥　35 何小星　36 何圆　37 黄浩淳　38 刘服园　39 刘金喜　40 田威亚　41 王灶德　42 杨康　43 袁盛荣　44 叶欣　45 龚颖　46 胡春春　47 刘晖　48 雷婷　49 刘林玲　50 蔡令

政法学院聂火云教授重视鼓励本院老师的教学科研工作，热忱关怀本院学生的心智成长，本书的最终出版，即离不开聂院长的大力支持。

第一章　家乡的信仰习俗

　　小时候盼望着过年，过年的时候除了有许多好吃的东西与好玩的节目，其实还有一项非常神圣的事情难以忘怀。那就是到了年三十的下午，父亲就要带着我们去已故祖先的坟头上烧纸、上香、点烛、放鞭炮。虽然有些坟头里埋的是什么亲人我们不知道，而且坟头之间有时会相隔好几里路，但我们总是乐意跋山涉水地去祭奠。那时候我其实不是很懂这些仪式到底有什么样的意义，但看到父亲那样的虔诚庄重，我也自然就跟着肃然起敬，自觉自愿地跪拜在坟墓前，双手合拢在胸前，然后弯腰作揖。在这个过程中，偶尔还能听到父亲念念有词，不知是思念还是祈望。其实程序并不复杂，留下的记忆却是满满当当。我现在相信，参加这样的活动，我心灵深处是受到了洗礼的。现代社会的浮躁与对利益的耿耿于怀，已经伤害了对生命本身应有的尊重与有意识的代际关怀。现在的孩子们就很少跟随着自己的父亲参加这样的活动了，他们过年期待的是可以自由地畅游在电视娱乐节目的搞笑与虚拟网络世界的游戏中。带着下一代去祖先坟头上祭奠，就看起来那么的不合时宜了！是及时行乐的人生态度使对祖先的祭奠变得不再重要而置之不顾。这种由祖先血缘一脉相承维系起来的亲情关系，已经随着对这样一些仪式的忽视而淡漠，更加使孩子只专注自己的喜怒哀乐，而忘记了亲人曾经的悲欢离合？中国传统伦理道德也因此而一天天边缘化。

　　我的家乡南昌，这里向来注重风俗习惯的传承。而对于不喜欢繁文缛节，追求新奇事物的我来说，家乡的一切显得格外无趣。但是，我却不得不提及我们家乡的一个现象，每到新一年的十月一日，家乡周边的一个小镇会突然间热闹起来。无论是湖北、湖南还是浙江，只要是江西的接壤省份，各路信徒都会到江西省南昌市新建县西山镇的万寿宫，为这里的许真君庆贺诞辰。不知道你们是否熟知一句成语——一人得道，鸡犬升天。这句话说的就是许真君。

说起来西山镇不是什么大镇，但是这里的百姓却愿意花上几百万元在通往万寿宫的道路上修建牌坊。由此可见这位仙人在当地人心中的地位如何了，这用江西话来说就是"作兴"。当然，我小瞧了这万寿宫的地位，不夸张地说它是世界万寿宫的始祖发源地，中国著名的道教圣地，听当地的老乡说这万寿宫建于魏晋南北朝的动乱年间，有大概1600多年历史，面积也挺大，有九座大殿。在江西着实备受推崇，我这闲人也去过两回，那感觉就一个字"挤"，人山人海的地方，我只道身不由己，身体不动也可被人潮推送。有经验的人去那，定会准备好些行头，必备的爆竹香烛就不必多说，还有帽子、毛巾、口罩。这是防身用的，因为香火太旺，灰尘也四处飞扬，火星子也活蹦乱跳的，在烟熏火燎之下这准备绝不夸张。当然，这也不乏趣事，周边市县的祠堂的龙头香架都会抬来，并标明处所奉上香油钱以示虔诚。据当地的道士修士说，九大殿加上后殿的功德箱一共十个一下午就可全部塞满。更别说庙会为期十天，鼎盛三天。而且，人图热闹，喜欢晚上闹腾，于是香火在这几天从来不担心会熄灭。而庙会素来混乱，人多混杂，于是单单维护治安的公安干警就有几千人。你说这么盛大的场面怎能不让我觉得新奇。

02

我的家乡安远是一个普普通通的小县城，位于赣州东南部。这个小县城和其他地方一样有它特有的过年的习俗。但近些年有些习俗已经渐趋消失，下面是我对家乡一些习俗的介绍和理解。

比较常见而且一直有在沿袭的过年习俗是大年夜不能关灯，大年初一要凌晨起床放鞭炮，然后摆桌燃香烛。放的鞭炮的纸屑不能扫掉不然意味着扫福，所以大年初一基本上家家户户门口都是一片红，预示着来年的日子就像地上的红爆竹一样红红火火。灯火通明代表繁荣富贵，烟火旺盛。早上早起之后要摆桌放瓜果糕点，门口要在特制的竹筒里燃香烛。摆桌的位置很重要，一般都是坐北朝南。

另外，大年初一都要做我们那特有的饭，饭里不能放一点荤，荤油也不行，包括做饭的工具都要重新洗一遍确保没有荤腥。大年初一是禁吃荤腥的。忌吃荤腥一方面是因为大年初一是祭神的日子，另一方面也是意味着，虽然新的一年到了，也要勤俭持家。下面我介绍下在我们那渐趋消失的习俗。

往常一般过年的时候会有香火龙巡各个村子，所谓香火龙就是用香火插在稻草扎的龙上然后请人舞香火龙，这个有延续香火传承香火习俗的意思。还有一个就是扛鞭炮冲祠堂拜祖先。用一根长竹竿像串辣椒那样串上鞭炮扛着去祠堂，到了祠堂门口就会燃起鞭炮。这个意味着串上福气，来年红红火火。舞香火龙和扛鞭炮进祠堂主要是以村落和姓氏宗族为单位，一方面有利于本村内部或本姓氏宗族内部的团结，另一方面它也排斥着外来居民，比如外姓居民在一姓氏村落往往会被排挤。由于县城的发展和进步，部分祠堂已经被拆除，加上部分村民迁移出村落，留守在村落的居民减少而且受一些现代观念的影响，这些习俗就开始越来越不受重视，现在这些活动仅在部分村落还仍然举行着。我还查询了一下，我们那还有一个上刀山的习俗，不过已经失传了。

这些习俗寄予了人们对未来美好生活的向往和期待，表达了对先祖的尊重。但其中也存在着一些不合理的因素，如大量燃放烟花爆竹对环境的污染。对于传统习俗我们要去其糟粕，取其精华，汲取合理因素，摒弃不合理的传统。

03

在我的家乡浙江嘉兴，我觉得过节就是祭祖，拜菩萨。在家里摆好贡品、水酒，在一定的时间点香烛燃香火，并且要在那段时间燃放鞭炮。贡品也是样样有讲究，水果，鸡鸭鱼肉，就连米饭也是必不可少的贡品之一。过节的时候要烧纸钱，还要全家人叩拜。叩拜这一环节也是有诸多讲究的，首先，右者为尊，男者为长，所以长者靠右，两两叩拜。过节时叩拜的方式也会随着环节的进行发生相应的变化。

在元宵的时候，家乡还有丢火把的习俗。举着旺盛的火把来到田埂之间，火把发出噼噼啪啪猛烈燃烧的声音，这么一个火把就照亮了半边天。火把慢慢移动洒下的火星在半空中闪现着火光。人们在寄寓一定的愿望和祝福之后，把火把甩到田间寓意着来年的庄稼长得更好。

04

我们苗族从古至今都聚居的绥宁县关峡乡，这是一个古老而宁静的小乡村。在我们苗族人的心中最重要的节日就数"四八·姑娘节"了，"四八·姑娘节"又称"黑饭节""乌饭节""跳花跳月节"。绥宁的四八·姑娘节历史悠久，2006年被湖南非物质文化遗产保护中心列入湖南省第一批非物质文化遗产保护名录，2008年被国家非物质文化遗产保护中心列入国家第二批非物质文化遗产保护名录。

"姑娘节"起源于纪念杨八妹（杨金花）这位女英雄。相传北宋时期，名将杨文广奉旨平蛮，兵败后被朝廷奸臣陷害，成了阶下囚，亲人们探监时带的食物全被狱卒和其他囚犯抢了。他的妹妹杨八妹左思右想终于想出，用药草香花把白米饭做成乌米饭，这样狱卒囚犯怕饭有毒就都不敢再抢食。杨文广得以饱餐，体力逐渐恢复，终于在农历四月初八这天晚上，兄妹里应外合越狱逃走。传说流传至今，演变成了苗族代代相传的传统节日。

四八·姑娘节最主要的内容就是吃黑米饭，黑米饭是采用精细糯米和山中的野生植物过江龙又称老茶叶榨出的黑水，和糯米充分搅拌，待糯米全都染黑之后蒸熟而成。虽然糯米饭略带酸味，但因其有着很强的纪念意义，所以广受苗族人民的喜爱和崇敬。

四八·姑娘节的另外一个主题就是"祭女祖"。

在我们绥宁苗族地区特别尊重女性，崇尚女性文化，这主要是因为杨八妹智救哥哥杨文广的影响颇大。我们苗族姑娘出嫁，要由兄弟亲自背到男方门楼前，若男方是外村的，则要背出村口。四八·姑娘节这天，娘家要派家人把嫁出去的姑娘接回来过节，而姑娘回娘家后先要祭拜杨金花、吃黑饭，之后就是跳花跳月、吹木叶、对山歌、唱傩戏等。

1949年以前，关峡、东山一带还有"新婚三日不同房"的习俗，第

一夜为敬天地，第二夜是敬祖先，第三夜则为敬父母。现在，绥宁的四八·姑娘节有一个重要的文艺节目：苗王背媳妇。

虽然我也是苗族的一分子，但很多和我们一样散居在绥宁的苗族同胞似乎对这个专属于我们的节日都已经趋于淡化了，而随着经济的发展，越来越多的年轻姑娘和男子都外出务工了，对这个节日大都抱着漠不关心的态度，真的是悲哀啊。我们都希望党和政府能加快城乡一体化的进程，改善农村的基础设施，让我们的青年男女都愿意返乡置业。正如经济决定文化，较快的经济发展能推动文化的发展一样，只有我们有了坚实的物质基础，才会把精力放到继承和弘扬本民族的优秀传统文化上；作为新生代的大学生，我们放假回乡之际，不应该沉迷于追剧、玩游戏、同学聚会中，我们作为祖国未来的希望，应该要致力于宣扬我们本民族的优秀文化，把我们的传统节日和特殊节日与大家所追崇的西方节日做一个比较，努力做到以我为主、为我所用，让我们中国那些各具特色的节日能够不失传，能够办得更好。

05

我的家乡江西赣州过年时会有一项活动，是我们家乡的习俗，我们把这项活动称为"敬神"，即每家每户在除夕那天早上带上全家人一起，提着酒、肉、水果等去寺里或庙里去拜神，拜过神之后把提去的食品留一部分在寺里或庙里，剩下的就提回家，全家人分着吃完。老一辈的人说，每年在除夕当天去"敬神"可以为来年求一个好意兆，来年诸事顺利，吃了"敬神"的食物来年就能够身体康健。

小时候觉得"敬神"这种事情太假，是迷信，对来年根本没有任何影响，但是现在却认为其实它未必没有意义，作为一项活动，它被寄托了大家对来年的期盼，表达了人们对未来美好生活的一种渴望；再者，家中青年人外出，老年人都留在家，两者相互挂念，这么一项活动，在一定程度上也安慰了留守者和外出者的那份担心。所以有些留下来的传统未必没有意义。

06

我家在江西省赣州市上犹县的小山村中，我们那里过年的习俗是大年三十下午全家人都要用一种树的树枝熬的水洗澡，听老人说是为了把一年的晦气和不好的运气全部洗掉，以迎接新年的好运。洗完澡，家里的男性成员都去祠堂里祭祀，女性就在家准备年夜饭。到了吃完年夜饭后，全家人都要守岁到晚上十二点，十二点要放鞭炮迎接新年，然后才可以睡觉，但是家里必须燃着香一晚上都不能灭。据说，这样祖先要回家才能找到家，也是表示欢迎他们回家过年的意思。

大年初一早上，家里的男性要去祠堂祭祀。祭祀回来吃完早饭，全村的青年男性和读书的男女都聚到祠堂里一起去扫墓，墓地埋的人据说是全村人共同的祖先，一共两对夫妇。全村剩余的女性就在离祠堂最近的几户人家家里做饭，等到扫墓的人都回来了，全村人无论男女老少都聚在一起吃午饭，聊天。这是一年中唯一一次全村人在一起吃饭，总是显得格外的热闹，大家都在这时候讨论着过去一年的种种，吃个饭都要将近两个小时才结束。然后，还会有捐款仪式，捐的款都用于我们村里的各种建设，每个捐款者的名字都会刻在石碑上。最后，年满60周岁的老人都可以领一个红包，还有一箱牛奶或者营养品什么的。大家就各回各家了，差不多大年初一就没什么其他的活动了。

大年初二是女儿回娘家的日子，只要是出嫁了的女性都要在这一天回娘家。而且必须用扁担挑着两篮子的东西去，女儿女婿在娘家住一晚上，初三吃完早饭，娘家又准备两篮子东西让女儿挑回去。初三大多数的人都会去我们当地的寺庙里烧香祈福，并且吃斋一天。过年的习俗不多，就是这些了。

07

我的家乡是江西宜春龙潭镇的一个古朴的村落。我生在那里，长在那里，对那儿有着一种说不清道不明的感情。我对家乡的习俗可以说是非常的熟悉。谈到过年，就自然而然地会想起大年初一吃剩饭，寓意年年有余，吃面寓意家人长寿平安，等等。大年初一一大早，家里的男性长辈就须带领自家的所有的男性去宗祠祭拜祖先，这本身是一件好事，既可以表达对先祖的敬意，又有利于族人间的感情交流和传承家谱文化；但是放鞭炮会污染环境，且族人间相攀比现象比较严重。从大年初一开始，村长就会组织舞龙活动，村人们都通过投标来决定举龙头还是龙尾，这些人会到各家各户家里面去舞龙，每户人家会准备毛巾、香烟、花生和糖果等物品，有钱人家会包红包。这项活动让村里面变得很热闹，但近些年来很多人攀比谁家包的红包比较多，谁家年年有钱投标举龙头，等等，这使得村中的气氛变得不和谐，邻里关系也不怎么好。而且这项活动具有浓厚的封建迷信色彩，说什么举龙头会生儿子，举龙尾家里妻子会生女儿，一点儿科学道理也没有。对于传统习俗我们应该在批判的基础上继承。

08

我居住于江西省赣州市龙南县的一个小村镇里。在我的家乡，过年时风俗性的活动给我印象比较深刻的是在大年三十的那一天早上父母要带上香烛纸、活鸡回村里的寺庙里祭拜土地爷和财神爷，祈求在新的一年财源滚滚、健康平安。在土地爷和财神爷的面前将活鸡杀了之后将鸡血滴在黄纸上后将黄纸带回家中放在厨房和客厅外的香炉上，等到晚上再将黄纸烧掉，大年三十晚上需要将客厅和厨房里的灯留到第二天的早上，并且第二天的早上要由家中的男丁煮早餐吃。过完年后的垃圾要等到大年初四才可以将它倒出去，头发也只能等到大年初四才可以洗，并且要等到过完元宵节后才可以剪指甲和剪头发。

我觉得家乡过年时的这些风俗习惯其实很有意义,对土地爷和财神爷的祭拜不能说迷信吧,我觉得更是一种信仰,一种精神上的寄托。农村里一向对这些风俗比较看重,我认为保留下来是一种对文化的尊重,很有价值。我很希望能够看到这种风俗的延续,村里人一起回到村里祭拜土地爷和财神爷,一起放爆竹,这种氛围很温馨,也很热闹。

11

56个民族56种过年风俗,在我看来少数民族的很多风俗很吸引人,但是过年过多的礼节又会惹人烦。所以对旧文化要有所继承与发展。

我的家乡江西九江过年有一些活动,但是也没特别吸引人的,大年三十早上一群人会拿着自家做的糍粑去祭祖,并且放爆竹,表示喜庆以及求得祖先保佑。迷信什么的也有,比如大年初一不能扫地,不能说脏话骂人,三十晚上必须祭祖完了才能吃年夜饭,我们的年夜饭一般都是7点多,然后全家一起看春晚。三十晚上爸爸十二点要起来开门打爆竹,而且一整晚不可以关灯,全部灯要亮着,以前我们说不能睡觉,要守岁,但是现在我们基本都会睡觉的。

初一我们是邻居互相串门拜年,后面就是亲戚拜年。来亲戚做客吃饭时,辈分高的长辈要坐在上座。每个亲戚的位子都要好好安排。

我们过元宵是最热闹的。晚上大家吃好饭后就去游龙,就是我们那边大家买了两条大龙,强壮的男子就举着龙,挨家挨户地游,每个人的家里都要举着龙游一遍,特别热闹。龙来了就开门让它进来,在祠堂边或者较大的空地上会停留一下,然后用尽力气游。每家都要拿爆竹来放,敲锣的敲锣,打鼓的打鼓,甩龙头的是最累的,所以基本上几分钟就要换一次人。最不好的就是整晚都是爆竹声,白天放烟花简直就是浪费啊,美丽又看不到,还污染了环境,所以希望适度地放,不要过多地放烟花。

12

春节在中国是一个特别重大的节日,许多漂泊在外的游子一般都会赶回家过春节。在江西吉安我家的那个小山村,我们会在农历二十四左右打扫卫生，以除去这年的晦气。而且，在农历三十那天，我们会早早起床，贴好对联，吃早饭。然后我们会准备祭祀的物品，带好爆竹、香、纸钱、蜡烛、茶酒，顺便还要带好铲子等工具。我们会聚集一大家子，男女老少都会去已故先人的坟地上坟。到了坟地，我们会拿起工具，对坟地进行整修，铲除旁边的杂草，都会铲泥土铲到坟地的上面，寓意人丁旺盛。然后我们会在坟前点蜡烛，烧纸钱，烧香，放鞭炮，顺便也会做些祈祷。三十晚上，我们会吃消夜，全家人一起看春节联欢晚会，长辈也会给小孩压岁钱，同时也会守夜。初一早上人们也会早早起来，点蜡烛，放鞭炮，俗话说"开财门"。吃完早饭，去给长辈拜年，接着每家的男主人要带一块鞭炮去礼堂放，全村的男主人在那里一起拜年，完事之后就会去亲朋好友家拜年。在我看来，这些小小的习俗其实就是一种文化，我们世世代代相传下来的，正是这些习俗让我们平常难得聚在一起的人聚在一起玩乐，让我们找到归属感，维系着家族之间的感情。我觉得是一种很好的文化，我个人很乐意参与这些活动，这会使我感到很快乐，找到生活的乐趣。因此，我们要好好地把这种习俗传承下来，保护好我们的文化。

13

每年过年的这段时间，我觉得是我最快乐的一段时间。除夕那天晚上，我们一家人高高兴兴地坐在一起吃晚饭。因为我们这里（江西宜春万载）是花炮之乡，在这一天，只要放鞭炮，放烟花，就代表着这家那时候正在过年，正在团圆，这一天一年里所有的烦扰在那天都会消失的无影无踪，因为新的一年马上到来，代表着新生。说到新的一年，那就不得不说到守岁了。吃完饭，大家就坐在客厅里吃着点心，等着新的一年的到来，在零点时刻，大家的鞭炮不约而同地响起，谁家放的鞭炮越早，代表着谁赢得福运最多。

在大年初一那天，爷爷会把我们带到祠堂去拜年，特别是男丁必须得去。家家都会带上鞭炮、香和一些猪肉。到了那里，等到族里长辈挑好的时辰到来，打鞭炮，按辈分依次上香。感恩祖宗，向祖宗许下心愿，保佑家人健健康康，并在新的一年里能谋个好彩头。等到族里的长辈说散掉，大家才各自离开。我们的祠堂里还设立了理事会等机构，在读书人金榜题名时，理事会会捐助其学费，让其放心读书。祠堂代表着子孙后代对祖宗的尊敬以及信仰。在我们万载，祠堂数目繁多，只要一个姓氏到一定人数，必定会有祠堂。祠堂作为一种文化，它传载着亲情、血缘，定会永久的流传下去。

在大年初二的那天，嫁出去的女儿就要开始回娘家。她们会带着很多的东西回娘家，而且必须是要挑着走回来。当然，回去的时候也是大包小包的拿回去。这一天，路上最为热闹，人流量最大。大家脸上都洋溢着幸福的笑容，我们更是，因为从这天开始我们就有很多的压岁钱拿啦！吃的玩的也是滚滚而来。

总的来说，过年对于我来说，儿时的我是最喜欢的，可随着年龄的长大，我发现过年不是这样的好。比如，奶奶招呼客人时的艰辛，要做很多的菜，我们也需要帮忙，就看到了过年幸福之后那忧心的一面。但是，对于我们华夏民族来说，过年代表着团聚、幸福、美好，每人都期待着过年，不是有这样一句话吗？有钱没钱，都要回家过年。春节是我们中华民族一个重要的传统节日，我们应永久地把它传承下去。

14

春节，在中国是一个非常重要且又十分传统的节日，它承载着中国几千年的文化。

在我的家乡江西宜春，人们对春节也非常的重视。每年到了腊月，在外面打工的人就都陆陆续续地回来了，村里的人也就多了起来，过年的气味就越来越浓了。腊月二十四在我们那叫小年，这天，家家户户都开始打扫卫生，寓意着去旧迎新，把过去的这一年里不好的东西都扫出去，迎接新气象。到了除夕就更热闹了，家家都在煮肉杀鸡，到处都是酒肉的味道，男女老少都穿上了漂亮的衣服，门上都贴上了对联，挂起了灯笼。到了晚上，烟花、鞭炮声彻夜不绝，人们还要看春节联欢晚会，吃年夜饭。

大年初一，晚辈都要向家里的长辈拜年。从大年初二开始，人们就开始走亲访友，互相拜年。别人来家里拜年，就准备好一桌子丰盛的菜来招待客人。

到了元宵节，人们又开始放烟花、鞭炮，吃汤圆。过了元宵节，过年也就差不多结束，人们又开始忙着工作了。

15

春节是我们中国最盛大、最热闹、最喜庆的节日。因此，不同的地方都会有属于自己地方特色的春节风俗。在我的家乡广西崇左，在除夕的这一天，基本上家家户户的妇女都在打扫自己的屋子，把家里都弄干净，意味着除旧迎新。而家中的男的就负责贴春联，把鸡鸭杀好，因为大年初一不可以杀生。除夕的晚上全家人要在一起吃年夜饭。吃完饭后就把糖果和年货摆放在供桌上，全家人一起围在火堆烤火聊天或者做游戏，一起等待十二点的到来。十二点到了之后，家家户户都会点响鞭炮，这时，鞭炮声四起，焰火连天，春节的浓厚氛围深深地感染着大家。

到大年初一的早晨，父母看到儿女就要给小孩子红包，意味着红红火火，财源滚滚，大吉大利。如果其他的小孩来家里玩，也要给别人的小孩红包。但是在我们村里，并不喜欢自己的小孩在大年初一的时候去别人家玩，也不许去别人家借东西，因为这样好像是去别人家乞讨，而且他们不想大年初一的时候钱财外流，只想财源滚滚来。因此，村里的人不喜欢大年初一的时候有人来自己家，一般也不出门。并且大年初一不可以洗衣服，也不能扫地，因为如果你做了这些事儿，就意味着你把福和财扫走或洗掉了，这样是不吉利的，老人是十分忌讳这个的。

大年初二的这一天，早上起床全家人一起吃粽子。粽子是用米做的，又大又结实，代表五谷丰登，丰衣足食。村里大大小小的人，都会在早上七点带着家里的粽子和糖果在村里的祠堂集合，八点把东西放在祠堂的供桌上开始正式朝拜祠堂的祖先，祈求今年平平安安，身体健康，五谷丰登，孩子聪明伶俐，以后能考上大学等愿望。祈求完之后就可以相互串门或者走亲戚了，也就是开年。当你去买菜的时候，和卖菜的阿姨说新年好，生意兴隆的话，阿姨就会很高兴，一般都会多给一些菜作为回应。然而在年前完婚的新人们，也会选择在大年初二的这一天回娘家，这时就是小孩子们开心的时刻了，因为新人们都给娘家所有的小孩封大红包，如果封得少别人就会说这个新郎官小气，抠门。所以，很多人都选在大年初二的这一天回娘家，因为这一天回娘家小孩子会有很多红包。

元宵节全家人也会聚在一起吃汤圆，代表团团圆圆。然后会买很多鞭炮来放，意味着年过完了，过完了十五年味就没了。

17

每逢新春佳节，我的家乡江西吉安的各种传统风俗总是那么的让人难忘，种种传统仪式的举行无不洋溢着新年的气息。而这些活动均以祭祀神佛、祭奠祖先、除旧布新、迎禧接福、祈求丰年为主要内容。

除夕这一天家家户户就要忙着贴春联、准备年夜饭、祭灶神等，祭灶神是祈望灶神"上天言好事，下界降吉祥"。在我的家乡吉安，大年初一由辈分最大的长辈进入宗祠击鼓，迎接新年的到来。大年初一，是一年一度的上谱仪式，但凡家乡中谁家头年诞下新生男婴，都要在大年初一这一天进入宗祠，由村里辈分最大的长辈帮其举行上谱仪式，将男婴大名登谱入册，同姓家族所有人员在宗祠里庆祝这一天，一起举杯畅饮，这应该是受传统的宗法制观念的影响。

在新年里，去山庙拜神祈福也是不可少的，可以全家一起去，也可以邻里几个结伴而去。在山庙里捐赠香火钱、爆竹，然后虔诚的拜神祈福。正月里这几天，山庙尤其的热闹，而且每个人脸上总是喜气洋洋。

18

在我的家乡江西瑞金，过年的习俗可多了。

年前，我们要先晒香肠，打黄年米果，或者是做艾叶米果，煎煎果子，蒸肉丸，打米泡（米泡现在很少人打了），做豆腐，置办年货等，这些大都用在正月拿出来接待客人。另一项重要的活动就是打扫卫生，里里外外打扫房屋，以及屋内的设施，洗好锅碗瓢盆和被子被单，在这里因为"尘"与"陈"谐音，故有除旧迎新之意。

当然，还有一项最重要的活动就是贴春联。春联要过年前一天或者过年那天贴，家家户户都贴上喜庆的春联，表达了人们辞旧迎新、对新生活的美好向往的愿望。大年三十这天家家要宰鸡杀鸭（但是如果杀鸭就要过年前一天杀，杀鸡就要过年那天杀）。去庙堂里祭祖，表达了逢年过节对先辈们的尊敬和悼念。除夕还要吃年夜饭（我们又把它称为团圆饭），一般下午四五点钟就开始，一直吃到晚上，大家坐在一起吃团圆饭，寓意着一家人团团圆圆。吃完团圆饭，还有一件小孩子和大人都比较重视的事就是放烟花。

正月初一零点，一家之主要早早地起来燃放开门炮，称为"出行"，是谓"抢春"的意思，这一天起的越早越好。清晨起来穿新衣服，先到庙里祭拜祖宗，一个家庭中的男丁要提篮备茶酒鱼肉祭社公（当然随着社会的发展，人们思想的转变，女的也可以去祭拜祖宗）。早餐要吃素，也称吃斋，一般吃面和素丸子，吃了表示一年健健康康的意思。另外，这一天不得出家门，也不得打扫。

初二开始走亲访友拜年（但初二一般都去外婆家）。

19

在我们江西九江，腊月二十四也就是过小年的那天，有个特别的习俗——打小孩或者用煮熟的鸡蛋擦小孩子的嘴巴，因为这样就可以让小孩子在过年不乱说话了。小时候我也经历过，那时感觉太不合理了。在大年三十的早上，每家每户都要准备糯米饭，意味着辞旧迎新，而剩下的就会磨成年糕。到了下午，感觉到了年的开始，全村人都开始贴对联迎接新年。而妈妈则开始准备压岁饭了，压岁饭也是有讲究的，按农历来算，一年有几个月就要煮几碗米，所以那天晚上的饭可以吃好久好久。压岁饭吃完了就是家里的长辈开始给晚辈压岁钱了，每到这个时候都是最开心的，一家人其乐融融，团团圆圆。而压岁饭之后，小孩子不能乱跑，但是大人们开始去每家每户看望老人，祝他们新年快乐，妈妈则在家里准备晚上十二点的年夜饭以及去祠堂的祭祀品。而我们那重男轻女的思想还是很严重，女孩子那时不允许进祠堂，所以对于祭祀的各种礼仪我都不懂，只知道要放好多好多爆竹，几乎从半夜十二点到第二天的八九点，爆竹声没停过。到了大年初一，不允许扫地倒水，因为扫地意味着扫财是不吉利的，只能等到大年初二早起打扫卫生。

对于这些习俗，在我看来，有些是有价值的，而有些则是没必要的，没必要追求整全。崇尚爆竹放得越多或者烧给祖先的东西越多就越容易发财,这也并不合理。过年就在于过出年味,一家人团团圆圆,热热闹闹才是最好的,所谓家和才能万事兴。

20

我的家乡是浙江海盐,在海盐,在大年三十那天,每家每户都要进行祭祀活动。一般一早大家就都忙开了,为祭祀做准备。先要去镇上买菜,会买肉、鱼、全鸡等。然后把这些菜煮熟,特别要说明的是,鸡要留几根鸡毛在翅膀和尾巴那边,然后用秸秆把翅膀和鸡爪捆起来。接着,要把一张八仙桌放到大门口,大门需要敞开,八仙桌的方位也是有讲究的,中间的线对到大门是确定不变的方向,在桌子周围要放上椅子。再就是把菜放到桌上中间的位置,最后是放上2根蜡烛,放一根香在2根蜡烛中间,在四周放上一些杯子和一把筷子,就差不多可以了。最后一步,点燃蜡烛,倒黄酒,在桌子前方的地上放一块布,就可以算是开始祭祀了。等几分钟就可以进行跪拜的礼节了,一般由最年长的长辈,开始进行跪拜的礼节,小孩子一般比较后面跪拜。中间会持续比较久(等香烛燃烧完就算结束),空的间隙,大人们会折黄纸,折成元宝状,当然也可以不折,直接是一张纸票。过一段时间,就要拿一些黄纸去门口烧,把椅子划开,并再次倒黄酒,接着把椅子靠拢,这样持续几次,最后一次烧纸会连着香一起,并会燃放2根爆竹,这样子就算一次过年的祭祀完成了。

21

大千世界,无奇不有,整个世界就是个文化共同体。

广西临桂六塘是我的故乡,这个地方不大不小,但也还是有一些独特的文化特色。我不属于少数民族,我的家乡的风俗也没什么特别,每年的春节都一样,家家户户都很喜庆,个个都比较忙,都为了迎接新年,但还是有一些特别的事去完成。

首先是大扫除:在大年三十之前,把家里打扫得干干净净,把所以不好的东西全都清理干净,以此来表示新年新气象,新的开始。

其次是贴春联:家家户户都要在除夕的当天选一副大红春联贴于门上

为节日增加喜庆气氛，还有就是贴"福"，就是说把福气带回家。

再有，就是守岁、吃年夜饭：全家聚在一起吃年夜饭，年夜饭的时间一般在三点到五点，其中都会有一道菜，那就是鱼，来象征年年有余。饭过后，长辈们会给小辈们红包，希望大家都红红火火。

还有放鞭炮：除夕夜晚，家人都在守岁，正到24点的时候，家家户户都会放爆竹，迎接新年的来临。

最后是拜年：新年的初一，大家都会穿着新衣出去拜年，互祝对方平安、发财。大年初一，不能煮饭，都吃除夕夜剩下的饭；大年初一，不能去水井打水，除非先烧香祭拜。

春节是一年中美好的节日，全家人能团团圆圆，开开心心，这一习俗在永久的传承，不息不灭。

22

中国是一个多民族国家，每个地方、每个民族的风俗习惯都不相同。当然过年的习俗也是各不相同的，记得小时候最开心最期待的就是过年了，因为过年就意味着可以穿新衣服、收红包、吃好吃的、和小伙伴一起放鞭炮，这些对于当时的我们来说是多么大的福利啊！

今天就谈谈我们藏族人过年时的一些特别习俗和宗教活动。我们藏族人过年的习俗特别多，那么先从农历二十九开始说起，那天是大扫除日，首先，要早起，必须在天没亮之前起来，要把家里的被子、褥子、床单和被套、沙发套等所有东西都拿出去抖灰尘。其次，要开始把屋里屋外各个角落扫干净。然后，就开始擦屋里的所有家具。最后，轮到倒垃圾了，那天所有的垃圾都不能乱倒，要倒到指定的方向。当地的活佛都会算好东南西北有一个方向不能倒，其他三个地方都可以倒（这是因为四个方向中有一个是"年仙"来的方向，如果把垃圾倒到那个方向就表示不欢迎"年仙"，是极其不吉利的）。大扫除预示着要把过去一年所有的不好的扫地出门，干干净净迎接新的一年。到晚上要吃包子，当然这可不是一般的包子。包子里面会放九种东西，如：盐、辣椒、红枣、布、米、糖、钱等，会用小塑料袋包起来包成特别小的一块放在包子馅里，从外表看不出里面的东西，然后放到其他的包子当中。熟了之后全家开始吃，吃到每种东西，根据那种东西的特点说法都不一样，比如吃到盐说明这个人比较爱管闲事（因为基本所有的饭菜都放盐，还有其他要盐的地方很多，盐是什么地方都要参与一下，所以吃到盐的人就说明比较爱管闲事）；吃到辣椒就说明这个人脾气比较爆；吃到布说明这个人有穿好衣服的命；吃到钱就说明以后可以挣到很多钱；吃到糖就说明比较爱哭鼻子（因为糖容易化）；等等，每种东西说法都不一样。吃包子的时候最紧张了，每次吃不下也要把包子掰开。

再说三十晚上，那天晚上基本是不能睡觉的。一到十二点首先要洗手煨桑祭祀，煨完桑要放鞭炮算是正式过年了。然后回到家中要吃米（因为在以前只有贵族和活佛家里才有米吃，一般贫民家里是没有米的，虽然现在米很多，但是为了预示一家人的生活可以过好一点，还是会保留着那个习俗）。吃完米要开始给老人拜年，给老人磕头老人就会发红包。之后女的要留在家中，男的要去寺院煨桑，完了以后要和隔壁以及附近的男的去山上煨桑挂经幡（像煨桑之类的活动就是属于宗教活动）。完了之后就回家，随后就要开始去各个亲戚家拜年。

初二到十五每天都要煨桑，在这其间会有很多婚嫁宴席。所以会很忙，也会很有趣。这里只是简单地谈了几个，其实还有很多，说再多也不如我们去亲自体验一次。

23

我的家乡在河北省秦皇岛市，我的家里在市里没有什么特别的习俗，但是我姥姥（外婆）家有。在他们那里每年腊月八日要吃腊八粥，腊月二十三小年那天开始大扫除，一直扫到除夕那天。像杀鸡杀猪都在那段时间进行，正月不杀生。除夕那天基本上白天就吃两顿饭，早饭7—8点，午饭在3—4点也就是年夜饭。这之间可以吃一些零食。到了晚上9—10点左右家家都包饺子。饺子里放各种东西，如：大枣，花生，辣椒，盐，还有硬币，各种陷的饺子，大家都争着吃里面有硬币的，预示着明年财源广进。另外还吃猪蹄，预示明年能多挣些钱。晚上12点家家户户开始放鞭炮，跨年。

正月初一早上6点开始放鞭炮，然后包蒸饺，初一早上都吃蒸饺而且是新做的。然后大家开始拜年，现在拜年也基本上是打电话或者发短信，只有比较亲的才会去家里拜年并且带上礼物。初二很多人会回娘家。大年初二开始一直到大年初十我们那里都是过大寿，各种随份子。大年初二是52岁的人过大寿，去的人大部分是小辈的弟弟妹妹和侄子侄女和女儿儿子，俗称垫砍，就是希望能顺利度过52岁。大年初三是73岁的人过大寿，去的人也都是小辈，也是俗称垫砍，也是希望能顺利度过73岁。大年初四是84岁的人过大寿，去的人也都是小辈，也是俗称垫砍，也是希望能顺利度过84岁。大年初五是65岁的人过大寿，这个和前几个不一样，这是个大寿，基本上所有亲戚、有联系的人都会去，场面很大，相当于结婚的场面。大年初六是66岁的人过大寿，大年初八是80岁，大年初九是90岁，大年初十是100岁的人过大寿，场面和65岁的一样，所有的人都会去。所以接连9天的时间人们都穿梭在各种酒席之间，有时候一个村子同岁的人多了，就会把一家人分开，每家都去一个代表，有时候实在没有人，就让别人把钱带过去。这几天的时间随礼都要不少钱，就拿今年我家来说过年，这几天我家随礼就花费了2万多元。

从除夕到正月十五，家里广场上都会有扭秧歌的人，另外，正月十五还有灯会和放礼花。正月家里还有一个说法就是不让剪头发，说是对舅舅不好，咒舅舅早死，所以家里的人都是在腊月或是出了正月到二月初二时才剪头发。另外二月初二我们家里俗称龙抬头，流行剪头发，预示新的一年有好的开始，走好运。过了二月初二才算真正过完了年，外出务工人员也陆续回到工作岗位了。

另外，我们家乡在立春的时候吃春饼，在立秋的时候吃萝卜。

25

对于我来说，人越长大越觉得过年没有味道，小时候，很期待，一想到过年就觉得很激动，一想到过年领压岁钱就更兴奋；长大了，不期待，一想到过年就觉得无聊，一想到过年压岁钱又少就更觉得没兴趣了。好像过个年就跟压岁钱有关，但却不是这样。小时候，过年家里老老少少都聚在一起，一起吃饭，一起烧香，一起拜佛，一起玩牌，一起通宵守岁……很多事情一起做，但现在很多事情都是老一辈的在做，年轻人都变懒了，很多事情都没有延续下来。要说直到现在，还在延续的事情就是拜宗谱了，看见和自己一起长大的玩伴都变了模样，觉得都没什么话题讲了，我想这就是距离吧，不一样的地方，不一样的时间，不一样的人，想一想我们过年才聚一聚，而且都是匆匆地来，匆匆地离开。其实，不管是过年还是平时，如果是觉得亲近的人，那么就请经常联系吧，因为只有那样，对方的距离才不会拉得太远，至少见面时能有话题聊。有人说太亲近人的关系不需要经营，可是又有谁能保证经过岁月的变迁，人人都能保证不变，对于我来说，越是关系好的亲朋好友，越需要去不断了解，不断去关心，这样人一直都在，情一直都在，年味一直都在。

26

在我的家乡江西万安，家人在年前都会将自己的屋子打扫干净，叫作"除尘"，意为扫除过去一年不好的东西，迎接新年的福气。在大年三十这一天，每家每户都会贴春联，放鞭炮，烧香祭祖。我们的习惯是在爸爸他们四兄妹家轮着过年，这一年轮到了谁家，大年三十这一天就要早早起床准备一大家子人的团圆饭，大概20来个菜。其他家的人上午留在自家贴对联，放鞭炮，烧香祭祖，中午十一点左右在家放完鞭炮就赶去吃团圆饭。在大家都齐聚在一起后，十二点整放鞭炮开始吃团圆饭，期间要相互敬酒，说吉祥话，表达祝福，其乐融融，平时不让沾酒的孩子也会被要求喝上一些。下午大家一起聊聊天，回顾一下过去这一年的人和事儿。晚上六点吃完晚饭一起放烟花，然后各自回家。回到家中洗个澡，换上新衣服，发红包，一家人都聚在电视机前看春晚，也没有要求守岁，只需大人晚上12点放鞭炮。大年初一这一天，男子带孩子去给附近的邻居拜年，女子则留在家中招呼客人，给邻居拜完年后出门给长辈、亲戚拜年。初二这天各位姨妈都会回到外婆家，吃一顿娘家饭。初三时，则会回到乡下，给乡下的亲戚长辈拜年，顺便摘些新长的艾草做艾米果。从初四开始，姑姑、姨妈及自家都轮流请客吃饭，让大家到自家玩一天，大概会持续到元宵节，这个年也算过完了。

春节习俗的传承，是对先人的尊崇，对亲情的增温。人总是要有信仰的，对春节习俗的传承，能让人心安，是人们一年来奋斗前行的动力，也能让亲情和孝心传递下去。

27

十里不同风，百里不同俗。而在我们江西丰城那里有关宗教的习俗就是在正月十五那天，爷爷带着全家老少拿上红蜡烛、腊肉、鞭炮去祭祀，缅怀先人。一般跪拜前，爷爷都要先讲一段，告诉我们这是哪个祖先，他以前有什么事情，讲完话后，然后和父辈们一起整理墓地，点上蜡烛，接着我们再按着长幼次序跪拜。虽然这是习俗，但它不仅可以吊唁先人，强调宗族感，还可以促进长辈与晚辈、晚辈与晚辈之间的交流。平时有的在家务农，有的外出打工，见面交流的机会甚少，但却可以在这一天一起缅怀先人，了解家族史。最难得的是，可以用心交谈，不用伪装自己，无论是心酸还是快乐，都可以在家人面前倾吐。

28

我觉得我们江西丰城最具有宗教气息的活动是元宵节那天晚上请团箕神的活动，该活动带有点封建迷信色彩。正月十五晚上，先是请四个女孩子在桌旁各用一根筷子顶着团箕。当然女孩子的选择也是有一定的标准，必须得是未婚且身上不能沾有血迹，因为神认为身上有血迹不干净。然后由组织者放鞭炮，意味着请神的意思。鞭炮放完后，四个女孩子就开始念口诀，念了一会儿就有人问团箕神来了没有，来了就撞下桌子示意下，当然是筷子顶着的团箕自动去撞。没来就继续念口诀，直到他来。请来团箕神之后，大家就可以问他问题，比如说赚多少钱啊，一千块钱撞一下，多撞多赚，比如能不能考上大学啊，来年种花生好还是豆子好等问题。问完问题后，要再放鞭炮把他送走。

在我看来，我是不太赞同这个活动的，因为即使很多人会去看，也信这个，但是我觉得它是不准确的：首先它是由四个女孩子用手扶住筷子的，主观性很大；然后这世界上根本就没有鬼神，它只是人们心中的一种信仰；最后它完全可能误导人，但很多人对这个深信不疑。我认为，还是不要这种活动的好。

29

农历腊月二十四是我的家乡江西高安过小年的日子，这一天家家户户都会在家里大扫除，这意味着扫除旧的一年的晦气，迎接新一年的好运。我们家乡过年跟别的地方差不多，就是到处走亲访友，吃吃喝喝，给我印象最深的倒不是过年，而是年前的腊月二十八。

腊月二十八，这是一个很不寻常的日子，这一天，我的父亲会起的格外早，目的是为了能够抓到家里饲养已久的那只大公鸡，因为今天是一个还愿的日子，需要它。半个上午，经过父母的辛勤劳动，公鸡已经杀好了。而且公鸡肚子里面的心、肠子什么的都洗的干干净净的，完好无损的又把它们放回公鸡的肚子里去了。然后就把它放到水里面去煮，这时候妈妈拿来了一块长方体的肉，也一起扔下了锅。煮熟之后捞起，放到桌子上。吃完中饭，爸爸拿来了一个长方形的竹篮子，将公鸡和肉放进篮子里，然后将筷子的一头插进肉里，一头用红纸包住，大约四五厘米吧。红纸包筷子听老人说是为了让自己家的财运不外流。父亲提着一个篮子，手里拿着爆竹和一炷香，带着弟弟往祠堂走去，还不准女孩子跟去，要去的话，也不能进祠堂，只能站在远处看，别做声。我看见了父亲和弟弟在里面给祖先磕头，那个篮子就放在祠堂的正上方，拜完以后，父亲就走到门外打了爆竹，然后没过多久就提着篮子回家了。

这就是还愿的整个过程了。听大人说，篮子里提去的东西，就是为了感谢祖先给家里带来的整年好运，手里拿的东西就是为了迎接新的一年的好运，希望在新的一年里大家平平安安，事事顺利，并且财源滚滚。这个习俗将在新的一年给大家带来信仰和希望，人人都开开心心的，日子也越过越红火了，值得大家继续留传下去，但是我认为它有一个小小的缺陷，就是带有重男轻女的色彩，这种封建思想在我们家乡仍然根深蒂固，希望它有一天可以消失。

30

我家在江西东北部上饶市的一个县城，叫广丰。由于我们县大部分的人都在东部。春节在我们的生活里意味着的是喜庆、团圆。最开心的莫过于家人都在身旁。过年的习俗，对于幼时的我们，总是很好奇，觉得很神奇，似乎只要我们虔诚，佛祖就一定会听到我们的祈祷。随着年龄的增长，时代的变迁，一些习俗也已经不在了，但还有一些保留。过年就像中国人的一场狂欢，一场放肆。其中最主要的是放下一年的忙碌，回到家里。

家里的年从小年腊月二十三开始，到了腊月二十三就意味着新年快到了，家里就开始准备过年要用的东西了。家里有猪的开始杀猪，鸡鸭也开始杀了，还有一个重要的东西，就是年糕，以前的我们都会自己蒸，用糯米、芝麻、红枣，代表着步步高升。在过年的前一天规定不允许杀生，怕冲撞了佛祖。

在大年腊月二十九的晚上，就会有人去村里的庙里和祠堂打扫，当12点一过，就会有人去庙里跟祠堂里上香、祭拜、放鞭炮。而我们家在早上的7点钟左右，将鱼、肉、鸭放在一个篮子里，另一个篮子备上年糕、米饭和酒，当然这些东西上必须都有红纸。在庙里祭拜完后，然后去灶神那里祭拜，最后留三支香回到家里的灶台拜，然后插上。大年三十的下午，家里很早就会准备下午祭祖先的祭品，四点左右的时候，在家里的老屋里，会进行祭祖，一大家人会在一起，叔伯们也会齐聚一堂。晚上是年夜饭，年夜饭是必须关着门吃的。

之后便是守夜了，一家人在一起聊聊天，打打牌，12点之后，便会开始放鞭炮。家里的灶火要一直亮到第二天。大年初一最重要的便是必须说吉祥话，家里的水不能倒，意思是财不能外漏。

过年最大的好处，就是可以一家人聚在一起，去亲戚家拜年，可以很容易的感受到亲戚之间的感情。亲戚们带着礼品拜年，妈妈说那是认亲，吃顿饭，在饭桌上聊家长里短，可以感受在过去的一年缺少的关爱。

32

我是浙江嘉兴人，我们那边感觉宗教活动并不活跃，信仰基督教和伊斯兰教的人少有听说，教堂也不多见。这或许是我孤陋寡闻，但在我们农村，感觉信佛的还挺普遍的，经常能看到成群结队的老年人出去念经，具体的程序我不了解，但见过外婆带着装满水果、香烛等的大包出去过，也知道每次去她们都要捐一笔钱。我感觉对于念经，那些老年人还是挺痴狂的。之前在打寒假工的时候，就听到坐在我前面的阿姨抱怨，说前几天他父亲生病了，子女都忙于工作走不开，希望她母亲能在医院陪着，结果，她母亲却一个人跑去念经，最后还因为身体虚弱被香给迷晕了，导致她不得不停了几天工作。对此，我也表示无法理解，为何她们会如此痴迷于念经。至于过年的习俗，我们那里也越来越淡化了。我只记得大概农历十二月中旬和下旬的时候，我们那边会搞祭祀，分别"宴请"土地公和祖先。大年三十那天吃完年夜饭后，我们会准备些吃的祭灶并送灶。大年初一，如果最近一年有亲戚朋友去世的就要去他们家"插蜡烛"，如果没有，一般就不出门。这一天还有一个忌讳，就是不能动用扫帚，否则会扫走运气、破财，假使非要扫地不可，须从外头扫到里边。初二，出嫁的女儿通常会带着自己的丈夫和孩子回娘家。而到了初三，一大早人们就会准备好水果等东西点上蜡烛和香迎灶神。也是从这一天开始，人们便会按照亲戚朋友们的邀约去做客。大年初四，人们则又会早起迎财神，鞭炮声此起彼伏，震天动地。以上就是我所了解的我家乡的情况。

33

春节是中国历史悠久的节日，象征着中国古老的文化传统，表达着人民的习俗观念。从小到大都在过春节，到现在，也算对它有一定的熟悉和理解。每次大年三十都要放鞭炮，还有"开门爆竹"的习俗，在我的家乡江西吉安新的一年的第一天，家家户户开门的第一件事就是燃放爆竹，这样可以创造出喜庆热闹的气氛，给人们带来吉利；然后就是上坟，在除夕之夜，买来火纸和鞭炮，来给不在的亲人上坟，以寄托哀思；吃饺子是表达人们辞旧迎新之际祈福求吉愿望的固有方式，过春节吃饺子被认为是大吉大利。还有就是吃团圆饭，看春节联欢晚会，大年三十过后到元宵节期间都是去拜年，走亲访友，相互拜年，恭祝来年大吉大利。

以前的春节都是很热闹的，现今，大多数人都感觉年味越来越淡，这个是切身所感，春节味道一年比一年感觉淡，甚至平常了。而且，有些以往的习俗已经不存在了，就算是存在的习俗，有些已经变得淡了或是失去了原本的意义。我觉得在如今的这个社会，生活节奏的加快和物质化社会的形成，人们自然很难有个热闹的新年。另外，春节的习俗并没有得到极好的保护和传承，春节作为中国的传统节日，蕴含着中华民族的文化和中国人民的智慧，应该得到有效的继承和发展。

35

在我们江西抚州，每年的大年三十，家长都会带上自己的小孩去寺庙上香、烧纸、祭拜菩萨，祈求新的一年一家人能平平安安。然后到了新年初一的早上，吃好早饭，一家人也会去寺庙放爆竹、烧纸，并说上几句：新年快乐，恭喜发财，一家人平平安安。

等到了初二以后，大街上就会有一些大大小小的寺庙，由当地的村民抬着一尊尊雕刻的佛像游街，敲着锣打着鼓，并且有人背着包，挨家挨户地收取红包，并送给户主一根红色丝带，象征一家人幸福美满，红红火火，附带一句"新年快乐"！

其实我觉得，在我的印象中，过年的习俗挺单调的。就拿这些宗教活动而言，我觉得没有什么特殊的意义。经常会听到附近的人讨论着说，这些人每年都抬着佛像游街收钱，实际上就是为了搜刮钱财，收的钱根本就没有用到实处，私底下都各自分了，所以我觉得这类宗教活动已经失去了它原本的意义，没有存在的必要性了。

这些就是我对当地过年的一些宗教活动的看法！

36

由于我的老家江西新余的乡村还是属于家族形式，所以存在着许多的习俗。

一　清明和冬至

"清明时节雨纷纷，路上行人欲断魂。"我想这个就是形容清明的最好诗句,我们那里也一样。每年的清明节和冬至这两天,我们都会前去扫墓,虽然形式和其他地方没什么差别,但是人员上和其他的家庭不一样。我们不是单户人家自己前往,而是一个大家庭,在村里有着亲戚关系的人家一同上山扫墓。上香、盖土、放鞭炮、祭拜,这些都是不会少的。清明是当天去盖土,而接下来的冬至则是要前一天盖好。

冬至相比清明来说并不少了些什么。相比清明当天盖土来说,冬至就要稍早一点,因为说是冬至那一天不宜动土,所以大家都是在冬至前一天的下午挑好黄土去给祖先盖土,这次就是自己单独前往,一般都是帮整个大家庭的祖先每个坟头都会盖好一担黄泥,然后就等着冬至那天前去祭拜时在坟头的新土上面压三张草纸。最后依旧是祭品、上香、放鞭炮、祭拜等。

二 除夕

除夕每年在晚饭过后被选为今年"头首"的 12 个人会主动前往,然后就是敲响村里祠堂的那张大鼓,鼓声一般都是响彻一整夜,寓意着吓跑年怪,把上一年不好的东西都给祛除,并迎接美好的新年。"头首"都是在前一年已经公布,并同时公布明年年满 16 周岁的男子不管是否居住在村子里,不管是多远的距离,他们家都会准备好酒水在大年初一到初三将酒水拿到祠堂里面让别人喝。主家只负责提供酒水,然后 12 个"头首"则负责倒酒给别人喝。酒水有一个酒壶专门度量,主家只需准备 12 壶的量就足够了。

三 大家庭

现在正在追踪溯源,所以我们同宗的村庄正准备联合起来重新修订我们的族谱。在这个大家族下又有许多的分支。我所在家族的分支就是辈分较高的一支,我们大家庭每年都会不定期举行集会,来增强大家的凝聚力。每次不管谁家有事情,其他人都会无条件的赶回来,例如谁家老人去世,其他人在接到亲属电话后不管身处多远都会尽量的赶回来,所以家族的凝聚力和团结性都特别高。

我是江苏泰州的,我们那边过去在年三十那天要大扫除,但是随着时间推移，现在已经完全不在乎这些形式了，今年家里就是请的家政公司的过来打扫。唯一一个没变的，估计就是除夕晚上要放鞭炮这个行为了吧。除夕吃团圆饭是必不可少的，我家从前几年开始就习惯了除夕夜一大家去酒店订桌子，和其他不认识的一家家人坐在大厅，舞台上由主持人宣布酒席开始，然后各种表演，边吃边看表演，非常精彩。酒席一般都是在五点十八分开始，意味着发财。吃完晚饭回家放鞭炮，然后一家人其乐融融地聚在一起看春晚。大年初一早上，一家人一起出去拜年，比较亲近的亲戚都要拜。拜年一般一早上就结束了，然后下午就是玩，大人们打麻将打牌，我们就出去逛街、看电影、吃东西，从我记事开始就一直是这样。过年，就是年三十跟初一有些许不同，初二开始也都是大人玩，我们逛。说到习俗，可能因为是城里的缘故，实在没什么习俗，而且觉得年味是越来越淡。不过我最喜欢的就是除夕夜一起吃饭，看春晚，只有那时候我才感觉到有些年味。

39

像往年一样，今年的春节也格外热闹，节日的气氛从小年就开始了，腊月二十四被称为小年。在这一天里，一家人就开始打扫卫生，把房间的里里外外都打扫得干干净净，还要杀羊杀猪用来祭灶。并且从这一天起，家家户户都开始准备年货了，对联、糖果……

在我们家乡江西九江，过年的日子是不一样的，从腊月二十六一直到三十都有人过年吃年夜饭，我家是在二十八过年吃年夜饭。从这天早上开始，就外出买各种菜品，鱼、肉、蔬菜是必不可少的。在我们家乡，过年这一天下午需要拿出早就买好的猪头放锅里煮熟，一直到傍晚煮熟就拿去祖祠祭祖，在那放完鞭炮后再拿回家切成小块，猪头肉也是年夜饭中必不可少的一道菜。到傍晚我妈就开始做年夜饭，菜都做好后一家人就围在一张桌子上吃美食，看烟花。

在之后的三十下午，我们就拿好祭品去祭祖了，到坟前拜一拜以求保佑。大年初一是不拜年的，到初二就开始走亲戚拜年，一直持续到初十。虽然挺累，但过年还是很开心的，并期待明年的春节。

40

在我们河南，每逢过年的时候，进去腊月就开始置办年货，在快过年的那几天，家里会蒸几百个馒头，最为重要的是，要蒸一个枣山，就是说蒸一个超级大的馒头，呈山的形状，上面要放好多红枣，蒸枣馍的时间，一般都在腊月二十八、二十九两天。蒸的数量要足够节日用。蒸枣馍的时候，气氛相当隆重而神秘，各家的家庭主妇小心谨慎，不说闲话。如果蒸笼漏了气，家中的任何一位成员都不能大惊小怪，主妇会不声不响地赶紧封严。像"烂了""完了""不熟""黑""不虚"等词语，都被视为不吉利，此时是绝对不能说的。在这几天，邻里、亲友不串门。另外，过年前油炸一块儿特别大的猪肉，我们那里叫刀头，这是要在大年三十的晚上祭拜老天爷的，在大年初一的时候不能把洗脸水倒掉，要留到大年初二才可以，三十晚上要放一根木棍在门口，意思是为了拦住过年去家里捣乱的鬼魂，好让门神把它们赶走！我们的年夜饭是大年初一的早晨饭，一般的家庭会赶早起床，大多都是大年初一早晨零点的时候起床，为了赶早！

41

在江西赣州于都每年春节前后是相亲、结婚的旺季，当然，在一年中的平时也有，只是不多。在我们那，结婚一般比较早，如果不读书的，和我这么大的人家小孩子都几岁了，女孩子的话就更早了，十八岁以后就有左邻右舍的老婆婆老爷爷盯着了，时不时带年轻小伙子来说媒。之所以他们如此殷勤，是因为他们能从中得到一笔可观的媒人钱，现在都涨到好几千了。只要跑跑腿，动动腿就可能有一点收入，何乐而不为呢。

由双方约定好一个地方，或是街上某个可以歇脚的地方，或是男女方家里，一般是男方去女方家的情况较多。我们那有个见怪不怪的就是男女经过见几次面之后马上就定下结婚的情况好多，基本双方互相了解下家庭，个人工作，觉得还满意就把自己的后半辈子交代了。写到这，我觉得我有必要停一下平静一下心情，想想觉得有点恐怖，万一遇到不好或不合适的，那日子可就不太好过了。但有个非常奇妙的事就是在淳朴的江西在如此恐怖的"闪婚"下，大部分的夫妻虽然吵吵闹闹甚至大打出手，但日子就是过得有滋有味，家庭也还和睦，看来真正长久的婚姻情感的确需要双方具有宽容理解的心，爱真的是需要磨合的。

好了，回到结婚这个事上，在我看来订婚是个麻烦的事情，好多规矩要讲，不只是男女双方，双方父母也是礼节好多。先是男方去女方家，算正式的见面，要有至少十几斤猪肉，一只鸭，几条鱼，等等。去的人数也是有讲究的，一般选吉利的数字，比如说六或八，六代表六六大顺，八代表发，去女方家就是男女父母双方互相认识下，然后就是女方去男方家，女方去男方家至少都会有十几号人，也算是正式的见面，顺带说下礼金的事。说到礼金，这可是个大事，为什么说是大事呢？这是因为在我们那里，这近几年可是涨的比房价还快，现在已经涨到十五万元左右了，这也给年轻男性及其家庭带来了很大的压力。这是经济发展和风气带来的一些不太好的影响，至少我是这么认为的。谈好后，基本上女方父母都会给自己的女儿女婿回一点钱，一般是两万左右，要么是买东西，要么是直接存在一张卡里给女儿。

定好日子，结婚那天，男方去女方家接亲，女方家会叫一伙的小孩子关上大门向来接亲的要红包，而且不是一人一个，而是要足了才给开门，所以这事小孩子是最开心的了。一般红包里就是放一两块钱，意思下就行了，在我们那有个说法叫红纸为大，有红色就有很喜庆的感觉。要够红包后开门，吃完早饭就接走去男方家了。在我的家乡，唢呐是一种很重要的节日乐器，红白事都会有，所以接亲的车队上也会有唢呐一路响过去，特热闹。中午是男方家做酒席，招待亲戚宾朋，然后女方就算正式嫁出去了。

至于后面的事以及有些细节呢，就不说了，好好努力吧，丈母娘那关很难过呢。

42

每个地方因为自然地理的差异，自然风俗习惯就会呈现出具有当地特色的活动或仪式。我的家乡是浙江龙泉，一个浙南的小县城，每年过年的时候，小城总是格外的热闹。

过年前几天人们就会腌制各种吃的，比如腊肠、腊鸡腿、腊鸭腿、腌猪蹄，一串串挂在阳台上风干，每家每户阳台上挂的越来越多预示着节日越来越近了。除了各种腌制食品外，还有两种食品是我们那里过年必不可少的。一种是豆腐，几乎每家每户都会自己做上一点豆腐，除剩一些吃外，其余大部分都会油炸成金黄金黄的豆腐泡，金黄色也代表着期盼来年日子能过的灿烂辉煌。另外一种是和菜，也就是各种食材大杂烩在一起，代表团团圆圆。

大年三十那天，全家人都会很早起来，早餐和中饭一般都是随便对付一下，然后就开始为年夜饭做一天的忙碌。一般我们会准备两桌饭菜，一桌留给祖先，一桌自己吃。一般下午一两点就可以开始吃年夜饭了，开饭前放鞭炮时必须把家里所有的门都打开，这样鞭炮声才能驱赶走所有的晦气，带来好运。吃完年夜饭就可以换上新衣服了，小时候最开心的就是这个时刻了。我们那是有守夜跨年的风俗的，全家人会围坐在一起吃饺子，到十二点准备跨年的时候会放烟花，一般小孩子到这个点就基本困了，但是大人们不能去睡觉，他们得给祖先上香点蜡烛，然后在那守着。大年初一早上早早地就得起来拿上香纸、金元宝、鞭炮蜡烛到村头的土地庙祭拜，感谢土地公公一年来对家里的保佑，并祈求土地公公来年继续保佑一家人平平安安，身体健康。

从初一开始到初七是不能生火动刀的，所以之前准备的食物就派上用场了，不然每天都没得吃。小时候过年时总是被千叮咛万嘱咐千万不能说脏话，碰到人要说"恭喜发财，新年快乐"，以前不太理解为什么一定要注意这个，现在知道这可以讨到一个好彩头，顺顺利利的。

现在人们总说年味变淡了，其实只是我们对这些东西少了关注，每个地方的风俗习惯都是需要我们这一辈人去传承的，当我们去关注它，我们会发现其中会有别样的魅力。

宗教学与我们的生活息息相关。

宗教学在我看来是一门神秘的科学，宗教学的发展与人们的信仰是离不开的，但与一个国家的文化历史渊源也是离不开的，有着必然的联系。

但我想知道的是宗教与看风水之间的关系，在我国，一般建房屋，都会看风水，拿个罗盘，看罗盘指示。罗盘是我国古代四大发明之一，是用来打战看方向的，到现在就是用来看风水了。建房屋看风水也是从古到今都有的，包括古代皇宫的建设，该怎么样子去建，朝哪个方向建，都得先测下风水，选个风水宝地。在我国建房对风水这块还是比较讲究的，不仅要看风水还得选个黄道吉日，这样造出来的房屋才会住的顺，在我看来好像是大部分人都会信这个，个人感觉好像有点封建迷信的味道，但似乎又发现人们建房都会这样去做，这种是不是跟历史遗留下来的传统文化有关，还跟人们这种对美好事物的向往追求有关。人都有这种心理，想着家庭和顺，所以人们也就不敢不去信这种东西。这是迷信还是宗教文化，似乎也说不清，可能两者皆有吧。

47

中国的黄河—长江流域是世界文明发源地之一。关于宗教，中国历来就有所谓的"三教九流"的说法，其中"三教"指的是儒、道、佛。然而，中国历史上的宗教远不是"三教"所能概括的。撇开每种宗教的流派不说，仅其门类便有道教、佛教、基督教、伊斯兰教和汉族、各少数民族遗存的各种到现在还没有确切名称的古代宗教。其中佛教是于汉末开始传入中国的，基督教和伊斯兰教是唐以后陆续传入中国的。这些宗教不管它们后来是否与中国固有文化相结合，其源头毕竟不在中国。而道教和民间遗存的各种原始宗教，虽然其或多或少受到过外来宗教的影响，但从根本上来讲是中国土生土长的宗教。

中国传统宗教不能混淆于一般的世俗迷信，因为它不仅有基本的信仰、严格的制度，还有系统的教义、完备的礼仪，并为历代官方所尊奉，为全社会所敬仰，其正统地位是无可争议的；而算命、看相、风水、巫术等世俗迷信没有系统的教义，也没有严格的组织制度，以盈利为直接目的，常被称为"怪力乱神"而受到禁止。所以，我们要分清好的与对我们不利的。

我国人民和世界人民在宗教方面的友好交往已经有了近两千年的历史。伊斯兰教传入我国是在唐宋期间。各国宗教界人士的友好往来，促进了我国和其他国家的文化交流。

宗教是一种文化现象，包括建筑、绘画、诗歌、舞蹈、音乐等诸多的文化艺术，是中华民族文化的一个重要组成部分。特别是各种博大精深的经典论著，是集政治、经济、文化、艺术、道德、法律、哲学为一体的"百科全书"。宗教还为人类留下了星罗棋布、蔚为壮观的文物古迹。宗教文化精华是构成我国一些少数民族传统文化的主体，也是中外文化交流的一个重要载体和渠道。我国各种宗教与国外宗教有一种历史的联系，在几千年的中外交往中，宗教的交流占有相当重要的地位，不仅丰富了中华民族的文化，也丰富了世界文化。随着我国改革开放和现代化建设的不断发展，宗教在国内、国际交往中的作用也会越来越大。因此，在社会主义时期应该科学地对待宗教，认真研究和继承宗教文化中的精华，充分发挥宗教文化交往的社会功能。

《圣经》是世界上发行量相当大、影响又相当广的一部书，但在中国却没有多少人接触过它。随着文化的开放，研究它的人逐渐增多。我们中国人要想研究欧美的文、史、哲、经、法，都不可避免地要接触到《圣经》的内容。《圣经》乃是一部史书、民间传说、宗教戒律和宗教神话的汇编。

中国文化博大精深，宗教是我们中国的一大文化。人有信仰是有必要的，我们一定要分清，不要让所谓的假"宗教"把我们带入歧途！

第二章　领略宗教的起源

宗教是人类文化，甚至是人类文化之根。宗教现象本身不是从来就有的，按达尔文进化论观点，地球上生物进化到人类，才有可能产生宗教。那么人类进化到什么程度，就会出现宗教意识？这就要求我们把目光聚集于人类学、考古学提供给我们的证据，到目前为止，有哪些充分的证据揭示了人的宗教意识得以产生？

有人认为宗教起源于自然神话，这意味着人开始有了理性自觉与自我意识，才可能把自己与自然世界相分开，开始把自然世界的一切事物当作神的产物。那么，神在古人的思想意识中是一个什么样的存在？唯物主义者认为，人是用自己的理性塑造了一个个超越自己力量的对象性存在。但不管是什么样的神，共性都是神秘的，神圣不可侵犯的，神通广大的，也是让人神经紧张或者神魂安定的。与西方神话相比较，我们中华民族喜欢塑造什么样的神灵？

古人对待神灵的态度是无限崇拜与敬畏，产生了许多宗教性的行为来表达这种崇拜与敬畏。从世界各地留存下来的古代图腾、雕刻、绘画、舞蹈中可见一斑。这些宗教性的行为可以概括为两类：一类是对自然力与自然物的直接崇拜，另一类是对灵魂与鬼魂的崇拜。今天我们再来重新审视古人相信万物有灵的这些宗教行为，会是什么样的眼神与态度？愚昧落后？荒唐可笑？期待仁者见仁，智者见智！

首先我认为宗教是有起源的。宗教根源于人跟动物的本质区别：动物没有宗教，宗教是人类特有的历史现象，是人类社会发展到一定历史阶段的产物,也就是说宗教在人类存在之前是不存在的,它是由人类逐渐发展起来的。

关于宗教的起源,我认为宗教是来自人类对大自然与人类社会生活的探索,是人类早期发展时期对无知事物的探索,即起源于对未知事物的恐惧与对超能事物的崇拜。就拿原始宗教的形式来说,偶像崇拜领袖崇拜的原型来源于真实存在的人类,但他们大多都有比之常人更为出色的智慧或能力,然后经过后期神化加工后的产物;大自然崇拜与动植物崇拜根植于当时生产力落后,人类无法超越自然的极限来征服自然,自然的规律是客观存在的不以人的主观意志为转移;鬼魂崇拜与灵物崇拜则是对未知事物的恐惧与敬畏。

我认为宗教的产生是人类情感的一种寄托与宣泄,并寄希望于能从宗教这一形式与组织来得到一种情感的共鸣。

03

对于宗教有无起源的问题的相关讨论,我持宗教是有起源观点的。以下是我认为宗教起源的阐述。

在天地初开,人类刚刚由物种演化存活于世的时候,他们与所有的动物相差无几,他们以一种自然本能生存着。当时的人类与当代的我们有着根本性的区别就是:他们初时是没有抽象思维的。没有伦常,没有社会属性,没有考虑过地球的演变,更没有考虑过自己是如何降生于世。他们是纯自然的生物,只知生存。渐渐地满足自己生存的基础条件之后,他们就要进一步地思考这些问题。

同时,对于自然世界,自然现象以及对于死亡的恐惧,情感压抑,他们开始拥有信仰,他们的这种信仰只是情感的寄托,是自己所幻想出来的,并且会具有人类主观特色的神明。而当信仰积累到一定的阶段,人类共同的信仰也就演变成了有系统有秩序的宗教。以上都是我个人对宗教起源论的看法和观点,有偏颇之处,敬请斧正。

04

随着达尔文生物进化论的问世,沉重地打击了西方传统宗教及其神学世界观，在它的影响下，许多学者提出了关于宗教起源的理论。然而也有一些人坚持宗教无起源的观点，他们认为，宗教是人类社会的永恒现象，是同天地共长久的东西；宗教信仰，宗教感情是人类的天性，是任何时代任何人所固有的现象。当我们学了"宗教学"这门课程后都知道，宗教是人类社会特有的历史现象，宗教与其他人类社会文化形式一样，是人类社会发展到一定历史阶段的产物，有其产生、发展、衰落和消亡的历史过程。

考古学家在尼人、山顶洞人的墓葬中发现，在其遗骸的周围遍布着褚红色的碎石片及工具，具有宗教观念的意义。在法国的奥瑞纳洞穴中，死者则被按照胎儿的姿势埋葬起来，身边也放有武器、工具，还有食物、首饰。这些考古发现被学者视为尼人，是已有灵魂观念的证明。

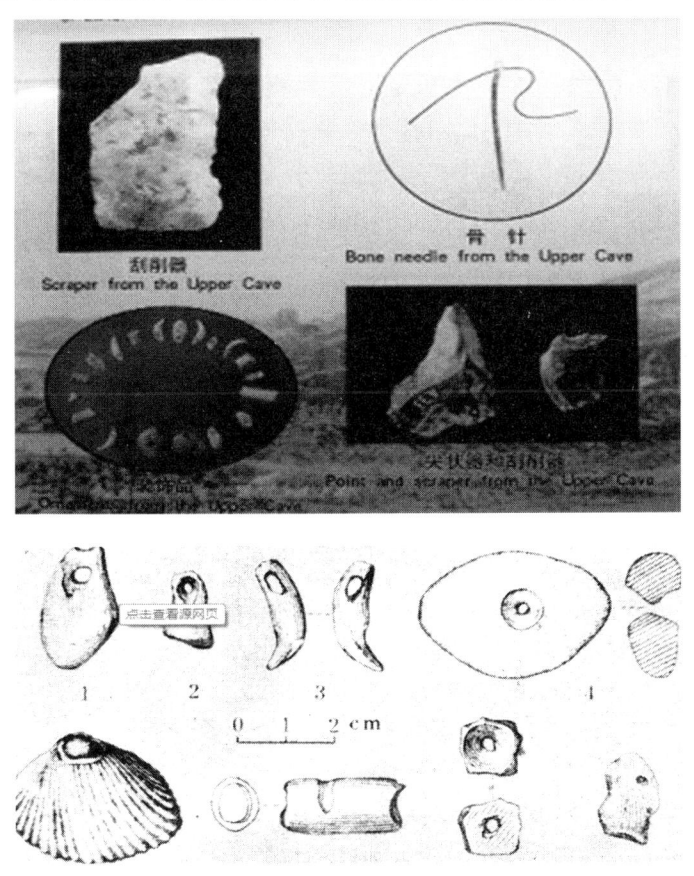

我个人认为：生产力低下和粗糙灵魂观念是原始宗教产生的原

因。因为在生产力低下的原始社会，原始人类往往都是靠大自然的恩赐，表现在他们靠采集野果为生，进而对其产生无比的崇拜，且幻想在死后能在天堂"永生"继续享受上帝的恩赐，所以他们对神灵和灵魂甚是崇拜。

我认为宗教之所以能发展得这么好，并派生出不同的宗教类别，主要是由于，人的欲望是无止境的，当我们的欲望得不到满足时，我们自然就会把它寄托给上帝，或者是神。所以我认为：宗教是人类发展过程中所不可缺少的一部分，它可以慰藉我们的心灵，可以减轻我们的生活压力，可以使我们过得更幸福。所以，我们应该辩证地、客观地看待宗教。

05

说到宗教，就不能不说宗教至关重要的问题：宗教起源。1859年达尔文发表《物种起源》一书，自此割断了人类与神之间的"亲缘"，沉重打击了西方传统神学世界观，同时也影响了关于宗教起源的理论。那么，宗教是否有起源呢，若有，这个起源是什么呢？对于这两个问题，学者们众说纷纭。在众多说法中，影响最大的是英国著名人类学家和宗教学家泰勒的万物有灵崇拜。泰勒认为，原始人根据人类自身的生理和心理现象的观察，推论出与身体不同的灵魂观念，然后把灵魂观念应用于万物，于是产生万物有灵论。

我认为宗教是有起源的，宗教是一定社会历史条件的产物，是生产力发展到一定阶段的产物。宗教观念作为一种社会意识或者说作为一种文化，是由社会存在决定的。人的意识中要出现宗教意识，就要发展到一定阶段才行。宗教的出现需要有一定的认识论根源，而认识论根源只有在人类历史和人的智力发展到某个阶段时才能产生。当人类刚从猿猴进化过来的时候，人类的智力是远远达不到产生宗教意识的程度的，甚至在很长一段时间内，人类也只是对某些具有象征意义的事物崇拜而已，也还未达到宗教意识的程度。当人类社会发展到一定程度，人类智力也发展到了一定程度，人类的意识里就开始出现了宗教意识。因此，宗教是有起源的，而不是和天地同时发生、同时发展的。

06

关于宗教有无起源这个问题，不同学者都有不同的见解。我认为宗教是有起源的。宗教是人类社会发展到一定历史阶段的产物，有其产生的原因，不可能是凭空产生的。

唯物史观中有社会存在决定社会意识，物质决定意识。没有什么事物或意识是凭空突然产生的，都是有一定的物质基础的，宗教的产生也是有其物质条件的。宗教作为一种意识形态，是通过当时的各种生活习惯和习俗表现出来的。如考古发现的尼人和山顶洞人的遗迹，是我们目前发现的最早的宗教萌芽遗迹。宗教是人为的产物，没有人的存在就不会有宗教的起源。宗教产生的根源在人类，它随着人类社会历史的发展变迁而发生着变化。人类社会不断地发展，宗教也不断地完善发展，由一开始简单的宗教行为，发展成现在有完善的教义，完整丰富的宗教行为，世界各地的信教徒，宗教的教派也越来越丰富。由此可知，宗教是有起源的，且它的起源与人类有着紧密的联系。

07

宗教源于什么？换言之，是什么促使了宗教的产生。当然是由于人们有了需要。无论是说宗教源于自然神话还是图腾崇拜，抑或崇拜巫术，都是由于人们在面对自然和人类社会中的一些相当困惑而又没有办法解决的事情时，就会自然而然地去寻找心灵的寄托，这是一种信仰。人们在生产力较为落后的情况下，人类现有的知识和智力能力无法解决现实生活的种种困惑，这个时候的人们迫切需要一种超脱人类之外的力量去帮助他们解惑，这是一种精神力量，当然也是一种伪科学。这个时候的人们对自然是无能为力的，人们对自然力充满了敬畏，对自然发生的种种现象的思考就会演变成一种宗教性的活动，也就成为那个时候人人遵守的规范，宗教就随之产生了。

08

对宗教起源问题的探讨，诸多学者发表了不同的看法，如"宗教无起源论""人类之初无宗教""宗教起源论"等观点。我个人倾向于"宗教起源论"这一观点，我认为任何事物的产生都有其社会历史条件。正如我们人类的进化以及科学技术的发展，不可能是一蹴而就的，宗教的产生必有其社会历史渊源。

人们对神灵的崇拜、敬畏之情为起初宗教的产生提供了一定的精神条件，这种思想上的虔诚信仰为宗教披上了神圣而又神秘的外衣。在社会生产力不发达的情况下，人们过着为衣食担忧的生活，往往将生存的希望寄托于神灵；当社会生产力发展到一定阶段时，随着传教士的出现，人们修建了教堂，成立了教会，制定了诸如《圣经》之类的教义条文，这些都是社会生产力发展到一定阶段的产物。

无论在物质上还是精神上，宗教都不是凭空产生的，我比较认同马克思、恩格斯关于宗教起源问题的看法，我认为这是一种较为科学的观点，即"宗教是一定社会历史条件下的产物"。

10

对宗教的起源问题上，经过对书本知识的了解和老师的讲解，我知道了宗教是一项社会的科学，它并不是代表着落后的、封建的思想观念，而是一种传统的文化，它探讨着世界的奥秘，与许多古时候的神话与无法理解的自然现象有着奇妙的关系。对于自然神话论是宗教学有关宗教起源问题的理论来看，人类生活的种种神话故事都有着浓厚的宗教心理和情感，在原始社会中，可能由于生产力低下，对许多自然现象都会有不理解，对自然界的一些现象有了神秘感，于是就产生了原始的自然宗教。

随着社会的进步与发展，对于宗教有了一定的信仰，并有了特定的集体去维护自己的信仰，组成一个集体共有共同的方式来思考世界，具有一定的道德境界。而宗教已成为了社会整体的反射，也是促成社会整合的主要机制。

11

在我看来，宗教起源没有一定的理论，也没有一定说宗教就是起源于什么，因为宗教之所以产生，我觉得是多种因素的结合，才促使宗教的产生。而且马克思主义哲学里有说事物的发展都是有规律的，是必然的、本质的、内在的、固有的。事物发展之中总存在着符合其本身的发展规律，宗教的发展也是这样。可能最初是由于人们对神、对上天的信仰，因为那时候生产力低下，一般不具备改造自然与征服自然的能力，人们将希望或者信仰寄托于神，总觉得神能带给人们能量与美好的生活，可能宗教就成为一种对神祭拜的仪式活动。又或者宗教是人们精神的一种释放，所以成为人们相信的一种东西，当今世界，也不乏很多人信奉宗教甚至误信了邪教，大多因为他们觉得在那个组织里能得到精神的解脱与释放。

我们从小就喜欢看神话与童话，宗教也可能是神话中传出来的，人们喜欢将上天赋予人的意义，将它人格化。……仁者见仁，智者见智，宗教的来源也有好多种说法，宗教的产生有好也有坏，正确对待宗教，以及宗教活动，会收获更多人生的意义。

12

宗教是人类社会特有的历史现象，它是人类社会发展到一定历史阶段的产物，它不是无缘无故产生的。恩格斯说过，"一切宗教都不过是支配人们日常生活的外部力量在人们大脑中的幻想的反映"。这也是一种历史唯物主义的观点，告诉我们社会存在决定社会意识。当然，宗教不是纯粹我们经常所说的迷信，其实它也是一种文化，一种信仰！宗教也是具有一定的正能量作用的，它具有教化的作用，它可以使人向善，规范人们的行为，使人们的生活规范化、制度化，让人拥有一种神奇的力量，那就是"信仰"。因此，我们要正确对待宗教，我国宗教学家提出，"学术需理性，信仰要宽容"。我们要理性而又避免盲目的信仰宗教，我国实行宗教信仰自由政策，积极引导宗教与社会主义社会相适应，推动我国的发展。同时，面对国外的宗教势力不断渗入国内，我们共产党人也要积极宣扬马克思主义，让更多的人信仰马克思主义，向党靠拢！

13

对宗教，我们肯定会有很多疑问，如什么是宗教？宗教从哪里来？它有什么用？人们为什么信仰宗教？各大派学问家各抒己见，"百家争鸣，百花齐放"对宗教下了诸般定义。有崇拜说，有神话说，等等。仁者见仁，智者见智。

在我看来，人创造了宗教，人们需要宗教，所以有了宗教。在原始社会里，宗教是一种维护社会秩序的工具，是连接人们之间血缘的纽带，它的存在，有着其存在的意义。有了人的印记，宗教也开始萌芽，随着人的发展，人脑机能的完善，人意识的增长，宗教也在完善之中。宗教是一种信仰，不论是文艺复兴的成功，还是邪教带来的负面影响，都离不开宗教。总的来说，我认为宗教源于社会，源于生活。就像哲学一样，源于日常生活之中，贯穿于我们生活的各个方面。"学术需理性，信仰要宽容"，我国宗教学家李大吉先生说过这样一句口号。我们应像李老先生说的一样，正确看待宗教。

14

宗教作为一种社会现象已有数万年的历史，但宗教现象本身却不是从来就有的。宗教与其他人类社会文化形式一样，是人类社会发展到一定历史阶段的产物。

宗教本来的意思有虔诚和对神的敬畏和景仰，敬神的礼仪，神圣性，等等。早在欧洲的中世纪时期，人们对宗教的信仰和崇拜就高于一切，教权就高于皇权。教皇就是上帝派下来掌管人类的，教皇执行上帝的旨意，所以人只要犯了错都要到教堂去赎罪，去乞求上帝的饶恕。还有些宗教信仰者宣扬：人今生所受的痛苦与苦难是由于上辈子做的恶和造的孽，所以这辈子要来赎罪。这在今天看来虽然有一定的愚昧和封建性，甚至还有一点可笑。但作为当时时代下的产物，却还是有很大的历史作用，它对社会的发展与进步起到了一定的作用，它使那些生活在苦难中的人们有了继续活下去的精神支撑与寄托。随着宗教的一步步改革与完善，人类的文明与发展也越来越好。

在今天，虽然很多人都认为宗教是迷信是封建的东西，应该摒弃。但我认为这种观点是错的，我们应该正确理解和学习宗教，把宗教里的精华部分吸收下来并继续发扬下去，信仰宗教使人类发展得越来越文明。

15

学习了宗教起源后，感觉到宗教起源说法不一。有的人坚持宗教无起源的观点，也有的人坚持宗教有起源的观点，宗教是人类社会发展到一定阶段的产物。然而自然神话论作为宗教起源的第一种理论，我感觉这种理论令人的思维有着无限的遐想空间。自然神话使人对神产生尊崇与敬仰，蕴含着浓厚的宗教情感。一直以来，我个人也对神话世界充满着敬仰，喜欢看神话类的电视剧，觉得他们的世界好神奇。比如说：八仙过海、精卫填海、嫦娥奔月等神话剧。神话剧用浪漫想象来展现神性及灵性世界，探索人生的起源。尽管大家对宗教的起源有着不同的说法，但是在研究宗教起源的问题上，我们仍应该坚持用科学的方法去研究宗教的起源。

17

提起宗教，我们首先想到的便是神佛显灵的传闻、妖怪作祟的迷信、祭天祀祖的礼仪、驱邪赶鬼的巫术、五体投地的信徒，或是神庙、道观、教堂，等等。那么宗教到底是如何产生的呢？有人说：宗教是没有起源的，说宗教有起源便不是宗教的眼光，也有许多学者提出宗教起源的理论。在我看来，宗教的起源和发展与人类文明的历史同步，既打上人类远古社会的各种烙印，又随着人类社会历史发展的各个阶段而不断充实，倘若宗教不是随着人类文明的出现而出现而说是同天地共长久的东西，是永恒的现象，那为何一些原始部落的野人，没有社会意识的狼孩、熊孩，以及动植物等却不曾有宗教的痕迹。可以说宗教是人类社会发展到一定历史阶段的产物，有其产生、发展、衰落和消亡的历史过程。

宗教是一个抽象的概念，它必须通过其他形式表现其内涵，一类是对自然力和自然物的直接崇拜,另一类是对精灵和鬼魂的崇拜,简单来说就是万物有灵的观念。但为什么宗教进入人类文明时代的发展以后,本应该逐渐退出历史舞台,因为人类文明越发展,科学越进步,人类所信仰的万物有灵观念便会逐渐淡化,然而事实恰恰相反,现存于世的各大宗教却保持着旺盛的生命力(有数据显示各国信仰人数逐年增多),而且还作为人类社会的一种不可或缺的文化现象和文化载体长期延续下去,这是为什么呢?因此,对于宗教问题,还需要作进一步的研究,这仍旧很有必要。

18

宗教在中国谓之"天命","天道","有夏服天命","先王有服,恪谨天命","丕显文王,受天有命",这里的天命表达的就是这种意思。中国自古以来就有天命的思想。汉初董仲舒为了服务封建皇权进而提出了"君权神授"理论。

在西方则谓之"完善的神"即上帝观念。斯宾诺莎在《神学政治论》中、中世纪经院哲学的集大成者托马斯·阿奎那的《论君主政治》,以及詹姆斯一世等,都曾宣扬"君权神授"说,他们或为了维护封建秩序、或为了维护教会权威而制造了这一舆论。

马克思在对《关于费尔巴哈的提纲》的批判中论述道:"费尔巴哈是从宗教的自我异化,从世界被二重化为宗教世界和世俗世界这一事实出发,把宗教世界归结于它的世俗基础。但是,世俗基础使自己从自身中分离出去,并在云霄中固定为一个独立王国,这只能用这个世俗基础的自我分裂和自我矛盾来说明。"[①] 费尔巴哈把宗教的本质归结于人的本质,认为人的理性、意志、感性不是历史形成的,是生来就有,永恒不变的。

马克思认为,宗教是人类社会发展到一定历史阶段,人类思维能力发展到一定水平以后产生的社会现象。从经济基础与上层建筑、意识形态的关系来看,宗教属于一种意识形态,具体的宗教是以某种特定形式的思想信仰为主要内容的一种精神体系。

我认为,宗教也不是从来就有的,在人类文明史以前,由于人们对当

---

① 《马克思主义原著选读》,高等教育出版社1999年版,第9页。

时现有的自然界认识有限，人们认识自然、改造自然的能力不高，对于具有超人类、超自然、超社会的神秘力量的宗教，怀有敬畏、依赖之心。但随着人类社会生产力的发展，人类思维能力的提高，把人类从自然界中分离出来，从而产生出了宗教。

19

在宗教起源的问题上存在着两个观点：一是宗教有无起源，二是如果宗教有起源，那么宗教起源于什么。在我看来，宗教是有起源的，它是随着人类的产生发展而不断发展的，换句话说就是，宗教是一定社会历史条件的产物。在人类刚刚产生时，人类对万事万物都存在着许多的不确定，从而促使他们寻找精神上的安慰和寄托，希望某种神秘的力量能够实现自己的愿望，宗教也就逐渐发展起来。并且，随着时代的发展，宗教也成为一种因时而异、因地而异的文化现象，不同的地区、不同的时代都有着不同的宗教信仰，而它们也为适应社会的发展，不断地完善各种宗教仪式，宗教理论以及宗教制度，等等，也逐渐形成了基督教、伊斯兰教、佛教等不同的宗教。而且，在现代人们承受着学习、工作、生活等方方面面的压力，宗教信仰也成了人们在内心或精神上的一种减压方式，使我们在遭遇挫折时，能够在精神上找到寄托，有着坚定的信仰，增强面对挫折时的承受力。

20

关于宗教——我认为看待很多事物都应该持有理性的态度，精神层面的东西则更应如此，宗教也一样。我们不能把宗教简单地看成鸦片乃至毒品，不要仅仅把宗教当作迷信、愚昧。我们需要具体分析宗教，只知其一，将一无所知。我以为宗教可以是一种信仰性的东西，是一种天赋能力。信仰对每个人都是极其重要的，于是宗教对人也必有它的独特意义。曾在书页上看到过这样一句话，你是我的信仰，你是我的太阳，信仰都可以上升到太阳的高度，可见宗教也必有它的光芒和温度。另外，我们可以接触到很多儒家思想，试想一下，如果把儒家思想和宗教联系起来，那么似乎儒家都可以成为一种"特别"的宗教。"己欲立而立人,己欲达而达人"、"己所不欲,勿施于人",这些儒家思想,都可以化为具有理性思想光辉的宗教思想(教义、经典)。最后,我想提一下值得我们深思的一个问题:宗教能够给我们带来什么?

22

宗教的起源和发展都有一定的社会历史前提。它也是社会历史发展的产物,并不是一开始就存在的。

关于宗教的产生:在古代社会,由于社会生产力水平、科学技术水平等各种条件的限制,存在着一些人们无法解释的现象,于是人们开始发挥自己丰富的想象力,想象出了神灵、妖鬼、前世轮回等。把无法解释的现象归为神的行为。灾祸发生就认为是前世或今世做了什么恶事,所以遭到了报应。喜事发生时就认为是积德或者是祖宗的庇佑,相信善恶有报。有时候人们会遇到危险,自己无力解决时他们就需要寄托需要精神安慰,于是乎希望神灵可以保佑,寄希望于神灵身上。他们没有能力去改变,所以只能寻找一种方式来转移注意力、给自己希望、给自己坚持下去的力量。有时候人们确实需要一种信仰才能坚持走下去。那时的人们不了解、不理解那些现象,所以有所敬畏,但是现代社会人们不会有什么敬畏之心。其实每个人在生活中多多少少需要一些敬畏之心,因为有了敬畏之心,人们才会有所为有所不为。但是,封建统治者也正是利用这点,从思想上控制百姓。

关于宗教的发展:当宗教产生之后统治阶级开始利用它控制百姓,用天命、命运等说辞来控制人们的思想,让人们安于现状不反抗。在这样的社会下,人们只能靠宗教来寻求精神慰藉,自然就促进宗教的发展和传播。另外,宗教有能力巩固统治阶级的统治,自然也会得到统治阶层的大力支持。

23

我认为,宗教是在人类有意识以来就先存在的。人的意识因物质的存在而存在。在古代人们流行祭祀,认为天上有神灵,祖上有英灵。我认为这也是一种宗教活动。对于占卜也是一种宗教活动，人们对天象的观看存在一定的科学性，但是主观意识也占据了大部分。人们在遇见困难的时候会祈求佛祖保佑，会将希望寄托在神灵身上。对于生病的人，很多家人会求仙拜佛，更有甚者认为只要专心拜佛，不吃药都会好，认为佛祖会保护他。

宗教和信仰存在一定的联系性，甚至有的人会把宗教当作信仰，信仰宗教的人把宗教活动当作郑重的事来完成，把信仰的东西当作神灵来供养，不允许任何破坏和诋毁。很多人都有自己的信仰，都有一些神圣的东西，认为敬仰他们可以给自己带来安康。中国自古就有祭拜祖宗的传统，清明节有扫墓的传统，我认为这些活动也算是宗教活动，是一种精神寄托，有时候精神寄托也是一种很好的安慰，有时候药物治疗会有副作用，但是精神寄托不会存在对身体的实质伤害。只有把一个人或一个国家的精神层面摧毁，那么这场较量或战争才是真正的胜利。

宗教是一种意识层面的东西。物质决定意识，宗教意识是在物质基础上产生的。对于不同的地方有不同的宗教，就像美国人和中国人的宗教信仰就存在着差距。不同的物质存在又决定了不同的宗教，像不同的民族有不同的宗教活动。虽然人们对于宗教有不同的认识，有不同的活动形式，但是他们都是在自己客观世界存在的东西中经过抽象的想象产生的，都能在现实生活中找到原型。

宗教的产生只是一种精神寄托，是人们对美好事物的向往。它本身并没有实质性意义。宗教的产生极大地丰富了人们的精神世界，同时也存在一定的弊端，但是总体来说，利大于弊。

25

这是我第一次接触宗教学，对它没有喜欢，也没有讨厌，只是心里一直认为它与我无关。简单看了一下目录，大概知道了它将要向我们展示些什么。

接下来，就是它给我展示的"出生""家庭成员"以及和它们的关系，当然还有它的过去，等等。对于这一切，我最感兴趣的就是怎样区分它和它自身的特点。

先来说说怎样区分它，也就是它的界定。有人说：宗教就是对某种无限者的信仰。还有人说：宗教就是对于精灵实体的信仰。本人更倾向于用其社会功能来定义其本质，宗教就是一种文化现象，是人们对社会的一种寄托和愿望。宗教是一种信仰，对于它，我想不需要用对于学术的态度，只需要宽容和尊重。宗教是一个美丽的星空，需要人们去点缀和遐想。

再来说说原始宗教的特点，总的来说其观念是非常朴素的，崇拜的对象是非常直观的，对于这些特点我还是挺喜欢的，因为不需要太多复杂的心思和目的。在当代社会，或许更需要纯净的心思去相信一些东西，不管它存不存在，相信若心中有了敬畏、有了信仰，还怕坚守不住自己的天地吗？

26

宗教是人类文明不断进步的产物，是一种特殊的文化形态。在人类文明出现之前，宗教的概念也并没有形成，在远古时代，人类还没有进化成高等灵长类动物，进入智人阶段，也就不会思考自己从哪里来，未来会变成什么样，它们只能根据自己的本能觅食、繁衍。随着时间的推移和实践的积累，人类的大脑越来越发达，知识越来越丰富，大脑思维、智慧、能力将人和动物分别开来。人类开始思考、追溯自己的起源，因此，想象出了一系列的神话故事来解释人类的产生，比如盘古开天辟地、女娲造人等。我认为这些神话就是宗教的早期形态，虽然是不成熟的，但它确实已经具备了宗教所需要的元素，就是对特殊的形而上学的超自然现象、神明的崇拜和信仰。宗教就是一套信仰，是对世界存在的解释。所以，古代神话属于早期原始宗教形式。

随着人类文明不断发展，人们继续完善早期的原始宗教，形成了许多不同的宗教体系，这些宗教体系的根源都离不开神话故事，比如基督教中亚当和夏娃的故事，佛教中坐化舍利的故事。但是，在这个基础上，又进行了更多的创新和发展。宗教除了文化价值、信仰、神话故事，还给予信徒生命体验的宗教实践和出自宗教法律的道德要求或生活方式，通常包括内心信仰与道德仪式的遵从。宗教常常有一套道德准则，以约束和规范人类自身行为。宗教还常常与社会、政治等相互作用、影响。随着社会发展的需要不断被赋予新的时代内涵。

27

儒家优秀传统文化在当今这个宗教林立的世界该如何自处呢？中国人一直以儒家优秀传统文化引为自豪，可是再优秀，知道并信仰它的中国人却没有那么多，相反，信仰基督教的中国人却比信仰儒教的人多得多（甚至在偏僻的县城都有基督教堂）。这难道不值得每一个中国人沉思吗？当然也不是说中国人不能信仰基督教，而是既然儒教优秀，那为什么中国人自己不去传承呢？在我看来，儒家优秀传统文化的命运要想在现在这个社会生根发芽，不淹没在历史的尘埃里，还真应该向基督教好好学习。学习基督教是如何让县城的市民信仰，并且对它虔诚的，它是如何在中国的土壤里生根发芽的。在我个人看来，首先，基督教有它的传播工具书——《圣经》，而儒教至今却还未形成一套系统的大众化通俗化的理论，其次，基督教还有属于自己的场所——教堂，让教民有一个聚集的地方，有一个为信仰祈祷的"圣地"，除此之外，还有一个环节，每次教民做完礼拜后，还有一餐所谓的圣餐。儒教要想在中国人的心里占有一席之地，有一本浅显易懂、老少皆宜的"福音书"是刻不容缓的，只有当中国人对它口口相传，把儒教融入每一个中国人的血液里，中国儒家优秀传统文化才能万古长青，永存不朽。中国儒家优秀传统文化的现代命运如何，要靠有责任感，真正懂儒家优秀传统的人不懈怠的努力，靠每一个中国人虔诚的信仰。当然最重要的是儒教那不可抵挡的自身魅力。

28

通过一节课的学习，我觉得宗教是有起源的。宗教是人类社会特有的历史现象，是人类社会发展到一定历史阶段的产物。宗教是一种信仰，也就是一种意识，精神寄托。通过哲学的相关知识，我们可以知道动物是没有意识的，只有人才有意识。当然有人也不一定有宗教意识。我觉得宗教意识的产生有两种情况：一种社会比较稳定，经济基础较好，另一种是非常贫困。因为经济基础决定上层建筑，生产力决定生产关系。在经济比较落后的时候，人们只想着吃饱、穿暖，由于长期没有好的经济基础，人们解决不了温饱问题，只能寄希望于上帝等信仰，希望得到他们的保佑，祈求获得更多物质资料，宗教也随着产生。在经济较稳定时，人们也会有相应的意识产生。对社会有更多的追求，不只是追求温饱问题那么简单，这样就会产生更多信仰，宗教也容易产生。以上就是我对宗教起源的看法。

29

宗教，数万年的流传历史，遍及全球的分布范围，具有错综复杂的表现形式，蕴含着丰富而精深的思想内容。马克思主义哲学中也提到，哲学源于生活，又高于生活，宗教作为一门哲学，自然而然也源于生活。

在《马克思主义原著选读》中，费尔巴哈认为宗教是自我异化的，认为宗教来源于现实的世界和人想象中的世界。他着重强调了宗教的社会根源是宗教归于世俗。但就我个人来说，我觉得宗教是人们的一种信仰，就像宗教人类学家爱德华·泰勒所说的，一切宗教，它的最深层、最根本的根据是对"灵魂"或"精灵"的信仰。我们知道，早在14—15世纪意大利各个城市兴起的文艺复兴运动，提出的人文主义思想就是鲜明的案例。当时人们因为处在被剥削被压迫的封建主义时代，大家都对现实极度的失望，于是他们纷纷寻找心灵的寄托，换句话说是对"灵魂"和"精灵"的信仰吧。正是由于人们对现实的不满，才使得他们去追求幸福的生活，倡导个性解放，反对愚昧迷信的神学思想。我们可以把当时的人文主义作为人们信仰的一种宗教，而这种宗教是由于当时恶劣的社会环境导致的结果，因而宗教源于生活，但是在当时的年代追求人文主义又是十分的艰苦，因而又可以说宗教高于生活。

总而言之，我认为宗教源于生活又高于生活的同时，宗教也源于对"灵魂"和"精灵"的信仰。

31

所谓宗教，其实看来也就是另一种世界哲学，因为人们在宗教中所寻求的东西与人们进行哲学思考的意义基本一致，例如，何为世界的本原，哲学中分为唯物主义和唯心主义两个派别，其中的唯心主义派别便是宗教了。佛教中把佛称为觉悟了的人，表示佛对世界有很深的觉悟，而在现实社会中人们把有很高的哲学素养的人称为圣人，这样相同的称谓，不得不让人联想宗教与哲学的关系。实际上，宗教是哲学中的一个非常重要的组成部分。但宗教与哲学又确有其不同的地方。

宗教的特点是有着较强的组织性和纪律性。这是众人所皆知的，一旦人们投身于宗教，人们便得遵守其教规与教义，不得擅自违反，不然就有被逐出教门的危险，而哲学则不同，哲学是一门学问，一门爱智之学，只要你对它有兴趣你就可以学习，没人对你有所要求，当然，在学校学习一定还是要听老师的话。同时，宗教还有很多不同的神，最常听的像上帝、基督、如来等，他们有着至高无上的地位，为了表达人们对他们的尊敬，宗教中也有许多的仪式。相比起来，哲学中最重要的仪式莫过于你捧着哲学书，一边读一边思考了。宗教还有一件很重要的事就是传教，其目的是为把人们从苦海中解救出来，这就体现了宗教一个重要特点——出世，就如一般宗教场所都是远离凡世的。而哲学呢，则更加强调人们在现实生活中的感悟。

哲学与宗教相似之处颇多，相异之处也不少，应注意分清哲学和宗教的区别，正确地看清我们所处的世界。

32

宗教起源问题实际上有两个层面：第一，宗教有无起源；第二，如果宗教有起源，那么宗教起源于什么。对于第一个问题，我的回答是肯定的：正如人类有起源一样，宗教也有起源。人是宗教的重要构成要素之一，甚至可以说是宗教的决定性因素。因为，假设这个世界上都没有人的存在，那又何来宗教一说呢？所以说，宗教不是从来就有的，它是随着人类社会的发展而产生和发展起来的。至于宗教起源于什么，我想借用鲁迅先生的一句话"世上本没有路，走的人多了，也便成了路"。因为对于宗教而言，它的实际情况是"世上本没有宗教，信仰的人多了，也便成了宗教"。也就是说，宗教起源于人们的信仰。在宗教产生之前，人们还只是一个个孤立的个体，严格说来，人们在思想上还只是一个个孤立的个体。慢慢地，人们开始有了信仰，有的信仰动物，有的信仰植物，有的信仰鬼神……有着共同信仰的人们逐渐由离散状态走向集合，于是便有了氏族、部落等原始社会群体，以图腾崇拜、动植物崇拜、灵魂崇拜、祖先崇拜等为主要形式的原始宗教也开始形成和发展起来。然后，随着社会形态的变迁所带来的人们思想意识的改变也造就了宗教千姿百态、日新月异的特征。可以说，宗教起源于人们的信仰，没有信仰就没有宗教；信仰决定宗教，有什么样的信仰便会有什么样的宗教，信仰的产生和消失也会影响宗教的产生和消失。总之，对于宗教起源问题，我的观点是：宗教有起源，它起源于人们的信仰。

33

宗教作为一种社会现象已有数万年的历史，但是在大学是第一次接触到《宗教学》这门学科，在《宗教学》课本概论中关于宗教的起源，有很多种说法。随着对西方科学的研究的深入，许多学者在此影响下，提出了关于宗教起源的理论。有很多人也认为宗教是无起源，认为宗教是人类社会的永恒现象。

我个人认为，宗教还是有起源的。在原始社会，在生产力水平比较低下的情况下，人们吃不饱，穿不暖，病死无医。当人们在面对死亡的时候，心中十分恐惧，为了摆脱死亡的恐惧，人们心中就产生了"灵魂"的观念。人们把大自然神灵当成自己的精神寄托，当成自己的"衣食父母"。原始人类都是依靠着大自然的赐予，然后对大自然产生了无比的崇拜，他们甚至想象着人死后还可以去天堂世界里享福。所以，我认为，由于原始社会生产力发展低下，人们生活贫困，由之产生了灵魂的说法，宗教由此起源。

34

宗教信仰与人们生活息息相关，在现代人们的日常生活中各种拜佛、做礼拜等现象屡见不鲜。一次次的盛大节日，各种传统习俗亦与宗教礼仪传统有关。但是，在这一系列的假面仪式下，又有多少人是真正的宗教信徒。可见，随着现代社会的发展，人们对宗教的追求已经带上了一种世俗的眼光。例如，拜佛只祈求升官发财；做礼拜只希望上帝多眷恋他的财运官运……诸如此类，可谓是对宗教信仰的严重玷污。我们认为，真正的宗教信仰是对上帝力量的敬畏而产生的对自己行为的心理道德约束，是一种无形的高尚的精神力量，是引导人们追求真善美的精神动力。佛陀以慈悲教化世人，耶稣以大爱感化众生，如果给他们加上世俗功利的面具，那么他们便失去了其存在的真正意义。所以，在今天这个社会，宗教信仰的真实回归显得尤为重要。

35

宗教的产生，是因为最初社会生产力低下，很多自然现象都无法解释，所以人们就将这些现象归结到了超越自然的一些力量上，而人对神的崇拜就从这个时候开始了，这就是最原始的宗教。后来，社会生产力发展到了一定的程度，社会文明也有了一定的进步。而人类社会对于信仰也产生了一系列的进步。相比远古时期的原始宗教信仰，古代宗教信仰有了系统化的体系和制度，这个时候的宗教才是真正完善了的宗教。

所以说，宗教现象是同人类生产一定阶段相联系，是生产力发展到一定阶段的产物，它不是单纯的人们认为的迷信，宗教也是一种文化现象，是一种神秘的文化现象。

36

宗教从旧时传承下来至今依旧存在，这就说明了宗教的用处——寄托人们的情感。

古时天逢大旱都会组织求雨仪式，这就是人们对自身情感及愿望的寄托，尽管现在我们用科学的方法知道求雨并不会成功。牛鬼蛇神现在依旧被许多父母用来恐吓夜晚不睡觉的小孩，这种思想已经在我们的脑子里深深根植，挥之不去。

到现在，基督教教众普遍存在。周末的做礼拜、念经文都已成为许多人必不可少的活动。许多人每逢周末并不是出门游玩，家人聚会，而是前往教堂。我不是基督教徒，所以我不能理解这种行为。可是曾经问过一个亲戚，她说这就是一种寄托，希望自己及家人可以无病无灾。尽管我是无神论者，但有时去爬山经过寺庙我同样会和朋友们进去参观祭拜，或者小时候只是图一时的新鲜，但现在寻求的是一种精神上的寄托，尽管知道那不真实，但依旧会行动。

这就是宗教所给予我们的馈赠，让我们在这个社会中可以保持一分纯真，可以保留一种信仰而不迷失自我。

37

我感觉，中国古代是存在宗教的，为什么呢？宗教性的行为可以概括为两类：一类是对自然力与自然物的直接崇拜，另一类是对灵魂与鬼魂的崇拜。就对自然的崇拜来说，崇拜的主要对象是日月，其中又以日神为甚。

在中国古代曾有这样的观点，日为众神之主。所以在原始的神话中，就有很多以太阳为中心内容的故事。如羲和生日，浴日，驭日；羿射九日，夸父逐日，等等，都直接反映了当时人们对太阳崇拜的心理。

月神崇拜，在中国古代也是一种常见的自然崇拜。在原始神话中，有把日神羲和当作月神的传说。由于嫦娥奔月神话的广泛流传，嫦娥便成了月神。《山海经·大荒西经》载，"有女子方浴月。帝俊妻常羲，生月十有二，此始浴之"。对于"月食"我们一定都不陌生，放在古代来讲，"月食"就是天狗食月。在古代，我们有鸣锣救月的行为，这就是一种宗教行为，即便到现在，我们也都知道，到了中秋要赏月，这不得不说是这种宗教行为的延续，也体现了我们对月神崇拜的心理。

拿我们那儿说，每到中秋，也就是八月半，我家都要在阳台上摆上一堆贡品，包括各种水果、月饼、馒头，还有一个玉兔样的小东西，这时候是不能吃的，并且贡完了也不能吃，只有到第二天才能吃。我认为这就是一种带有宗教性质的行为，我不觉得这有什么不好，也不觉得有什么好，但是我觉得既然祖辈们留下来的，就有延续下去的必要，保留我们中华民族的一些特色。

38

宗教,在原始社会起源于最早的对自然的恐惧与崇拜。在人类初步意识到自我力量的存在后,逐渐由原来的对自然的崇拜转而对图腾的崇拜。由此不论在东方还是西方,都有原始图腾图案的存在,更为宗教增添了神秘的色彩。进入到封建社会后,宗教逐渐为封建君主或封建神权所利用。统治阶级利用原始宗教的权威,大力强化封建君权或神权的合法与合理性。

在东方,以中国为代表。每一个封建朝代的兴起与灭亡,总是与一些异常天象联系在一起。而且每一个封建君主都极力注重强化自己权力的神圣性,宣扬君权神授神圣不可侵犯。在西方更是明显,其中教皇国的出现,使君权与宗教形成了一种密不可分的联系。直至近代社会文艺复兴与启蒙运动的兴起,才真正使宗教与政治权力分开。宗教也真正开始成为一门独立的人文学科。随着马克思主义的出现以及马克思主义唯物史观的建立,马克思主义宗教观也日渐成熟与发展。

39

宗教是客观存在的社会历史现象,与社会物质生活及精神文化生活的各个层面有着千丝万缕的联系。作为一种文化现象研究的宗教已经从沙龙走向社会,成为人们思考人文现象的重要热点和视点,理解和研究宗教不仅成为一种必要,而且是一种必然。

对于传统宗教进行理智性的研究,提出种种关于宗教的理论和学说,早在几千年前的古代思想家那里就开始了。然而,把这种研究从依附于哲学和神学的从属地位下解脱出来,使之变成一门独立的、自成体系的人文学科——宗教学,则是19世纪70年代以后的事情。《宗教的起源与发展》的作者麦克斯·缪勒,乃是世所公认的宗教学的奠基人,他的这部书则是他开创宗教学的重要代表著作之一。他借助语言学的经验,建构了宗教学的科学框架。他所理解的"宗教学"是由以下四个部分或四个层次组成的体系；第一层是材料层次，它应该囊括全世界各民族的宗教史实和现象，如圣典、神话、风俗、语言、仪式等；第二层次是分类整理，按材料的血缘关系、对象关系、语言关系等分成不同的群落；第三层是比较宗教学；第四层是理论宗教学。其中比较宗教学与理论宗教学两者的侧重不同。前者的重点在比较，后者的重点在概括。

41

《妞妞》是周国平对生命的刺痛入骨的解剖，是对人生世事无常的一种无奈又豁达的深切感悟，而《乡痛》，则是一个个农村子弟对家乡、亲人、乡土吐露的难以割舍的情怀，也有从农村苦难摸爬滚打脱离贫穷后却对中国农村现状难以改变的愧疚与忏悔。他们是一群有血性的人，勇于直面现实，剖析自我，这种血淋淋的情感倾诉凸现于字里行间，深深地触动着我的心。

中国农民，作为中国最广泛的一个群体，它有着自己空间和时间刻画下的独有的印记。随着中国经济的飞速发展，农村也随之发生了巨大的变化，大部分的农民人均收入增长了，居民生活水平有所提高，一切看着都好像在朝着美好的方向发展。是的，农村也在进步，不能拖了中国发展的后腿。然而，农村却也为中国的发展付出了巨大的代价，与此同时，一个个为摆脱现实残酷，生活困窘的"励志"、感人故事在农村发生，而且有一种特殊的情怀在农家子弟的心中孕育、生长，伴随着他们的一生。这便是一种无法用宗教信仰来比喻却完全不亚于信徒对宗教的忠诚的情感——人们的对家乡的眷恋，对亲人的依恋之情。

《乡愁》这篇文章我们小时候都学过，那时并非是游子而又年少的我们大概是不会懂这种思乡之情的，即使如今许多人常离家乡，由于通信、交通的便利也是不会有特别深刻的体会。对家乡的那种说不出道不明的感情，像其他的思想情感一样有它的经济基础，往往是在经济落后的地方孕育出来的人，比在经济较好的地方成长的人内心对家乡的感受较深，其"恋乡"情结也较明显。《乡痛》这本书中这些道出农村心声的文章大都是来自偏远山村的游子，抑或是深入过偏远山村了解农村的人。大多数人在这种特有的环境下培育出了特有的艰苦、勤俭、感恩的精神品质和一种对家乡犹如对母亲一样的思恋。在宗教中,有专门的群体、教条与宗教活动,而在中国农村,也因地域、气候等自然因素,不自觉地有各种农村群体,这以族群较为普遍,族群有约定俗成的活动、规定。这些东西不是宗教,恰恰与宗教类似,正是这些东西,对农村孩子有潜移默化的一种影响,而这种影响往往是伴随其一生的,也因此产生了恋乡情怀。其实恋乡,恋的更多的是对以往的经历、生活的回忆。而这些,被人们当作素材以各种形式表达出来,也算是信仰的一种表达。

如今许多农村城镇化了,特定的环境被改变,人们的思想思维也在改变,而那些曾经的信仰呢?我们又该去哪里找回来?主流思想的边缘化,中华传统文化的逐渐退却,中国人将在何处停放他的信仰,是中国在飞速发展的同时应该思考的东西。不要让人们的感情寄托抛却,信仰缺失,那时我们,才真的是无家可归。

42

宗教作为一种意识形态是以社会的物质资料生产方式为前提的。宗教观念的最初产生,反映了社会生产力水平极低下,原始人类对自然现象感到的一种神秘感。这种神秘感,是在人类社会生产力水平发展到一定阶段上,人的意识和思维能力有了一定相应的发展,达到足以形成宗教观念的时候产生的。

在原始氏族社会,人们不知道自己的身体构造,不懂得做梦的科学道理,认为梦境里的景象不是人身体运动的活动,而是独立于人身体之外的灵魂活动。人活着,灵魂寄居在人身体内,而人死后,灵魂就可以离开人身体而单独活动,便产生了灵魂不死观念。后来,人们就把这种灵魂观念扩大到他们所接触到的自然界的万物,又在此基础上得出了万物都有灵魂的观念。

人们面对各种他们不能解释的自然现象,觉得在身边有一种自然的神秘力量,进而把这种力量神秘化,人格化,作为神灵加以崇拜,并企图通过祈祷、祭拜、歌舞、通灵等形式对其产生影响,以保佑日常生产生活。不同地区,人们选择的不同,造成了具体信仰的不同,但是主观上来看,各种不同的宗教都是人类对自然的一种敬畏和对未来的期望,宗教在这一点上来说，它帮助人们走过了很多坎坷和磨难，帮助人们保持信心和希望是有不可磨灭的贡献的。即使现在，我们还是应该正视宗教的作用。

43

可能还是因为那篇关于《乡愁》的文章带来的感触。乡愁实际上是一种恋旧的文化情结，但我们要想留住这种"旧"，就必然和现代的一些文明相冲突。因为这些就包含了很多习俗方式，但它却不可避免带着封建迷信。但如今的乡愁正是这种习俗的淡化，回不到儿时那种浓厚的家乡气息和风土人情。如今的习俗，成为功利主义的外在形式，而不是以一种类似宗教教徒虔诚心的去完成一种仪式，去让自己的内心感受着这一过程，净化内心。

宗教信仰的淡化，使功利主义成长，但在中国的功利主义好像又不是真正意义上的追求利益的最大化，它更偏向于追求个人利益的最大化。我不否认功利主义，我觉得功利主义和宗教中的道德观相结合的话，是不是可以这样理解：在我们进行所谓的功利主义的行为的时候，考虑它与道德观是否相违背。而今的社会不能做到佛教所说的"放下执我"，但我们可以让我们慢慢地去建立与道德相统一的宗教信仰，那么我们在追求利益的时候，享受利益的时候，就能为他人着想，甚至减少对他人的伤害。

47

在原始社会阶段，人类不仅创造了物质文化，也创造了精神文化。宗教是最古老的意识形态之一，而关于宗教起源问题是一个至关重要的问题。宗教起源问题实际上有两个层面：第一，宗教有无起源论；第二，如果宗教有起源，那么宗教起源于什么？其中宗教问题的起源与原始宗教密不可分，原始宗教是宗教的初级阶段。

自然崇拜是最原始的宗教形式之一。在生产力水平十分低下的情况下，原始人对自然现象不理解，对许多自然物（河流、山岳、日、月）和自然力（风雨、雷电）既有所依赖，又有所畏惧，也就是对超自然力量的敬畏与崇拜，例如：求雨仪式。

图腾崇拜也是最古老的宗教形式之一。产生于旧石器时代晚期,是标志或象征某一群体或个人的一种动物、植物或其他物件。在原始社会生产力低下,对有形的或无形的东西进行崇拜来表示对祖先的怀念或自然界的依赖。

巫术也是一种原始的社会现象,原始人不能理解各种自然现象的客观规律和因果关系,幻想出自然界对于人存在着一种不可见的影响,而人也可以按照自己的愿望采取相应的方式影响自然界和人,这样就产生了巫术。

原始宗教的这些主要特征,是由当时的物质生活条件和思维能力低下决定的,我们现在看来是无意义的,白费力气的,和神学宗教一样,是现实世界的异化的反映,但正如恩格斯指出的,它"没有欺骗的成分"。

50

儒学与宗教的关系一直困惑着人们的探讨,两者的关系是毫不相干、交叉关系还是隶属关系呢?值得人们深思。

宗教作为一种社会意识形态存在于人类社会之中,影响着人们的信仰,儒学作为中国古代长期历史形成的文化,也是一种社会意识形态,规范着人们的思想行为。宗教的核心要素是观念和思想,感受情感体验,通过行为活动,加以制度化的组织形式管理。由此可见,宗教的本身就是思想性。儒学的灵魂是"仁"的思想,从另一个角度来看儒学是脱去组织形式制度化外套的宗教,随着孔子学院和儒家文化在世界的广泛传播,传统课堂形式和行为习惯的潜移默化,组织形式越来越制度化,儒学与宗教的联系越来越密切。

第三章　领略原始宗教与神话

在原始神话传说中，出现了各种形式的崇拜，其中最典型的有对大自然崇拜、对动植物崇拜、对祖先崇拜、对图腾崇拜等。剔除蒙在这些崇拜活动中的神秘色彩，留下来的是原始人类在当时社会历史条件下，对变幻莫测的自然现象和自己日常生活现象的大胆理解与勇敢探索。承认万物有灵是一切原始宗教的思想源泉，我们今天解读原始神话与原始宗教，还会认为大自然那山那水那石头会有灵性吗？会相信那谷子那禾苗那古树会伤痛吗？会意识到动物保护协会的精神里蕴含了灵魂信仰吗？会感受到祖先的灵魂有时候能与我们心灵相通吗？那么，我们相信与不相信又会有什么区别呢？

英国社会人类学家马林诺夫斯基说："神话在一个原始社会里，就是说在其活生生的自发形式下面，并不仅仅是讲述出来的故事，而是一个有生命的实在。它并不属于发明之类，如我们今天在小说当中读到的那种东西，它是一个有效的、活着的实在。由此，人们相信神话产生在那些最遥远的时代，而且自那时以来，继续不断地影响着世界和人类的命运。"[①] 古代神话曾经震撼着我们的心灵，代表着宗教的古旋律。今天我们读起来，仍然感觉这些神话充满生命活力，是反映了人类心灵发展的变奏曲。我们应该认识到，原始神话与原始宗教具有密不可分的关系，原始神话构成原始宗教最初的表征体系，是我们人类进入文明时期的根本标志。

03

人类产生抽象意识之后，对于自己的起源，世界的形成，自然现象的

[①] 转引自荣格、凯伦伊《论神话的起源和基础》，《外国美学》第二辑，商务印书馆1995年版，第439页。

探查，都拥有了具有自己独特思维的想象。因为神话所处的时代太过久远，甚至是远古时代时期就具有的，并含有强烈的科幻色彩，导致现在的科学技术也无法考证神话是否真正地存在过。现在一般认为，神话是人类臆想的不存在的时代。

每个种族之间所流传的神话是不同的，而且我发现每个种族的神话都带有自己的民族特色和情感寄托。比如说，中国的盘古开天辟地，女娲的补天造人，他们的形象是和中国人一样的黄种人，并且是对于自己祖先能抗衡大自然的一种英雄主义崇拜，从而也使得自己产生不畏惧大自然的一种精神寄托。我又想或许在某个时期真的存在过神话般的英雄人物，以及那个时代存在着神话般的奇异事件，只是，没有那般魔幻色彩，而是人类对于自己未知的事物现象的一种神化，对于自己憧憬的英雄的一种神化。人类对于自己的祖先和尊崇者总是带有一种难以说明的感情，感觉他们是高高在上高不可攀的，就连现代社会都存在着明星或者统治者高坐神坛的现象。对于历史，人类也总是能用最完美的语言来掩饰最初的真实，而且对于一件事物来说甚至有不同的几种看法和观点。

举例说明，我们所认为的 UFO 一直带有神秘色彩，有人认为是外星人的交通工具，而有人认为是其他国家的间谍机，更有甚者认为只是一个自然现象（视觉错误）。那么神话它也是有真实的内涵和惑人的表象的，也许在人类科技发达的未来世界神话之谜的真实面纱就会被揭下。

08

素有"江西南大门"之称的龙南县是我的家乡，在龙南县临塘乡这个民风淳朴的小乡镇里，保留着一个极具古风古色古韵的祭祀风俗习惯，即"盘古王祭祀活动"。在中国，关于盘古开天辟地的神话传说众人皆不陌生，临塘乡黄竹坡的盘古王祭祀风俗历史悠久，吸引了许多的游客，每年的农历十月十六日为盘古王生日，许多农户和城镇里的信众会选择在这一天赶到盘古王庙宇举行祭祀活动，人们通常在庙址上设上祭堂，摆上鸡鸭鱼肉、新鲜水果、特色糕点等以供奉盘古王老爷，击乐鸣炮、焚香叩拜是必不可少的。同时地位较高且热心公益的人会被推为主祭人，主持祭祀活动，有专门的人诵读祭文，人们纷纷向盘古王叩拜以表示对盘古王老爷的敬畏之情，同时也表达出自己希望得到盘古王的庇佑。一般在庙会的外面会有许多的神婆道士贩卖一些平安符、佛珠等带有信仰色彩的物品。

关于人类起源的神话故事包含着浓厚的宗教心理和情感，中国关于盘古开天辟地的神话传说颇有意味，家乡的"盘古王祭祀活动"十分的隆重与非凡的热闹。从科学的角度看，人们对此种祭祀活动的积极响应多少会带有点迷信色彩；但从文化的角度看，这是一笔丰厚的历史文化遗产，它承载着祖祖辈辈们的虔诚信仰，人们将盘古视作自己的祖先而进行祭祀活动正是表达了对祖先的缅怀与敬畏之情。宗教属于一种意识形态，具体的宗教是以某种特定形式的思想信仰为主要内容的一种精神体系。盘古王祭祀活动表现的正是一种思想信仰活动。

10

在科学技术、经济水平，以及人们的思想文化水平高度发展的今天，还有一些偏远的地区封建迷信思想行为较为严重。算命、看风水、跳大神的风气还在上演。我生活的地区就算一个封建迷信思想比较严重的地方，在云南省的一个小村落，住着古老的具有浓厚少数名族气息的彝族居民，他们以祖先崇拜为核心，集自然崇拜、鬼神崇拜、图腾崇拜为一体，围绕着这些信仰，他们举行一些招魂、送魂以及占卜问卦的活动，家里面有老人、小孩子生病的时候，他们认为是死去的祖先找他们要吃的或是喝的，所以这时候，他们总喜欢找毕摩超度送灵，给他们准备吃的进行祭祀，但是这种活动虽然是落后的封建迷信行为，但是有时候在一定的条件下，会有一定的效果，但不能从科学的角度去解释。

毕摩是彝族文化的传播者，所有彝族的宗教活动都不能缺少他。毕摩是一个家族之间的传授者，而且只能让男人担任，不能让女人担任。在我们那边，每一个地方的毕摩都是拥有最高威望的人，会受到每一个人的尊敬，他不仅主持宗教活动，还能对村落里面的人因财产发生口角等纠纷进行神明的裁判。

所以对于今天来说，虽然我们的文化具有一定的封建迷信思想，但是其也有一定的存在意义，我们不能用完全否定的思想去批判，因为文化具有民族性和地域性。

12

苯教是一个非常具有特色的宗教，它的历史也是非常悠久的。苯教的思想源流与吐蕃的历史文化有非常密切的联系，苯教的思想文化可以折射出西藏人民的一些生活习俗、生活观念。我觉得苯教与佛教有很多的相似之处，他们在装饰方面也差不多，它的神灵系统及宗教实践方式等都借鉴了不少佛教的东西。在宗教理论方面，苯教又吸取了许多非佛教的和外来的思想，这样，苯教的思想就更加完善了。苯的含义在现代来说也没有确切的定义，有些学者认为，其基本含义是"祈求""默祷""朗诵""吟诵"。就我来说，我还是比较赞成这种观点的。在西藏，有好多人信仰神灵，人们在盛大的祭典祭祀活动中，一般都会请苯教教徒主持，人们认为这些苯教教徒能与神灵交流，祈求神灵保佑他们每年平平安安，五谷丰登，这些活动都承载着人们美好的愿望。但是，我们都知道如今的西藏教众并不是我们所认为的那么淳朴，那么的美好。很多教徒宣传邪恶的观念，威胁当地的人民，破坏当地的治安。因此我们要正确引导苯教的发展，对于其他民族的东西，能够积极学习，并将之进行吸收，变成自己的东西。正确分析苯教的思想文化，深入研究苯教的观点，有利于加深我们对于人类文明体系的认识。

15

壮族的宗教信仰较多样，壮族不仅崇拜石祖和陶祖，还崇拜祖先、花婆等。广西壮族自治区是壮族的聚居地。也许是广西独特的地理位置，使石祖成为壮族的崇拜对象。都说桂林山水甲天下，崇山峻岭，山青水秀。然而也不仅仅是桂林才有奇峰异岭，还有上思市的十万大山等。壮乡可谓是山峦延绵，依山傍水。

在壮乡，只要是靠近河边的村落都会在人们最常经过的河边一角建立一座龙母庙或者河神庙。并且要选定一天作为龙母供奉日，那一天会在龙母庙里载歌载舞，鞭炮四起。每家每户都会带着猪头或者猪肉来到龙母庙祭拜，祈求不要发洪水，保护他们的村庄，以及一家人的平安和丰收。龙抬头节在壮乡也被视为一个重要的节日。村民们会用许多稻草做成一条巨龙，首先大伙舞着巨龙去村里的土地庙祭拜挥舞。随即把巨龙带到每家每户送福。然后村民们把巨龙舞到河边，一边祭拜，一边舞龙，真是舞鼓喧天。由此可知，壮族人对龙王龙母河神等是极为崇拜和信仰的。花婆祖也是壮乡每家每户都会祭拜的，每对新人的房间都会摆着一张桌子，桌子上边的墙壁上会贴着一张红纸，那便是代表着花婆祖，花婆祖是专管儿女生育的圣母。每到过节母亲都会领着孩子祭拜她，如果孩子生病也会祈求花婆祖保佑。

由此可见，宗教信仰具有多样性，不只是上述的几种，还有很多是壮族所崇拜和信仰的。虽信仰是不固定，不统一的，但人们主要的目的都是为了祈求平安，获得丰收等。

17

我国历代小说名著中不乏有鬼神志怪等内容，可见鬼神思想自古以来就在人们的生活中出现，并且根深蒂固了，像《西游记》《搜神传》《封神演义》《聊斋志异》等，就拿《聊斋志异》来说吧，聊斋志异虽如当时同类之书，不外记神仙狐鬼精魅故事，然叙次井然，用传奇法，而以志怪，变幻之状，这里明确指出了《聊斋志异》一书而兼志怪、传奇二体的特色。《聊斋志异》虽然也写花妖狐魅的怪异题材，但为的是曲折反映社会现实。

所以，我个人认为，所谓的鬼神在真正的现实生活中并不存在，它只是人们按照真实的现实世界虚拟、想象、编撰出来的，只是人们对现实世界中社会制度，以及一些社会现象的不满而在现实世界又无可奈何而借助于鬼神之说来表现的。当然，很多人仍然相信世界上存在鬼神，因为现实世界中仍有很多事情是我们至今不能解决的，有神论者认为，用科学的方法去研究神的问题本来就是无解的。无神论者认为，没有任何可靠证据说明有神，因此神是不存在的。宇宙本身及其基本规律决定了发生的一切，一切都属于自然的。世界上到底有无鬼神，我只想说，所有的信仰都必须能够接受质疑，对非常的现象要特别保持非常的怀疑态度。

19

在中国古代，宗与教是分开的，"'宗'表示的是祖先崇拜的意涵，'教'则是一种文化传统的上下延续"，因而，中国古代的宗教与神话，与自然崇拜有着密不可分的联系。神话它是人们口头流传的，有着形象生动的人物和故事情节，它的内容也十分广泛。中国古代流传至今的神话，表达了他们质朴美好的愿望，而崇拜则是人们认为在精神上实现愿望的最好的途径，因而神话的兴起，对宗教信仰起着巩固和推动的作用。但是，宗教与神话也是有区别的，原始神话产生于信仰并逐渐发展为原始宗教，最后也随着时代的发展以原始宗教为基础发展为成熟的宗教。而宗教与神话最大的不同在于，神话的产生表达的是人们对美好事物的寄托，宗教的产生则带有严重的政治色彩，从最开始的控制部落到国王控制百姓，宗教都被赋予了浓厚的政治色彩。

20

宗教信仰究竟意味着什么？是我们灵魂的最终依归，还是可有可无的点缀？是我们人生道路上的指路明灯，还是遭受挫折时的心灵慰藉？

对于宗教信仰的诉求，往往在我们发生问题，产生需求时得到体现。宗教信仰最明显的是心理慰藉。当人们遇到困难，遭受打击，心情低落时，宗教就会是一个避风港，可以使人从不平衡调节到相对平衡的心理状态，得到精神支持。

宗教注重培养人内心的良知和自律，通过自我反省、自我监督来净化心灵，帮助人们健全人格，使人们更好地更积极地生活。

对于我自己，我向往的是宗教信仰可以带给我动力和佑护，更向往的是宗教所宣扬的那种实现不可能实现的境界。因为这样之后我对宗教才会持更理性的态度，在现世和神秘世界之中寻找属于自己的平衡点和一种超然的顿悟。

21

对于宗教，有人认为是一种文化，就如春节期间各式各样的文化活动，感觉陌生却也很亲切，与我们的生活息息相关。宗教，没有具体的概念，也不是具体的事物，我觉得它就是一种文化活动；又或许宗教就是一种意识形态，社会现象，精神寄托，一种信仰，甚至是一种敬畏……

在古时，原始人类时期，祖先们会利用宗教活动来保佑各事各人，以及巫术、崇拜、神话都与他们的生活息息相关，认为超自然力量是神圣伟大的，但祖先们对于这些活动是不是有深刻的认识？还有，对于古时神话"庄周梦蝶"等，人类现在究竟有没有搞清楚是怎么回事？"有心栽花花不开，无意插柳柳成荫"，宗教文化是潜移默化的，如果祖先们只是依靠神圣的超自然力来主宰生产、生活，那么当时的耕种，采集活动到现在还不会发展。这种社会现象难道不是人类思维的发展吗？但在原始人类眼中，社会与自然或许无法理解，或许一无所知，所以对自然崇拜、巫术、神话逐渐形成宗教观念，用鬼神的信仰及敬畏去解释周围发生的现象。

23

有些事情无法解释，也不知道对错，但是事情本身就存在一定的意义，说是不符合科学，但是结果却是对的。

有一春节正好赶上我姥姥姥爷（外公外婆）66岁大寿，我们都回家过年。家里很多人，好几大家子都凑到了一起。我们北方人住炕，一个炕上在冬天能睡十几个人。家里人多就分开睡觉，男同志一个房间，女同志一个房间，就这样我们还睡了整整四个大房间呢。就在初六，白天我们忙碌了一天招待来往的亲戚，晚上大家闲着没事做就玩麻将，因为家里人多，孩子也多，晚上十点多以后孩子们都睡觉了。本来很安静地玩牌，后来到了晚上12点多的时候，舅舅家的我最小的小妹就开始嗷嗷大哭，她本来是个特别乖巧的孩子，平时总也不哭的，就是走路摔个大跟头也是起来就走，不哭的孩子，那天晚上不知道怎么了，就是一直哭，她妈妈怎么哄都没用。

后来，我妈妈和三姨她们都过来问怎么了，我老姨夫都穿好衣服准备开车送医院了。大家都过来叫我妹妹，问她怎么啦？哪里疼呀？为什么哭呀？不管大家怎么叫怎么跟她说话，她都是不搭理，就是手放在肚子上一直哭，眼睛也不睁开。后来我三姨就突然说不用上医院，我知道怎么回事啦。

随后就看见她拿了三只筷子，一个碗，碗里还装了半碗水，就说是"装磕了"。当时我老姨夫还说哪有那回事呀，赶紧穿衣服去医院，耽误治疗更麻烦，别把孩子耽误了。我三姨却一直不让，说等一会儿，然后就一边念叨是不是谁来我家了呀，一边就把三只筷子放置在水里，另一只手不断地从碗里把水往筷子上浇，没一会儿，筷子就站住了，然后开门开窗帘，用扫把把筷子打倒，连续三次都是叫到同一个人时筷子站住。连续三次之后，不到2分钟的时间，我小妹妹就不哭了，安安静静地睡觉了。

当时我就觉得好神奇呀，其实刚开始的时候我也是和我老姨夫的观点一样，赶紧送医院，觉得我三姨那就是迷信，根本不管用。但是结果却是我没有想到的，这个方法简直比吃药还来得快呀。后来我问我三姨这是怎么回事，我三姨说：当时看见我妹妹那样她后背就是一阵麻，就知道是怎么回事啦，我就问：你怎么知道的。她说：我有感觉，这种感觉不是谁都有的，我身上有老仙家保佑。

听完这些我也是不知道该说些什么了，那一晚上的事情是我不能理解的，在我的学习认知过程中，这种现象我根本解释不了。我一直以为这只是一种迷信，但是它确实有了效果，而且比吃药的效果还好。这种现象无法解释，可能它本身就存在一定的科学性，但是却没有被人们发现，对于这种事情我只能感到神奇。

27

原始宗教是人们对动植物的崇拜，也就是把直接可以为感官所感觉得到的自然物和自然力当作崇拜对象。我在这里对这种崇拜的科学性不发表任何观点。在这里，我只想说说现在的人们和以前的人们对待动植物的态度。在澳大利亚，当一年一度的雨季到来之前的草木繁茂、动物交尾时节，许多原始部落都要举行一次颇为隆重的"繁殖礼"，即与动物进行一次"推心置腹"的对话。届时，全体氏族成员倾巢而出，聚集在一个特定的祭地举行法术仪式。他们将血浆洒布于地，口诵咒歌，以促令近处的动物离其蛰居之所，繁衍增殖。[①] 虽然在现在看来没有必要如此，但他们对动物繁衍增殖的用心却值得世世代代的人们学习。再来看看现在，在春天鱼繁殖产子的时候，人们在夜里拿着打鱼的工具到处捕捞，第二天拿着"胜利的果实"去集市上卖，他们只知道他们可以有钱，可他们不知道的是，因为他们在错误的时间捕捞，鱼将变得越来越少，在不久的将来鱼也可能变成熊猫了吧。以前听爸爸说，他小时候春天在有水的稻田里都可以看到成群结队活蹦乱跳的鱼，到我小时候却只能听长辈们叙说而不能看到。这不就是人们肆无忌惮不珍惜动物的结果吗？而植物也"难逃一劫"。在我家乡，青山已不在，不知道为什么，原本青翠的山却变得凹凸不平，空留下一个个"流着血"的令人触目惊心的树桩。人们何时才能醒悟？何时才能珍惜祖先留给我们的青山绿水呢？人们又将留给子孙什么呢？我们祖先曾奉为虔诚崇拜的对象，又将何去何从？

---

① 摘自《宗教学基础十五讲》，北京大学出版社2011年版，第22页。

30

我很喜欢一首歌,是《心花路放》的主题曲《去大理》,而我认为更适合的地方是西藏。

去西藏朝圣一直在我的心里,或许很多人都一样,不管你梦想要去哪里,总有一个地方是属于西藏的,那是我们灵魂最深处的渴望。西藏总带着神秘而又干净的气息,吸引着我们。

在那里,那么辽阔的草原,那么清澈的湖泊湖水,永远神秘美好的雪山。那里的天空,纯净得没有一丝杂质,牦牛,青稞酒,喇嘛寺,身穿斑斓服饰的藏族女子……

希望有一天我真的能到达那里。也愿每个梦想去西藏的人,都能像她那样永远保持着美好。

32

午后闲暇时,常喜欢听听音乐哼个小曲,某天偶然间听到一首老歌《龙的传人》,那首歌这么唱道:"古老的东方有一条龙,它的名字就叫中国。古老的东方有一群人,他们全都是龙的传人……"那首歌放在平时可能会被我听着就过去了,但由于学了《宗教学》课程,它引发了我的思考。我们中华民族都骄傲地称呼自己为"龙的传人",可以说,龙在一定程度上就代表着我们中华民族的形象和精神。我们的许多成语中也都有"龙",像"龙马精神""龙潭虎穴""龙飞凤舞"等,它们大都蕴含着一种美好的向往或是敬畏之情。可是世界之大,我们为何偏偏挑中"龙"这种物种作为民族的象征呢?还有,这个世界上真的有龙存在过吗?经过一番思想斗争后,我认为我们中华民族以龙为荣、以龙为尊的心理源于原始社会的一种宗教信仰——图腾崇拜。因为在当时那种生产力水平极其低下的条件下,原始人相信每个氏族都与某种动物、植物或是其他自然物有亲属或其他特殊关系,一般以动物居多。而在诸多的动物中,就属龙最神奇,许多专家都认为,早期的龙就是一条头上带角的蛇,是一种纯粹的爬行动物,著名学者闻一多先生对龙有独到的见解,闻先生认为:龙是由蛇与其他多种动物综合形成的，它以蛇身为基础，融入了马的鬃毛，牛的尾巴，鹿的角，狗的爪，鱼的鳞和须……况且古人云"水不在深，有龙则灵""飞龙在天"，龙既能深入水底，亦能腾云驾雾，且为世人所罕见，所以先人们把它作为一个崇拜的对象也就不足为奇了。崇拜归崇拜，除此之外，我们对龙到底了解多少呢？它是否真的存在过？对此，我表示对龙的存在深信不疑。首先，虽然是"眼见为实"，但是我们不能仅仅因为没亲眼见过而否认一个物种的客观实在。也许这世上确实没有人有幸一睹龙的真容，但这只能表明龙的罕见性，并不足以否定龙的存在。其次，龙位列我们的十二生肖的第五位，其他的十一种生肖都是真实存在着的，一粒老鼠屎就能坏了一锅粥，世上动物千千万，试想，我们智慧的先人又怎么会将一个不存在的动物强行列入呢？最后，近代以来，众多的专家学者就龙的起源问题进行了深入探索，许多出土的有关龙的文物就是对这一观点的最好证明。

36

清明应该算是在我国古代延续至今都比较重要的一个节气了。人们在这一天都会缅怀先人，祭祖扫墓。回想一下往年的清明，那时都是在几天前就准备好祭祀的用品,纸钱、鞭炮、酒水和祭品。然后在清明这天全家男丁一起出动,给祖先扫墓。

我清楚地记得,一般清明的天气都是阴沉沉的,就像是注定了一般。在这一天人们的心情必然和天气一样,不会"晴朗"。在农村依旧采取的是土葬的方法,所以祭祀就要走上一段山路,而且每个地方都相隔着一段距离。来到坟前,先是盖土,然后摆放祭品,上香,烧纸钱,放鞭炮,"敬酒"(我不知道这样说是否合适,这个习俗只能用这个词语来形容)。然后就是祭拜,祭拜的时候会祈求祖先的庇佑,例如祈求人丁兴旺,祈求在外打拼的人们能有所成就,祈求家里的老人能身体健康长命百岁,祈求读书的孩子能金榜题名出人头地。虽然说这整个祭祀下来形式是固定的,但是每当参与其中心情却是慢慢沉重起来。

祭拜完或许一上午,甚至更久的时间就过去了。一般家里的女性都不会上山祭拜,上山都是由男性来完成。虽然没有规定女性不能上山,但是不知从何时起,女性不上山已经成为了固定的规矩。都是在家弄好饭,然后等祭祀完成整个家族的人一起吃饭。或许只有这时才是一天中气氛相对缓和的时候了。这样的活动每次都必不可少,既是对祖先的缅怀,也是家族凝聚力和家族情感的体现。

38

我们知道,从哲学的角度看,原始宗教是氏族制的伴生物,产生于人类的神话时期,表明了人与神共在的意识。原始宗教产生的思想基础是灵魂观念的出现,由此而有"万物有灵论"及其神灵崇拜。由于原始社会人类对自然缺乏足够的认识,对一些自然现象的不理解以及畏惧,由此而产生最初的对不可知力量的畏惧与崇拜——现在我们所说的原始宗教崇拜。在人类的童年期,人类的灵魂观念深深地与万物有灵、自然崇拜联系在一起,从而建构起原始的淳朴的宗教信仰,人类的行为在一定程度上受到某种不可知的原始宗教力量的约束。宗教力量也对人类文明产生了深远的影响,比如:从东方的佛教到中亚的伊斯兰教再到西方世界的基督教;从印度教、犹太教等有强烈民族特色的民族宗教,再到已经消失在历史长河中的美索不达米亚人等相对原始的对神灵的敬仰,都可以看到宗教文化对于人类文明那种深远的影响。

然而，随着近代社会科学技术的发展与思想解放的深入，我们对自然的认识也进一步深化，对自然力量的畏惧可谓是所剩无几了。人类敬畏意识的减弱带来的是自身信仰力量的缺失。帕斯卡尔在《思想录》中曾说道：人是棵会思想的苇草，有多宽广的世界，就有多复杂的人心；有多复杂的人心，就有多叵测的想法。缺失了敬畏，带来的是人类道德行为准则的危机，导致了人类信仰的异化。我从不认为表面号称是某宗教的信奉者有真正的信仰，真正的信仰来源于内心对道德力量的畏惧，对可为与不可为的清晰认识。对此，如何重塑我们内心真正的信仰，便是值得全社会关注的问题。

孔子曰："朝闻道，夕死可矣。""道"在这可引申为信仰。但是，近百年来，新旧中外思想意识文化的碰撞，传统的东西已被割裂破碎，外来的文化侵蚀正烈，新的国人文化信仰始终没有建立成型。尤其是"文化大革命"砸碎了旧世界的信仰，改革开放以来，在一味地甚至不择手段地片面追求经济快速发展、单纯依靠GDP增长、缺少制度和文化构建的环境下，全社会拜倒在"官本位"和"一切向钱看"的石榴裙下，造成了普遍的信仰缺失。找回国人丢失的信仰，要做的事情很多。一个文明社会要进步发展，就要公开正视存在的问题。虽然我们现在还找不到切实可行的办法找回国人缺失的信仰，但中国人丢失的信仰一定能够逐步地寻找回来，富强、民主、文明、和谐的现代化中国将来一定会实现，虽然前面道路险阻，但路漫漫其修远兮，上下求索而必达之……

39

首先，图腾，是记载神的灵魂载体的象征，主要是为了将一个群体和另一个区分开，是古代原始部落迷信某种自然或有血缘关系的亲属、祖先、保护神等，而用来做本氏族的徽号或象征。原始民族对大自然的崇拜是图腾产生的基础。运用图腾解释神话、古典记载及民俗民风，是人类历史上最早的一种文化现象。

不同地区和国家的人有不同的图腾崇拜，它是最早的社会组织标志和象征。图腾标志最典型的就是图腾柱，由一个图腾，人们可以推理出一个族群的神话，历史记录，习俗。在原始时代，可信的是某些自然物或是一些众生的画像，与他们的族群遗产是有一些血缘上的联系。因此，某种动物或植物会用作某一族群的标志或象征，其中，动物占大多数，这是因为在原始的初民社会中人们能见到的只有动植物，而动物与人类在许多地方相似，又有许多人类没有的优势，如鸟能在空中飞，鱼能在水中游，爬虫会蜕皮，又避居于地下……

把图腾作为崇拜对象，有利于确认氏族成员在血缘上的统一性，还有利于团结群体，维系社会组织，也是原始社会中人类面对未知事物的一种自我保护。

40

"犬戎族"自称祖先为二百犬，当是以犬为图腾。
——范文澜《中国通史简编·第一编》

狼图腾，故名而言就是信奉狼为族内图腾，为精神信仰。在额仑草原上就有这样一个民族——蒙古族。

在大自然中人与动物没有什么优劣贵贱之分，身份一律平等，在《中国通史简编·第一编》中所描绘的那种震撼人心的场面可谓是我一辈子当中感受最精彩的。

从怕狼到遇狼到养狼到爱狼以及最后为狼举行天葬，从头看到尾不禁潸然泪下，一只狼和人产生这样的感情，可谓是绝无仅有的。

信仰图腾是那个时候的人们的精神寄托，无畏的天灾人祸，让人们心里产生了恐惧和绝望，然而在不经意间的一次举动以后他们与信仰的图腾产生共鸣，从而心灵得到慰藉，得到寄托。从我个人而言，我不信仰什么图腾，并不是说我精神没有空虚和恐惧的时候，而是图腾带有少许宗教色彩，在现在这个社会多数人太依赖于宗教，从而把该做的，该努力的都本末倒置了。宗教可以缓解你的精神压力，切不可深陷其中不能自拔，不能为宗教所摆布。当然，图腾相比较于宗教而言没有太大的扩散性，图腾具有明显的地域色彩，不同民族，不同地区，所信仰的图腾也不尽相同，并且图腾相比于宗教，我个人而言没有那么大的迷惑性。以狼图腾为例，蒙古族的豪放和彪悍与狼有着惊人的相似度,他们对狼的尊敬无人可比,他们认为狼是上天的使者,是来保护他们的,其他民族有多少会这样认同?并且他们信仰图腾不会像宗教那样被蛊惑,所以我认为图腾比宗教管用!

41

在经济主导社会的当代,好多东西渐渐地脱离了我们的生活,大家都日夜奔波劳累于生计、名利场中。渐渐地,欢乐少了,抱怨多了;心平气和少了,莫名烦躁多了;和谐少了,矛盾多了。我们一直在追寻生命的意义,生活的真实本质,却无奈陷入现实的消极面,难以脱身,苦不堪言。每个人都在忙着做"有用的"事,生怕慢一点就落后于别人,极其不愿意去把宝贵的时间分一点给"无用"之事。学生时代,学习要以考高分为目标;工作了,要以买豪宅买豪车为目标;教育子女要以超过邻居家的孩子为目标。一生都在追着太阳跑,忘了去领略日出东方的欣喜,烈日当空的严酷,日落西山的不舍。我们的一生不该是这样子的,生命在于过程,生活在于追寻美好,把握当下。在忙碌之余多抽空做做"无用"之事,也是会有别样收获。我们也不妨体会体会宗教学的魅力。

学学宗教学,可以让我们对自我有个更清晰的认识。宗教可能无法让你解开我是谁,从哪里来,生命的意义等高深的哲学问题。但我们可以通过了解宗教,去发掘一些宗教中与我们生活哲理相通的东西,我们经常在生活中遇到的一些无法想象、难以解开的迷惑,很有可能在某个教派的某个点上你就顿悟了,想开了,这些都有可能的。释迦牟尼佛就是在菩提树下冥想找到了自己,耶稣也是在救助众生的过程中实现了自己的价值。这些都表明宗教对我们现世还是具有很大的意义的。

学学宗教学,可以使我们获得内心的平静。世事纷纷扰扰,人生复杂烦扰,面对繁杂的世界。我们难免会晕头转向,心烦意乱。这时我们做什么都常常难以达到预想的效果。不妨学学宗教学,让你获得暂时的放松,那些豁达的宗教观点会让你更清晰地知道怎么去处理生活、工作中的不如意,教你如何去待人接物。更重要的是在体验这个过程中内心趋于平静的状态,这不正是我们想要的生活体验,一种难得的生活态度吗,这么说来,何乐而不为呢?

学学宗教学，可以扩展我们的见识，丰富我们的视野。不去了解，你永远不会知道那些宗教徒对于他们信仰的宗教是多么虔诚，多么狂烈；你也永远不会知道宗教对于千千万万人是如何产生如此巨大的魅力的，千百年来让众多信徒趋之若鹜，至死不渝。可以说，宗教是一个充满神秘与乐趣的东西。讲求内心平静的佛学，一个个趣味良多的圣经故事，各大宗教在历史中的发展状况，都值得我们去探索，发现其中的奥秘。见识广了，我们看待问题自然就更加全面客观了。

宗教无法给你带来万贯家财，无法使你封官加爵，甚至无法使你解决温饱。只要我们可以在宗教中获得哪怕是一点点的人生启示，能够在处于困境时获得内心的一丝宽慰，就足矣。学点宗教吧，总归是有好处的。

42

早期宗教的产生是在生产力水平不高的情况下诞生的，人们没有办法去解释自然现象，以及防止鸟兽侵害。早期人类为了祈求平安，能够吃饱饭，将一些普通的事物赋予人格化的想象，比如在草原上的人们就崇拜老鹰和狼之类的，依水而居的人类则崇拜水蟒之类的动物，因为在当时的人类看来这些动物都是充满力量的。

虽然现在这种图腾文化差不多已经消亡了，很多只能在一些遗迹和博物馆中看到，但是图腾在早期的原始社会中还是起了重要作用的。

我们都知道那时是母系社会，过着采摘的生活，经常吃不饱，且打猎是非常危险的，并不能保证都能成功捕猎到食物，而有时候又会遭遇天灾，当他们看到老鹰这种相对无忧的状况，就会希望拥有像老鹰一样的速度、力量，这给他们的生活带去了希望。还有一种是宗教的图腾信仰，它不仅仅是生活上，更多的是在精神层次上给人们一种归属感。我是谁，我为什么存在，我的祖先是谁，图腾就像是虚无缥缈的神与普通大众之间联系的一座桥梁，使神的形象具体化。

但是，随着生产力发展，图腾已经越来越脱离人们的视线，但是还是应该看到它所给予人们的力量。

43

说到宗教总是会让人想起一些神秘的东西,就像基督教、伊斯兰教、犹太教等一些西方的宗教,总是会有上帝呀,耶稣呀,这样一种神秘力量的存在。然而他们把这种神秘的力量带入自己的宗教观念之中,像地狱说、天堂说、因果报应等。他们这种观念因此是模糊的,正是这种模糊感,让我们不敢轻易去触犯,因此我们对宗教总是带着敬畏。我们再来看看儒学,儒学总是把道理说得很清楚,要怎么做,不应该怎么做,却没有一种神秘力量的存在,去制约我没这么做会怎样。所以时间久了人们就会对之无所谓,不会对之有敬畏,也就失去了宗教的味道。

没有哪种理论是完美无缺的,不管是宗教还是马克思主义。其实马克思说宗教的本质是精神鸦片,确实是这样的。但我们生活中有时候却不可避免地要用到吗啡,在医学中是不可避免的。那么回过头想想,既然有一个领域需要它,那么在其他领域是否也有这种情况呢?那么答案是肯定的。因为单纯的、纯粹的宗教信仰,对人类来说是一种精神寄托,可以引导人类树立良好的道德观,就像基督教、佛教、道教和伊斯兰教都有因果报应,劝人行善的教义一样,不可否认,有正确信仰的人,他的道德感确实比没有信仰的人高很多。但是宗教也有其弊端,像一些邪教组织,恐怖组织就是利用了宗教思想、信仰对人思想的控制,就像毒品对人身心的控制一样。所以,我觉得我们现在要探讨的问题不是宗教是不是毒品,而是如何将宗教的正确用途开发出来,去引导人们树立正确的价值观和道德观。

47

随着人类对于改造自然和认识自然能力的提高,原始宗教也会在不同的发展阶段上表现出种种不同的宗教形式。概括起来,原始宗教大概有这么几种主要形式:大自然崇拜、动植物崇拜、鬼魂崇拜、祖先崇拜、图腾崇拜、灵物崇拜、偶像崇拜。一类是精灵和鬼魂的崇拜,其崇拜对象不是由感官所感觉的某种力量。纯属幻想出来的某种神秘自然力量的精灵、鬼魂等,把自然力当作精灵的力量的表现。另一类是对自然力和自然物的直接崇拜，把直接可以作为感官所感觉到的自然物和自然力当作崇拜对象。

中国宗教起源于母系氏族社会，最早源于图腾崇拜。近代学者严复将"图腾"的概念最早介绍到中国。他解释说："图腾者，蛮夷之徽帜，用以自别其众于余众也。"到此，我们可以给图腾下个定义，图腾是标志或象征某一群体或个人的一种动物、植物或其他物件。在原始社会，人们对自身及自然界的认识十分有限，不了解人类与自然界的关系，他们认为每个氏族与某种动物、植物、无生物或自然现象有着神秘的亲缘和其他特殊关系，并相信这些"神物"就是他们的祖先、保护神，他们这个氏族就是由这种神物滋生出来的。因此，每个氏族都以某一种崇拜物作为本氏族供奉的神物与标志，此即"图腾"。

图腾崇拜的出现，标志着简单宗教仪式的诞生。在原始宗教崇拜的意识支配下，又出现各种各样的魔术，《山海经》就是这一时期描写原始宗教仪式的神话故事。我国最早的一部诗歌集《诗经》，其中有一部分就是对拜祭天地鬼神的颂辞。

据史料记载，在我国氏族社会末期，各部落都有自己的图腾。东南沿海一带，各部落多以鸟为图腾，史称"鸟夷"。图腾就是一个民族的精神象征，一个符号。比如，我们华夏的图腾就是龙。在这我想浅谈一下宗教图腾崇拜中的狼图腾。

《狼图腾》是一部以狼为叙述主体的小说，讲述了20世纪六七十年代作者在内蒙古草原插队时与草原狼、游牧民族相依相存的故事。学者姜戎先生根据自己"文化大革命"期间到内蒙古大草原插队的十几年像牧民一样近距离观察草原狼，完全融入草原的原始游牧生活的亲身经历，在"狼图腾，草原魂"的追索中不断进行文化历史之思。

原始社会中宗教与图腾崇拜密不可分。"图腾"一词来源于美洲印第安人，意为"它的族类""它的亲属""它的氏族标志"。其中"狼图腾"是蒙古和突厥诸民族图腾。弗洛伊德在心理分析的基础上发展了图腾论。他认为图腾崇拜是一切宗教的起源，而且是一切文化、道德和社会组织的起源。从宗教角度看，《狼图腾》对中华龙图腾的形成根源进行了深思和追溯，揭示了龙图腾和狼图腾之间的历史文化的关联。

狼图腾翻拍成影视作品，历经7年。为了配合原著作中小狼的成长，特意养了三年小狼。通过看狼图腾纪录片，《狼图腾》展现了草原人神圣的长生天信仰与神秘的天葬仪式，让人感受到奇特的民俗风情及庄严的信仰威力。其中所表现出的高超的军事智慧、强捍的团队精神、非凡的勇敢无畏等草原狼精神对民族文化心理、民族历史、民族精神都产生着深刻的影响。《狼图腾》警示人类生存危机、启示人类"狼性意义"、引导人类进行深刻的文化反思。狼图腾其实就是写骁勇善战的蒙古人与蒙古狼在"文化大革命"浩劫中的悲情故事，写出了蒙古狼对自由的向往。

总而言之，《狼图腾》其中的精华需要我们去仔细地品读，挖掘。

第四章 领略宗教仪式与成人礼

MH370飞机失联后,马来西亚著名巫师易卜拉欣多次来到首都吉隆坡国际机场作法。他用两个椰子、一张"魔毯"、一根"魔法"拐杖等法器作法驱散恶灵,声称如果飞机真的坠毁了,就能帮助救援人员尽快找到客机。汉武帝晚年,后宫多位佳人失宠,为重新获得汉武帝恩宠,便邀请女巫入宫作法,对其所嫉妒者施以巫蛊之术,最终导致政治动乱,即"巫蛊之乱"。《红楼梦》中赵姨娘因自己与儿子失宠,便请马道婆作法让宝玉、凤姐生病。《平凡的世界》神乎其神的刘玉升声称自己能除魔祛病。这些都说明人们企图借助某种神秘的"怪力乱神"等超自然力量,通过举行特定的仪式对客观对象实施影响或作用,可以改变命运,获得诸如金钱与权力等利益,或者实现惩罚仇敌、赢得爱情的目的,这些便是巫术。巫术是一种世俗迷信,一般没有严格的组织制度,缺乏系统的理论建构,带有专业化色彩。有学者认为,宗教起源于巫术。

当今世界各地巫术有不同的类型,依据巫术构成的基本思想原则可分为"模拟巫术"和"接触巫术";依据巫术活动所具有的道德价值观念来判断,可以分成"白巫术"和"黑巫术";依据巫术具有的社会功能,可以分成生产性巫术、保护性巫术和破坏性巫术。巫术在人们的生产生活中继续存在,既有积极作用,如通过巫术可以增加当事人的信心、平衡当事人的心理、产生一定程度的社会控制作用;巫术还具有消极作用,如黑巫术败坏道德,制造恐怖,扰乱社会正常秩序等。

作为一种具有宗教性的仪式,成年礼是神圣的,非娱乐性的,它表明一个人随着身份的转变,心智也应该更成熟,在拥有更多社会权力的同时,也需要承担更多的社会责任与义务。各民族还保留着隆重的成年礼,值得提倡。

01

对于成人礼我有两种理解,一是社会风俗流传下来的由父母或长辈(老师)给即将年满十八的青年男女上的一堂"教育宣誓课",通常由某些习成的仪式作为载体。二是亲人给十八岁的儿女们准备的第一份礼物,这份礼物一般承载了父母亲人对小辈的美好祝愿以及鼓励。而这更重要的是告诉小辈们成人后的担当和责任。既要不忘初心的奋斗进取,又要稳重地面对成人之后没有长辈的保护。

而我很幸运,成人礼参加了高三的百日宣誓,和全校高三同学一起听校园讲座,记忆里我们的青春同在,成人教育对于我们也是一种难忘的人生经历。高三毕业收到了亲人们的祝愿,以及礼物。成年的我来到大学,而成人礼时的生机勃发和积极向上的精神却在消磨,可是写到这儿我才想起,当时宣誓的我是那么坚定。

03

上次我看到一则新闻,说的是一位母亲斥巨资为自己的女儿举办一场复古的成人礼。总的来说,成人礼和巫术有关,算是白巫术的一种,是给人以正面发展的支持。而在看到这则新闻的那个时刻,我想我是羡慕她的,不仅仅是她的母亲的重视,更是她有经过成人礼这一重要时刻,她的心境也必然与我们是不同的。成人礼到底有什么意义?为什么现代社会成人礼却逐渐销声匿迹?

今天,我就来谈谈这个问题。成人礼,顾名思义是为昭示青少年踏入成人领域所举办的一个仪式,在当时当地被认为即将成年的年龄段由长辈主持的给予晚辈成年的洗礼。成年礼是一种文化风俗的继承和发扬,它体现了一个民族和一种文化,更昭示了自强自立、生生不息的民族精神。但是它在现代社会却被逐渐地剔除了,其中不乏诸多因素。可能是仪式太过隆重而费时费力,不愿再举办。也可能仪式由繁变简,一减再减,反而逐渐地消失。

我认为,这是一种文化的缺失和淡化的表现,现代社会快节奏,简约的观念已经不适合成人礼的继承和发展，所以，成人礼逐渐淡出了人们的视野。

04

据《凤凰县志》记载，制作蛊药的主要成分是蛇、蜈蚣、蚂蚁、蟾蜍等。凤凰的草鬼婆（放蛊者的俗称）将这些毒物收齐后露干，研成粉，用罐子密封好，然后放在山麓之间藏匿一段时间，蛊药就制成了。湘西的蛊毒名称繁多，制作方法千奇百怪，没有固定的配方。这都是湘西女子捍卫爱情，维护家庭稳定的法宝。

苗族"谈蛊色变"，从古代开始放蛊就被认为是谋财害命的犯罪活动，所以历史上大都严厉打击它。唐宋至明清的法律都把使用毒蛊列为十恶不赦的大罪之一，官府对施蛊者的处罚极其残忍。在婚姻上最忌讳蛊毒，儿女要开结的话，双方父母都要暗地里对对方进行严格审查（俗称"清针线"）。如果发现对方有不干净的嫌疑，就会找借口婉言拒绝，造成婚姻上的悲剧。有些女孩被人怀疑有蛊，只能嫁给有缺陷的或家境贫寒的男子，甚至为此自杀。有的害怕与有蛊人家结亲，只能在自己的亲戚之间相互结亲，由于是近亲结婚，从而导致后代患有一系列疾病。

我国男女比例严重失调，也就是说有很多男人将没有配偶，这将严重影响到社会的秩序，甚至引发一系列的连锁问题。感情的事情都讲究两情相悦，如果女人用蛊毒拴住了自己的丈夫，社会风气或许会因此有所好转，也有利于促进我们形成良好的爱情观，至少能让更多的人相信这个世界是有真爱的。虽然蛊毒能帮助我们女性捍卫爱情，以及维护家庭的稳定，但其弊端和对社会的消极影响仍不容忽视。蛊毒的手法有些残忍，容易让人误入歧途从而走上犯罪之路。

作为一名思政专业的学生，我认为蛊毒不值得提倡，但女性下蛊毒的那份初衷（即对爱情的维护和对家庭的那份担当）我们应给予理解；我希望大家都能勇敢地捍卫自己的爱情，维护自己家庭的稳定。蛊毒作为我们苗族的非物质文化遗产，我希望大家能以包容的心态对待它，但不可盲目地去学制蛊之术，我们只需要把它作为一种精神铭记在心即可。

05

  巫术在大家眼里大都与"恶毒""邪恶"等字眼相联系，的确，在我们了解的很多关于巫术的资料里，巫术是邪恶的代表。比如说流行于东南亚的降头术，它是使人在无意中饮下特制的蛊药，对人体产生特殊药性或毒性从而达到害人或者控制人的目的；还有历史上汉武帝晚年，后宫妃嫔争宠，有的人为了获得汉武帝的宠爱，不惜对别人施行巫蛊之术；甚至在我们幼时读的童话故事里，会巫术的巫婆大都是扮演着坏人的角色，为了达到自己的目的，利用巫术做一些害人的事情。即使在科技发达的今天，人类文明已经达到一定高度，巫术依然存在着：在非洲的一些国家里，当有人生病了，他们不是选择去看医生，而是请所谓的巫师到家里作法，美其名曰驱除病魔。这样看来，巫术好像的确是邪恶的，但是在这样邪恶的巫术当中也是有一些有积极意义的东西存在的。巫术按其性质可分为黑巫术和白巫术，前面所说的都是黑巫术，白巫术通常以赞美神明和向神明祈福为主，寻求光明或善良的力量帮助别人，不需要付出太多代价。常见的有祈雨、驱鬼、破邪、除虫等，这种白巫术主观上是想在神秘的环境中预见到未来的情况，或采取有效的方式治愈病魔，给人以健康。我们在对待巫术的时候看到它邪恶一面的同时，也要看到它积极的一面，不能只看到它消极的一面。

  有些学者，比如说英国文化人类学家马林诺夫斯基认为，宗教是由原始巫术发展起来的。我认为巫术和宗教有着本质的区别，巫术是人们企图借助某种神秘的超自然力量，通过一定的仪式对客体实施影响或作用的活动，而宗教则是以祈祷和奉献贡品赢得神灵庇佑。一个是试图操纵、强迫或压制神灵，一个是对神明的信仰与崇拜。除此之外，巫术只是一些零散的实用的技术动作，这些行为都是为了达到某种目的的手段，而宗教包括了一套完整的信念和社会制度。巫术虽然有其积极意义的部分，但不能否认它大部分都是恶毒的、愚昧的，自古以来我国的正义之士们都对巫术这一类的事情较为反感，认为这是"邪"的。宗教却不一样，宗教发展至今，我们把宗教看成是一种文化，而不像是被看作世俗迷信的巫术，有宗教信仰的人在逐年增长，宗教对神明的信仰与崇拜，在某种意义上来说，比巫术要更能够维护社会的稳定。

其实巫术只是一些零散的技术动作，至于让这些技术动作发挥什么作用就要由当事人来决定了。巫术既然有它积极的一面，就应该尽力发挥它积极的作用而避开它阴暗消极的作用。当然，在科技发达，人类文明极度发展的今天，应该尽量避免巫术这种世俗迷信在我们的生活中出现，我们只能将它作为一个对象去研究它，通过它去了解更多我们还未知的事情，而不能将它带入到现实生活中。

06

说到巫术大家都觉得这不是个好东西，巫术在整个封建社会都很盛行，随着社会发展巫术在现在很少见了，几乎见不到了。一般也就在电视剧、电影等文学作品才能见到了。

巫术的渐渐消失，这和人们的科学文化素质提高有着很大的关系。人们遇到困难灾难不再相信凭巫术的能力帮助人们度过了。还有就是许多的电视剧、电影都把巫术演绎成害人的东西。其实巫术也是有好的一面的，比如说白巫术就是以赞美神明和向神明祈福为主，寻求光明或善良的力量帮助别人的好的巫术，但是这类巫术比较少，所以巫术的形象被丑化。现代人们都不愿用那些巫术去害人了，以至于巫术越来越少了。还有古代使用巫术被发现了会受到严厉的惩罚，巫师也不是正当的职业；不受人们欢迎，受到人们歧视，也没有多少人愿意去学习巫术。随着时间的推移，巫术的仪式也渐渐失传了。所以，巫术在渐渐地退出了历史舞台。

07

我个人觉得，巫术是一些人觉得能够帮助他们实现美好的愿望，或者帮坏人为所欲为的一种手段。例如：在我们那里家中若有老人去世，就会请一些年老有名望，而且德行好的去为死者做祈祷，并且会请人做一只鹤，放在墓碑上，希望逝者安息；如果逝去的人是年轻人，就会把尸身放在村口，希望死者的灵魂能够记住回家的路，转世时依旧能够回我们那儿。不管这些形式怎样不同，但是同样寄托了亲人对逝者的祝福。看似巫术离我们很远，其实在现实生活中偏偏又经常出现。小到换下的牙齿放在何处，大到宗祠祭祀活动。无论是人们对仇人的种种诅咒，还是一些人对家人平安的祈祷或是对家庭财运亨通的希冀，这都是巫术的表现形式。在科学技术发展的今天，也许我们会认为巫术是一种迷信，不能帮人们解决各种问题。但是在生产力落后的原始社会，人们在面对自然或社会现象无能为力的时候，就会依靠巫术。这个时候巫术或许不能帮助解决一些问题，但绝对会成为那个时代人们的心灵寄托。所以说，我们不仅需要思考巫术的用途，更应该学会在正常的生活状态下如何看待巫术，如何找回巫术的力量。

08

在当今社会科学技术高速发展的时代，通常一提到"巫师"这个词，人们的脑海中立即涌现出招摇撞骗、蛊惑人心、封建迷信、群魔乱舞等一系列消极的词汇，可见很多人对巫师嗤之以鼻，认为巫师是恶人。巫师所展现出来的巫术不过是其谋取自身利益的一种活动，所使用的法杖、符纸、利剑等也是其为了掩人耳目而采取的夸张工具。

我个人虽然倾向于赞同大众的观点，认为巫术是传统封建迷信色彩相对浓厚的活动，但站在哲学的角度上，我还是主张用辩证的观点看问题，对待巫师这一"职业"，我们应该用一分为二的观点看待，应该看到巫师这一职业身份的两面性，既要看到巫师封建迷信的一面，又要看到其积极向上的一面。古时巫师可被认为是大成就者，可以说是皇帝身边的军师，了解天文地理等一系列知识，不可否认这种巫师是具有大智慧的人，他们所做的通常也是具有保护性和生产性的活动，对社会的积极发展具有促进作用。不能简单地认为巫师只会招摇过市，还应看到巫师为医治病人与辅助国王治理国家的好的一面。

10

成长是否需要举行仪式来证明，成人礼是否真的能让人成长，举行成人礼的意义在于什么，是一种心理的安慰还是一种习俗？是一种社会现象还是一种形式主义？

在很多地方，都有着不同方式的成人礼，但是真正对于成人来说，一次仪式只是形式而已。随着社会的发展，生活水平的提高，人们的心智越来越成熟，对于现在来说，成人礼完全没有任何的实际意义，只是一个形式而已，但是对于有些拥有浓厚的民族气息之地来说，或许举行成人礼之后，你就需要自己承担属于自己的责任。

所以对于成人礼来说，它是否是一种信仰，还是一种信念，对于现在来说都没有现实意义。只是一种对古代的崇拜，对思想的信仰，有着存在的必要，只是需要改变一下存在的方式，让它不是以一种形式主义的方式存在。

经过对宗教的起源与原始宗教的学习之后，对于宗教的概念有了一定的了解，以前我们总把宗教跟封建迷信联系在一起，可能是因为在我们的生活中没有实际地真切地去接触宗教，所以对宗教的概念只留在表面的了解之中。

11

成年礼对于我们来说就是走向成熟，逐渐长大的一个标志与象征，太过烦琐的程序完全没有必要。与其弄太多的程序，不如在孩子成年这一天与孩子说说交心话，告诉他们成年对于他的意义。

成不成年就是依据年龄来做的一个划分，其实人如果心智成熟了，18岁以前就有可能已经成熟了，如果没有，甚至到了20岁他还可能没处在一个成年的状态。所以当孩子成年的那天，父母何不利用这机会和孩子谈心，告诉他们成年的意义，以及以后该如何做个成熟稳重的人，做个独立自强的人，而没有必要弄一些身体上的标志。非要身体经历什么，或者克服了什么，才算成年，这并不是对成年礼的最好诠释。

形式应该简单，内容应该丰富。成年礼是对我们中国传统文化的一种保留，现在的成年礼更多的是沿袭旧的文化，我们应该创新，去打破旧的烦琐的仪式，赋予成年礼一种简单而又有意义的内涵。

少数民族地区的成年仪式更加烦琐，更隆重，可是现在有些地方并不注重，就比如我们这里，从来没有做成年的仪式，就是亲戚给点钱，满了多少多少岁，然后吃好吃的。好的传统文化我们应该继承，不好的应该抛弃或者加以创新再延续。原始社会成年意味着你有好的体质，有做生产劳动的能力，有足够的技能。如今意味着你将有能力担负起社会给予的责任，要去面对来自各方面的压力，并要独立生存于竞争激烈的社会。成年的这一天应该让他记住这一天不同的意义，记住过了那一天就是你承担责任的开始。

所以成年礼是一种要继承并加以创新的传统文化。

12

个人来说，我对成年礼是没有什么感觉的，因为我本身是没有办过所谓的成年礼，也没有亲眼看过或参加过他人的成年礼。在我们这里，没有办成年礼的习俗。说实在的，如果我们这里提倡办成年礼的活动，我还是比较赞成的。毕竟，成年礼在我们人的一生中只有一次。举行成年礼意味着我们将要告别童年时代，也告诉我们今后要有成年人的思想、观念，也要做成年人所该做的事了，我们身上的担子也就慢慢加重了！举行成年礼，我们应该办的盛大隆重一点，我们可以邀请亲朋好友一起庆祝自己成年，可以做些趣味活动，这样等我们老去的时候，也会有更多的美好回忆。举行成年礼，也属于一种传统的文化习俗，它可以让我们身边的亲人好友聚集在一起来庆祝自己的成长，增进彼此之间的感情，使大家融合成一个团结的整体，也会让自己有一种浓厚的归属感。在当代，有好多少数民族还完好地保留着这种优秀文化习俗，这种文化习俗在某种意义上表达了人们的精神寄托。精神根植于文化之中，而文化又是以活动为载体。因此，我希望我们汉族也可以逐渐兴起举办成年礼的浪潮！

13

成人礼是迈向成年阶段的礼仪。在我国，男女都要举行成人礼，我国古代的成年礼以服饰改变为其最大特征，而其中最特别的即是头上的冠、笄，因此男子成年礼称为"冠礼"，女子则称为"笄礼"。举行了成年礼，意味着已经是一名成年人，你必须开始对自己的人生负责，需要做一个成年人该做的事情，应该自己鼓起勇气，独自去面对人生，面对挑战。这是中华民族的宝贵财富，我们应该继承和发扬。在日本，成年礼代表着责任，代表着成年后的你必须对自己的人生负起责任，每个人的心中都涌起了满满的责任感，增强了国家民族认同感。在俄罗斯，举办成年礼代表着感恩，意味着你成为一个大人，你应该照顾年老的父母，奋发图强。可在如今的中国，对二十岁的我们而言，并没有想起成年对我们的意义。我们只是在想着，这又是一个生日，我要把我的生日宴会举办得多么风光，我会收到怎样的礼物，我又可以向父母正大光明地索要我心心念念的一切了，这是一个实实在在的啃老族。我觉得我们应把我们的成年礼给找回来，这样才能够让我们自发地从内在反省自己，给在迷茫中的我们找到一个前行的方向。对于我们国家，在如今道德丢失、信仰沦丧、人格异化等的现状中，我们应让成年礼得到回归，保留继承。

14

可能很多人一听到"巫术"这个词就会联想到什么神啊鬼啊之类的东西，可能都会觉得巫术是封建落后愚昧可笑的，应该把它抛弃剔除了。但我自从听了老师讲巫术那堂课后，我发现其实巫术并不是我原来想的那样的，以前是我对巫术理解的太狭隘了。首先我来讲一下巫术的定义，巫术是企图借助超自然的神秘力量对某些人或事物施加影响或给予控制的方术。也就是说，巫术有可能通过借助超自然的神秘力量对某些人或事物施加好的影响。在学习中，我还了解到在巫术的分类中，有把巫术分成白巫术和黑巫术。白巫术指的是以行善做好事为目的的巫术活动，黑巫术指的是以害人利己为目的的巫术活动。所以对待巫术我们也要一分为二地看，并不是所有的巫术我们都要抛弃剔除，而是要把那些愚昧害人利己的巫术也就是黑巫术通通都抛弃，留下那些以行善做好事为目的的白巫术。还记得小时候听大人们说"问神"，现在想想也就是一种巫术。以前只要家里出了什么大的灾难或者走背运的时候，大人就会去问神，也就是问家里已故的老人，是不是晚辈哪里做得不好而导致已故的老人不蒙保佑。所谓的问神，也就是有一个专门的地方，那里住着一个人，他通过作一些法事然后躺着，说话的声音马上就能变成问神人已故的老人的声音，还能知道已故老人不在世上后晚辈们发生的事情。这种事情很神奇，不知道它是怎样做到的，但它又确实是发生了。以至于到今天，我读了那么多书以后，我还是不能解释它，我想也没谁能解释它吧。但它作为一种巫术，还是有它的可取之处的。它能让晚辈们孝敬和善待家里的老人，也能让人们不忘记自己的祖先，做一个有孝有爱不忘本的人。所以，对待巫术我们不能一棒子打死，要辩证地来看。

15

想必"巫术"这个词对大家都不陌生，可以从电视里看到，甚至有的人还亲眼所见。在电视里，经常看到当一个人诸事不顺时，会请一些道士或者巫婆来去霉辟邪。或者当恨透仇人时，会用针戳做成与厌恶的人相似的木偶的心脏，这样仇人就会心痛致死，还有许多让人触目惊心的巫术。

我小时候也见过我邻居请过所谓的道士来作法，因为我的邻居认为他的女儿被鬼附上身了。他说，有一天晚上他叫他的女儿去买蚊香，他家和商店的距离走路过去最多要十分钟，但是他女儿去了一个多小时还不回来。于是他就跑去找他的女儿，到半路的时候发现他女儿自己回来了，他女儿一副恍惚的状态，也不叫他，就好像不认识他似的。他就觉得他女儿被鬼附上身了，于是村民就和他说请个道士或者仙婆来作法，说不定可以赶走不干净的东西。于是他就听了村民的话，请了道士来作法，作完法之后，没想到他女儿真的清醒了，而且完全不知道恍惚前的事情。对于这件事我感到非常纳闷，我觉得世界上是没有鬼神的，可是为什么作完法之后我邻居的女儿就清醒了呢？至今我还是无法理解。但是我觉得我邻居的这个巫术并没有恶意，没有想谋害他人，只是想让自己的女儿恢复清醒。我认为，有好的巫术也有坏的巫术。好的巫术就是为了自己和他人祈求平安毫无恶意的，而坏的巫术是以谋害他人为意图的，我们应该强烈反对坏的巫术。

巫术对我们生活的社会有着深远的影响。无论是在以前还是现今，巫术仍然存在。我认为极端的巫术应当抵制，应该加大对群众的思想教育。加强群众的思想道德修养，一起抵制败坏社会风气的极端巫术，一起维护社会的稳定发展。

17

所谓巫术就是人们企图借助某种神秘的超自然力量，通过一定的仪式对客体实施影响或作用的活动。我们不能简单地认为巫术就是一种落后、愚昧的行为，甚至对之嗤之以鼻。因为在人类早期生活中，诸如接生、起名、成年仪式、婚配嫁娶乃至送葬等都与巫术行为息息相关，巫术的产生有其特定的社会历史背景。

首先，巫术行为的产生主要在于人们的需要，当人们的知识和理性达不到对自然的驾驭要求时，人们便开始求助于巫术了，试图通过巫术来操纵超自然力量，这也从侧面反映出巫术与人们的人生态度相联系。人们的态度在很大程度上反映了巫术的性质、形式、内容等。就人们在从事农业活动来说，当人们在农业活动过程中难以抵御自然的危害时，即他们当时的知识水平难以保证农业生产与自然协调发展时，人们便借助另一种形式——巫术来慰藉心灵，重拾信心从而保证农业生产的顺利进行，这反映了巫术积极的一方面；就某些心理扭曲的人来说，却利用一些所谓的巫术来达到危害他人的目的，这反映了巫术消极的一方面，即称为破坏性的巫术或黑巫术。这也可以从中看出巫术不仅反映出一种人生态度还包括道德取向，巫术道德在总体上还是鼓励行善爱人，积极谋求人与人、人与社会、人与自然的和谐与友善。

巫术不同于宗教，不像宗教那样反映着人类的一种精神追求，而是一套实用性的技术动作，其很多内容仍具有科学的依据。所以，在当今社会我们需要提倡的不仅是使巫术向着科学方面发展，而且还要引导巫术在道德方面向着正能量发展，使之在人与人、人与社会、人与自然中发挥着维护和谐、友善的作用，我想这才是其存在的社会依据。

19

　　古代中国华夏族的成年礼：男子二十岁行冠礼，女子十五岁行笄礼。随着时代的发展这些礼仪也逐渐地消失了，在我们那儿，对于女孩子来讲唯一重要的生日便是 20 岁了，因为 20 岁是女孩子在家过的最后一个整岁，之后便嫁人了。但是很多人怕各种麻烦，所以真正办 20 岁生日的女孩子还是很少的，就我而言，2015 年应该年满 20 岁，但过年的时候，因为各种事情就耽搁了，所以最后的结果便是家人亲戚给些钱，自己去买想要的东西，完全没了 20 岁生日的寓意。

　　在当今这种物欲横流的社会，现在人们的生活水平越来越高，家长对孩子过于溺爱，使他们处在一个温室的环境当中，完全没有经历挫折，所以当他们进入到社会无法生存，不了解在社会中自己应该扮演一个怎样的角色。而成年礼则是一种很有意义的教育方式，一场真正的成年礼会在你的一生留下不可磨灭的痕迹。"成年"寓意着你已长大成人，该承担起你应该承担的责任，而不再像个孩子一样过于依赖父母。像在美国，孩子成年后就应该独立了，就应该自己出去打拼了，父母也不用为他们操心。虽然说这种方式在家庭观念很强的中国是行不通的，但这也给了我们一个深深的启发：对于父母来讲，该让孩子自己出去走走了，该让他们拥有一片广阔的天空；对于我们来讲，该明白自己的责任了，该脱离父母了。

　　如今很多人都在想该如何让一个成年人意识到自己真的成年了，其实很简单，一场震撼人心的成年礼足矣。让孩子处在一个严肃的环境里，给予他们该有的教育，可能他们不会一下子就成长了，但不可否认的是他们在今后的生活里会慢慢地去理解去实践的。因而，在人的一生中一场成年礼是很有必要的，它会在我们的成长中起着承上启下的作用。

20

　　两年前，在我的母校，我参加了人生中重要的、也是独一无二的成人仪式。

　　记得我们的十八岁成人仪式，在庄严的国歌声中，拉开序幕。先是学生代表发表成人感言，他通过阐述自己内心的想法，表达了自己的担当和勇气。接着，由家长代表发言，深刻地表达了作为父母对子女的厚望。承载着师长的嘱托，在宣誓学生的带领下，我们全体起立，举起右拳，庄严宣誓：我以一个中华人民共和国公民的名义，面对中华人民共和国国旗庄严宣誓，捍卫神圣宪法，维护法律尊严……庄严的宣誓，意味着我们步入了人生的另一重要阶段。

在成人礼中还有一个重要环节是感恩环节。我们全体学生起立，伴着感恩的音乐，深深向自己面前的家长鞠躬，以感恩十八年来的养育之恩。随后送上我们自己事先亲笔写给父母的信（关于高考，对父母许下的诺言）和自己的一份小礼物。最后，由年长者发言，老师诚挚的话语，无一不体现对我们的关怀和对我们高考的殷切期望。

那时的我，并不清楚成年究竟意味着多少责任和担当，只是经过成年礼，变得更加理性了。我相信信仰是一种具有神力的东西。我意识到高考的重要性，也明白该对自己负责，对自己的父母负责，进入十八岁，身处高三，必须义无反顾地扎进学习中去，而且后来我也确实这么努力地去做了。现在回想起来，特别感谢那个成年礼后为了高考而努力的自己，这真的不能用多少财富来衡量。就像贺舒婷说的那样：人的一生中再也不会有哪个时期像那时（高三）一样专一地、单纯地、坚决地、几近固执而又饱含信仰和希冀地，责无旁贷乃至与世隔绝地为了一个认定的目标而奋斗。

21

为什么会有"怪力乱神"？为什么会有"巫蛊之祸"？因为这些都是社会生活中的一部分，它们或许带着世俗的封建迷信，但这些巫术文化却在中西方有着不可磨灭的文化情结。为什么人都会有一些"守旧"思想，难道不就是因为这"旧思想"已经在人们的内心深处成了习惯。很早以前，祖先们无能力区分自然和社会之间的关系，也就形成了用鬼神的信仰及敬畏去解释周围发生的现象的观念。在那些仪式中，信仰是人们对想象中自己生活命运的膜拜，他们供奉，以求得庇佑。诸如巫术之类，人们企图借助神秘的超自然力量，通过一些仪式去控制生活及命运，这些带有封建迷信、欺骗性质的活动到现在还存在，为谋取利益而盛行。文明的进步，文化的发展却也总是阻挡不了"旧"的存在，或许精神上的信仰是不可缺少的。

社会的发展本就是在相互冲突的矛盾中进行，有新的出现就有旧的抵抗，原始的文明或许在逐步的淡化，而我们内心也在感受着这进程。看巫术文化，又称"怪力乱神"，中西方都存在着不少的巫术仪式，比如巫师称"萨满"，这些怪力乱神们就是跳神，为世间还活着的人消除灾病；又有一些模拟巫术，西方的小木偶神杀、念咒语焚烧及埋葬，还有各种各样的成人礼仪式，等等。当然，在当时的社会，这些神秘的力量是存在于人类的意识中，是不可否认的，但现今也不可避免地会有类似的文化行为活动，带有世俗的封建迷信行为在追求利益的最大化。或许我们理解，理智、理性的发展是长期的、曲折的过程。看现今——清明节，又称鬼节，清明祭祀为扫墓，是对祖先们的孝敬、关怀、敬畏。祭祀时，为墓除草添土，挂烧纸钱，供奉祭品，然后分吃祭品，这些仪式不曾被鄙弃。还有，古时就说坟前插柳有驱鬼辟邪的作用，而今，这些世俗迷信也还是存在。当然，我们在进行这些行为之时，也是在祈求死去的祖先们的庇佑，追求着自己的利益，与道德是不是相违？抑或这些只是我们精神上的一种归属，这些文化仪式不知不觉也在引导着我们前进，去追求内心的信仰。

社会是一切客观事物存在的总和，社会存在决定社会意识，一些文明遗产，文化仪式是我们身边不可磨灭、不可避免的情结。

22

在古代社会人们崇尚巫术，比如做人偶刺针、求符、诅咒等。但是从这样一种社会现象和封建迷信行为中，我们可以发现一个心态问题。可以说那些使用黑巫术的人心态是不健康的、心理是扭曲的。所以他们不能正确地去对待和处理人与人之间的关系，也不会用积极正确的方式去处理矛盾，造成人与人的不和谐，也造成了社会的不和谐。

一位伟人曾说过："要么你去驾驭生命，要么是生命驾驭你，你的心态决定谁是坐骑，谁是骑师。"可以说我们拥有怎样的心态，我们就会拥有什么样的人生。在生活中我们会遇到各种各样的困难挫折，不管面对任何事情，我们首先要做到的就是摆正自己的心态。处理生活中事情的首要条件，就是我们要拥有一个健康积极的心态，如果你连一个正确的心态都没有，那么怎么可能采取正确的应对措施。只有拥有冷静正确的心态，我们才能对事情做出理智准确的判断。

生活不可能事事顺利，不可能永远都是成功和幸福快乐，失败和痛苦也是不可避免的；生活中也不可能总是占便宜，什么好事都摊上，吃亏也是生活的一部分。我们要学会调整自己的心态去面对事情，心态不同，事情的结果也就不同。比如说在我们口渴的时候，看到桌上有半个苹果，有些人会非常开心地认为，"还好还剩下半个苹果"，于是开心地吃掉。可是有些人则特别郁闷地认为，"怎么就只剩下半个苹果呢"，于是生气地离开。对于我们学生来说最熟悉的就是考试了，中考、高考、期末考几乎在和各种各样的考试打交道，考试时最能体现我们的心态、心理素质。有些人没能用积极健康的心态去面对，所以即使平时很努力，但是考试总是发挥不好。有些人心态好，用最放松的状态去面对，所以得到了很好的结果。同样一件事情由于心态不同，结果截然不同。可见我们拥有一种积极的心态去面对生活，才会感到无穷的快乐和幸福，心态是人生的主人。

俗话说得好，"只有左右不了的天气，没有改变不了的心态"，我们不能改变一些可能会发生或者已经发生的事情，也不能控制他人，但是我们可以掌握自己，改变自己的心态。

25

一般人都会认为巫术不是好的东西，我也这么认为，巫术不过是巫师故弄玄虚哄骗小孩和老人。上课之后，知道巫术是分黑与白的，就像人分好坏一样。若是"白巫术"，还是情有可原的，可以促进人们继续从善。古时候，生产力不发达，有许多未解的谜，同时农业生产还占主导地位，而农业收成的好坏大部分是依靠自然的晴雨表，这时来场法事，祈求风调雨顺，年年有个好收成，本也无可厚非。这不仅增加了人们对大自然的敬畏感，而且在人们心中树立起一杆秤，一杆衡量是非对错的秤，人总要对自己的行为负责，总要符合自然本性、道德本性。这样也就不会导致"无恶不作"的局面。

但若是"黑巫术",这种以扭曲的心态通过"黑巫术"的形式达到使他人受到伤害甚至于死亡的目的的行为是不可原谅的。使用"黑巫术"的人利用自己龌龊的心理间接地伤害他人,从而得到的快感也不过是自欺欺人的把戏,这种对黑暗心灵的助长还是摒弃的好。

总之,对于巫术,或许它有好的一面,但作为一个内心有把尺、心胸坦然、有勇气面对事实的人来说,巫术是可以被取代的,可以被自己的信念和道德取代。想使用巫术的人,无非是自己得不到,又不肯放过自己,更极端地是想要去伤害其他人。若心中有一份坦然,坦然地面对自然、面对自己的内心、面对身边的人,也就多了一份安心和祥和,巫术也就缺少了滋养它的土壤,不也就消失了吗?

26

提到巫蛊,人们首先想起的会是什么?装神弄鬼、无稽之谈、怪力乱神?巫术是在人类的社会生产活动中自然衍生发展的一种信仰。或许在世界的其他地区,对巫术采取的大都是崇拜的态度,希望这种神秘的活动能够帮助他们操控一些人类自身无法理解的事物,祈望巫术带给自己平安、丰收、健康、幸福。但是在中国,巫蛊应该是大部分人避之不及的,这些极为神秘和充满危险性的巫术,也能成为统治者们争权夺利的政治工具。

古代人相信把木偶等东西当作痛恨的人再用咒语咒骂、用钉子钉、用火烧,痛恨的人就会倒霉甚至命丧黄泉。历朝历代的君主都对巫蛊采取严禁的态度,宫廷内更是视为大忌,但是巫蛊操作简单,又无法查找真凶,所以屡禁不绝。同时,被举报进行巫蛊活动的人也无法证明自己没有参与,所以更是能让一些有狼子野心的人铤而走险。

汉武帝时期有金屋藏娇的故事,而最后使陈皇后陈阿娇失势倒台的,就是一件真假莫测的"巫蛊案"。在卫子夫怀孕之时,宫廷中出现了针对卫子夫的巫蛊活动,怀疑的矛头直指皇后陈阿娇,陈阿娇百口莫辩。很快,汉武帝就以巫蛊之罪废去了陈阿娇的皇后之位,将她幽禁于长门宫内。

同是汉武帝时期,刘彻进入晚年后身体越来越不好,一干奸臣进言说这是因为有人利用巫蛊暗算,汉武帝下令彻查,于是引发了轰动一时的"巫蛊之祸"。以江充为首的一干小人捏造伪证，挑拨太子刘据与汉武帝的关系，刘据不甘诬陷，发动了武装叛乱，最后兵败身死，卫子夫也随之自杀。时间过去很久后，江充等人陷害太子的证据也渐渐败露，汉武帝冷静下来后也相信刘据是被逼自卫，但太子已经惨死，他追悔莫及。

由以上两个例子，我们不难理解历史上人们对巫蛊的恐惧和痛恨，纵是汉武帝这样英明神武的一代帝王，也对这些巫蛊之术讳莫如深，也被身边的小人利用这些巫术牵引着做出许多错事，何况是平凡的百姓，自然是对这些巫蛊之术敬而远之，偶尔身边的人与这些有关联，也是恨不得早早与其划清界限。

一方面由于统治集团的严令禁止，另一方面出于百姓们对巫蛊之术的恐惧抗拒，所以巫术在中国并没有得到较大的发展，偶尔有之也是代代相传的少数民族，而且并不能得到大范围的扩散。因为没有统治者提供的政治支持，也缺少发展的民间群众基础，巫蛊在中国的发展一直处在一个尴尬的地位。而在今天，我们应该如何面对巫蛊，巫蛊之术究竟是应该被废弃、革除，还是应该被保护、发扬？在我看来，我们应该深入研究巫蛊之术，揭下巫蛊神秘的面纱，看清它的内在实质，使越来越多的人了解巫蛊，消除不必要的恐惧，从内心接受它，然后将其作为传统文化的形式不断传承下去。巫蛊在经历了这么多朝代的更替，千百年岁月的洗礼后，也是中华民族文化精髓的一部分，历朝历代中都能看到巫蛊之术的身影，也能成为我们研究历史文化的根据。巫蛊不是一种纯粹的恶的事物，但是我们千百年来的偏见不是这么简单就能消除的，我们应该多参照别的地区的经验，结合我国的情况，得出综合、客观、全面的论断。

27

因为与封建迷信联系在一起，人们总觉得巫术是神乎其神的，在现代不论何时何地提到巫术，大多数的人都会自觉地把它神秘化。在这里，我只想站在我个人的立场为巫术辩解一下。就像马克思辩证法所说的一样，任何事物都有两面性，我们应该用辩证的眼光去看待问题，不应该一棍子打翻一船人。巫术也是这样，除了"扎小人"害人和在古代后宫中利用它争权夺利等黑巫术外，巫术也有好巫术。在古代农业生产时，人们就曾利用巫术求雨，祈盼风调雨顺，在这一年里农业能获得大丰收。当然好巫术除了这种生产性的巫术外，还有保护性的巫术，这种巫术可以消除危险、治疗疾病、驱赶鬼灵纠缠（尽管它的科学性我不得而知，但至少它能安慰人们，给人们以心灵上的慰藉，让人们能减轻一些精神上的压力）。那种利用白巫术行善做好事的行为，我们应该赞同并支持，因为这也可能给那些想要做好事而又没行动的人一个适合的"借口"。不仅如此，巫术中的巫舞也为民族文化增色不少，使得民族文化花园更加异彩纷呈。最后，我觉得我们应该用宽容的心态去对待巫术，对于巫术中的糟粕，我们要坚决抵制，坚决取缔，绝不姑息；而对于巫术中的精华，我们要吸收，坚持为我所用，并不断对它加以改造，让它不断为社会造福。

28

  小时候看的很多电视剧里面都有巫师这一职业，有些巫术高强的人也称为"国师"，《精卫填海》里面就是这样的，巫师通过作法祈求上天保护，呼风唤雨，帮助皇帝更好地管理国家，使国泰民安，风调雨顺，赢得皇帝的信任和群众的民心。有些巫术不是很强大的，也可以受到人民推崇，由此可见，当时巫术是很受欢迎的。为什么巫术会如此受欢迎呢？因为当时社会生产力并不是很高，人们对科学并不是很了解。巫术却可以帮助人们预测一些将会发生的事，可以很好地防止危害，增强人们的自信心，为实际生产活动确定步骤，使社会平衡。但是一切事物都有两面性，人们应该在理智和知识的支配下，高效利用巫术。如果对巫术没有很好地驾驭，可能会适得其反。电视剧不是经常上演"扎小人"这种戏码吗？如果巫师把想要惩罚的人扎成一个小人，然后用针去刺小人的身体，那么小人代表的躯体主人也会感觉到疼痛，这种巫术严重危害人们的身心健康。这是不能容忍的，必须加以管理。

  以念诵各种咒文为主要仪式的各种原始的信仰被称为"原始苯教"，苯教的活动主要通过巫师来进行，巫师作法时离不开的法器是鼓，所以后来的藏传佛教也将鼓列为重要的法器之一。巫师在社会上很有威望和地位，从婚丧娶嫁、农耕放牧，到交兵会盟、赞普的安葬建陵、新赞普的继位主政，都由苯教巫师来决定，而且苯教曾经掌握西藏政教大权。后因历史原因向边缘地区迁徙，交通不便，以及苯教是注重僻静的修行，所以使丁青一带成为苯教信徒最多的地区。孜珠寺是苯教最古老的寺庙之一，每天都会有很多信徒来转山，所以苯教是很多教徒的信仰，还是有一定影响力的。对待巫术和苯教我们应以扬弃的态度，对于它的精髓，我们应该继承和发展，对于它的糟粕，我们应摒弃，以便它更好地被人们利用。

29

在日常生活中，当人们谈到巫术的时候，百分之九十的人肯定会认为它是一种十分不好的东西，认为它是一种迷信或者和妖术类似。其实巫术并不是大家想的那样，巫术的含义指的是人们企图借助某种神秘的超自然力量，通过一定的仪式对客体实施影响或作用的活动。巫术它是一种实用的技术动作，其所有的行为只是达到目的的手段，而且它是一种特定的技术，这种技术掌握在专家的手里。

巫术这个东西，可以说是仁者见仁，智者见智。有的人认为巫术好，对人们有利；有的人认为巫术不好，会祸害人类。就我个人而言，我觉得巫术是一把双刃剑，关键是要看我们怎么看待它了。

对于巫术的弊端，我曾经就亲眼见过。村里有一个老婆婆患了重病，每天睡在床上不肯去医院治疗，尽管儿女每天都做思想工作。她说她相信巫术，以前某某也是用巫术治好了病的，在医院的治疗根本就是浪费金钱，没有一点效果。所以老婆婆每天早晚都要坐在床上念咒语作法，还在家里拿着刀挥来挥去的，我想不知道的还以为她发疯了。最终因为延误了治疗，就一命呜呼了。面对这种情况，我们可以清晰地知道，巫术是一种使人失去理性的东西，让老婆婆宁愿相信巫术也不相信医术。像老婆婆这样的例子，在生活中其实挺多的，因为他们的非理性，让自己失去了生命。

对于巫术的利，我是有亲身体会的。在我17岁那一年的一个夜晚，我看到了一道金色的光芒从我身边掠过，那天我被吓得半死。第二天我就病的很重，于是妈妈就帮我请了一个老婆婆，在我的房间里作法。然后就告诉我，一个礼拜后我的病肯定好。在这一个礼拜里，我并没有在家里闲坐，也去了医院看医生的。在这期间，我十分踏实放心，不管是巫术还是看医生，我都做了，我相信一个礼拜后病肯定好。果然一个礼拜后，我的病好了。从这里，我觉得巫术给了我心灵的安慰，让我对自己更加有信心。

所以，巫术它并不都是不好的，它也有积极向上的一面，从而在今后的日常生活中，我们要用辩证的眼光去看待它，不要一看到巫术就一并否决掉。

30

当地时间 2013 年 10 月 31 日，艾弗森在他曾成长并发光发亮的费城举行退役仪式。在转播时，主持人说，对于球员，美职篮给了他们很大的归属感，而这种归属感正是因为他们很重视仪式。对于像艾弗森这样的传奇球员，举行盛大的退役仪式无可厚非，但对于任何一个球员，他们都会举行这样的仪式，给予球员尊重。

似乎是这样，我们对于仪式，越来越不重视了。就拿婚礼来说吧，除了家里的老人，其他人对于传统的婚礼习俗都不了解。过年的时候，姐姐举办了婚礼，对于婚礼的仪式我们一无所知，妈妈也手忙脚乱的，最后还是得问家里的老人。这让我感觉到我们对于传统仪式已经在渐渐地遗忘。

仪式为什么重要呢？基督教徒每次在吃饭前为什么要祈祷，他们在感谢神的恩赐，让我们一直怀着感恩的心。还记得，高中我有一个同学是基督教徒，和我们不一样的是，耶稣对于她有一种特别的意义，每天的祈祷、对《圣经》虔诚地阅读，都是一个美好的愿望。对宗教起源的探索，让我们对于宗教的存在有了更多的了解。

当我们越来越忽视仪式的时候，我们的归属感将渐渐减弱。我们对时间的存在感便是来自归属感。为什么我们总有解不尽的乡愁？因为我们对于故乡有强烈的归属感。

33

在当今时代,所谓的成年礼,在很多地方都已经消失,甚至有些地方刻意地强调形式,导致成年礼的意义都变味了。

在我看来,成年礼其实是我们青年人向前迈进的象征。当我们慢慢地长大、慢慢地成熟,从青涩的少年时代走向成年,这将是我们人生中的新开始,是生命中的转折点。可是,在有些地方或是有些民族,完全扭曲了成年礼的真正含义。比如说秘鲁少男在成人仪式上须通过的唯一"考试"是从约8米高的悬崖上跳下,因而胆怯者就永远不能成为"大人"。尽管每次仪式上都有一些少男在跳崖时摔得鼻青脸肿,但这种古老的"跳崖礼"至今仍在秘鲁盛行。墨西哥海滨地区有个部落的成人仪式更为奇特:少男须每人携带一块沉重的大石头游过一条海峡;加拿大洛基地区的印第安少男在成人仪式上人人须生吞一条活蜥蜴,望而生畏者即被取消"成年资格"。迈向成年的青少年,意味着可以有自己的自由,不应该受到其他因素的影响。形式固然重要,但是也不能刻意去强调形式,导致青少年成年后还是无法有自己的自由,不能有自己的选择权。

成年礼下的青春应该是朝气蓬勃、精神焕发的,最美的青春在于有责任心、有勇气、有担当,敢于拼搏。成年礼不应该成为青春活力迸发的枷锁和禁锢,不能成为阻挡青春前进的障碍。如果所谓的成年礼成为阻碍,那青春怎么茁壮成长呢?青春的梦想怎么能够飞翔呢?我认为,在当今的社会,需要的就是有活力有动力的新一代人,这样才能给社会带来前进的源源动力。所以,对于成年礼,应该是能够撑起青春梦想的支柱,发挥它的最大积极作用,而不是从古至今的一成不变,遏制青春活力的成长。

青年作为新一代的社会人才,要充分发挥自己的青春活力,逐步地向国家栋梁的方向前进,为社会的发展做贡献,为自己的青春注入新动力。成年礼,是青春飞扬的一个台阶,是梦想飞翔的一双翅膀。

35

"降神仪式"和"咒语"构成巫术的主要内容。企图借助超自然的神秘力量对某些人、事物施加影响或给予控制的方术，并使用某种据认为富有巫术魔力的实物和咒语。

巫术，在以前也分黑巫和白巫，也就具有正义与邪恶的性质。在我们现今社会，仍然存在着类似古代巫术的活动。在我的印象中，我外公以前就懂这方面的东西，虽然有时候很难相信，但是却又有很明显的作用。比如，在我外公家乡那一带的人，如果家里有小孩子老是发烧和半夜睡觉总是哭，大人们就会带着孩子来找我外公，用他们的话说就是小孩子受惊吓了才会这样。这个时候，外公就会点上纸和香火，用酒盅装一酒盅米，用红布裹上，然后念一些咒语，在小孩脑袋周围摇晃酒盅。几分钟后，会发现酒盅的米有明显的缺失，这就说明小孩受惊吓了，然后外公会让家长把用红布裹好的酒盅拿回去，晚上睡觉的时候放在小孩枕头旁，而且晚上大人不能亲小孩的脸，就这样，一般过一天就好了。

也许没经历过的人会觉得这个很不可思议，但事实真的是这样，好多小孩就是这样好了。我想，这个东西也就只有我外公他们那个时候的人才懂得，我觉得这些用科学的理论是解释不清楚的，所以我们也不能排挤这些东西，毕竟它们不管怎么样还是起到了一定的作用。也许百年后，他们那一辈的人都已经不在了，这些东西可能也就永远消失了，我觉得最好要有人把这些东西继承下来，毕竟这些东西还是有一定的意义的。

48

提起宗教，一般人们都会想到神灵显灵，妖魔鬼怪之类的人间巫术，以及一些寺庙、道观等。很多时候我们都是把宗教与迷信归结在一起。

我国宗法性传统宗教有三种类型：一、祭祀自然的神：祭山、祭天、祭地。二、祭祀祖先：帝王宗庙。三、祭祀先贤：孔子庙，关帝庙，等等，这些都是一种宗教信仰，有着严格的制度，系统的教义，完备的礼仪。而我们通常所见的算命、看相、占星卜卦、巫术等，这些都是一种封建迷信思想，这些都是在抓人性的弱点，完全以盈利为目的的。这与宗教学的思想是完全不一样的。就比如说巫术吧，在生活中我好像没有见过，但在电视剧当中见的还是比较多的，尤其是古装剧中最常见。因为某种原因打击报复某人，常常会做个木偶写上那人的生辰八字，然后用针扎在那木偶上，就会使那个人痛不欲生。这与我们的宗教信仰，那种向善的思想是完全不一样的，反而扭曲了人们的思想，使人的思想变得更邪恶。像在国外的影视剧中，最常见的巫术往往就是体现那种超自然的力量，借助这种外界的力量，为所欲为。这就是一种人间迷信，与我们宗教思想是完全不一样的。宗教学思想是使人向善的，给人一种精神的寄托，一种依赖，同时还可以满足人类伦理道德的需要，跟所谓的人间迷信思想是完全不一样的。

第五章　漫谈佛教与佛学

佛祖释迦牟尼原来是迦毗罗卫国太子，本可以一生享尽人间荣华富贵，过一种养尊处优的生活。但他选择了做苦行僧，历尽磨难追寻宇宙人生的真谛。是什么样的因缘促使他做出这样让常人难以理解的选择？又是什么样的力量使他矢志不渝坚持修行？他悟出的人生真谛到底是什么？

释迦牟尼无疑是伟人，他的伟大之处即在于他对人类命运有着温暖如春的终极关怀。他始终抱有"我不入地狱，谁入地狱"这样无私无畏的精神气度，立志把芸芸众生从生、老、病、死的苦难中解脱出来。他的解脱之道是领悟缘起法来放下而不是执着，是提起四法印来消解而不是创生，是运用八正道来禅定而不是妄动，他思想的精妙之处，其实就在会心一笑的不言之中。

佛是大慈大悲的人，也是大智大慧的人，但佛并不是万能的人，他并不能施加法力改变我们悲惨的命运，也不能代替我们获得烦恼与苦难的解脱，他只能启导我们通过对宇宙人生的感受与体验去觉悟。佛教要我们坚持修善行，相信三世轮回与因果报应，其良苦用心便是告诫世人要在有生之年追求成佛，去西方极乐世界生活，永远不再坠入六道轮回之中。这是佛给人类灵魂提供的一个安顿之处。

02

释迦牟尼创立佛教的目的在于使众生解脱苦难、追寻人生的意义，但我不喜欢佛教，我不信佛不信基督，我是一个无神论者。

虽然释迦牟尼悟道七天之后，创建教派并发展五个侍者及其亲属成为其信徒，但中国信佛的人千千万万，却极少能够真正给自己带来所谓的安乐。所谓的佛教，我在寺庙看到的是一种迷信的追求，一种荒废钱财的无知行径。香火鼎盛的寺庙里除了古色古香的建筑、一些可供观赏的植被，我不认为有什么值得我去深切关注的。悟道七天就能顿悟宇宙世界人生的道理，在我看来是难以理解甚至是难以置信的，马列主义一直灌输的都是实践出真知的道理，我不认为仅仅六年的游历七天的悟道就能够完整地揭示宇宙世界人生的奥秘。更让我无法接受的是悟道就能够使人类摆脱苦难，并且达到一种圆觉和上觉的高度，在我看来人类所经历的饥渴困乏、生老病死以及爱别离、怨憎会都是人所必须或者应该去经历的，没有这些感触情感的人已经不能称为人了，没有这些经历的人生也是不完整的。

人类对自然、社会的深刻认识来源于千百年的探索和经验的积累，人类从对自然的恐惧与敬畏到对自然的利用乃至掌控，从茹毛饮血的原始生活到衣食足知礼节的文明生活，从对生命对自由的无能为力到能够把握自己的人生并获得合法的保护与应有的权利，这是社会的进步，是人类社会发展的产物，它依靠的不是虚无缥缈的佛学，而是众多人共同的智慧、共同的实践、共同的努力。

有一句话说的是人无信不立，我觉得信不仅仅是信任诚信，更是信仰，我承认信仰对人类的影响是巨大的，一定的信仰可以对个人、国家乃至社会产生巨大的影响。但现代社会是一个科学的文明的社会，对于宗教我们的态度是开放的包容的，但是我们不能仅仅看到佛教的积极的一面，也要看到它消极乃至不合理的东西。现代社会是一个竞争激烈、各种思潮竞相喷发的社会，佛教在这样的社会仍能够占据一席之地说明其有一定的合理内核，但我看到更多的对佛教的尊崇多出于一种盲目的追逐，一种盲目的渴望佛主能够带来好运、带来一些不切实际的东西。当遇到灾难，遇到困难，总是祈求神佛的庇佑，总是抱怨自己的运气不好，然后不是依靠自己的努力去改变现状，而是将钱财、希望寄托在虚无缥缈的东西上。信佛的人千千万万，但能说出佛教具体内核、具体思想、基本教义的人寥寥无几，就我们学的因缘说、相对论、四法印说、不可说等来说，它描绘得过于虚无、过于深奥，套用现代的话说就是不明觉厉，即不明白它的意思，但是觉得很厉害的样子，什么是空、什么是无、什么是上觉圆觉，抠字眼深掘并揣摩它的具体意思，但每个人的理解不一定就是原义。民众对佛学教义的理解基本是浅层次的、盲目的。就像是我不懂它是啥，但我觉得它很万能，很厉害的样子，所以我信仰它，但是能从中学到的很少或者是负面的东西。

信仰是一把双刃剑，我希望现代佛教在发展的过程中能够更加理性和贴近现代社会的发展。之前我提到了佛教商业化，我觉得现代佛教过于商业化会导致佛教以利益至上忘记佛教的本义。如快乐大本营里曾邀请寺庙里的十八罗汉对游戏节目里失败的成员进行惩罚，这样的商演我认为就是对佛教的一种亵渎。在物欲横流的社会，佛教寺庙应该作为一方净土劝导人们静下心来，而不是被物欲的社会同化。

03

乔达摩·悉达多又叫释迦牟尼，是佛教的创始人，又称为佛祖，佛陀。乔达摩·悉达多原本是一个国家的王子，享受世间荣华富贵，拥有着美满幸福的家庭。然而，这样的尘世繁芜却牵不住他的心。他自幼就见证人间疾苦，想要帮助自己国家的人民甚至是人世间受苦的所有人摆脱世间疾苦。

他有这样的思想可以成为一个英明的君主，然而，他却成为了佛教的起始人，一位举世闻名的佛陀，更甚至，他成了纵多神话中的人物。我想，他想全身心地投入到修道之中，以求尽快解脱六道轮回的痛苦。他一心舍己为人就注定他只会选择修道这条路。

释迦牟尼悟的道，我觉得是不执着、不强求、顺着自然而走。人生在世也就短短几十年，执着于功名利禄，执着于贪图享乐，万般皆是空。生不带来，死亦不会带去。对这世间有太多的执着和强求就导致心无法解脱，反被贪嗔痴三毒啃食残害，人心终不得解脱。

所谓退一步海阔天空。行到水穷处，坐看云起时。宠辱不惊，看庭前花开花落；去留无意，望天空云卷云舒。古人尚有如此智慧，在现代学习了科学知识的我们又岂能不知呢？

05

佛说，人生有八苦：生、老、病、死、爱别离、怨憎会、求不得、五阴炽盛。生、老、病、死，乃是人生的自然过程之苦；而爱别离、怨憎会、求不得、五阴炽盛，却是主观意愿得不到满足之苦。八种苦楚，纠缠人之一生，使人不得安宁照见本身，不能逍遥挥洒自我。于我而言，这求不得苦乃是八苦之中的至苦。

有人说，人的欲望不能与欲望的对象聚合为一体，欲望就像拉长的橡皮筋，找不到挂靠的地方就会弹回来打中自己，使自己痛苦。这万千世界中，不知有多少人痛苦地追求着，同时也在失去着。所谓山谷易满，人欲难平，不满足就会有所求，求而不得，岂不苦恼？就如《大毗婆沙论》所云："求如意事，不果遂时，引生众苦，故名求不得苦。"

前些日子读一本书《呼啸山庄》，书中述说了吉卜赛弃儿希斯克利夫被山庄老主人收养后，因受辱和恋爱不顺而外出致富，回来后对与其女友凯瑟琳结婚的林顿及其子女进行报复的故事。希斯克利夫因对凯瑟琳、对爱情的"求不得"而把自己的爱变成了无尽的恨，转化成了对呼啸山庄和画眉山庄的残酷无情的报复。由此可见，这"求不得"可以轻易地改变人的初衷，甚至能轻易地把人变为魔鬼。如此看来，说"求不得"是八苦中的至苦也不为过。相对于《呼啸山庄》中希斯克利夫的"求不得"苦，狄更斯名作《双城记》中却有一幕向世人展示这"求不得"苦的另一种形态：律师助手卡顿对女主人公露茜一见倾心，直到露茜与男主人公达内结婚卡顿也没有任何的嫉妒与恨意，而是仍默默地爱慕着她，后来露茜的丈夫达内在法国革命中被认出是某贵族后裔被判死刑，多方营救无果的情况下，酷似达内的卡顿为了他心爱的女子英勇地走上了断头台，代替达内赴死，献出了自己的生命。同样是对爱情的求不得，希斯克利夫与卡顿表现出两种截然不同的态度，一个是狭隘报复，一个是大度成全，前者是魔鬼，后者是天使。

这求而不得的苦有多苦，使得希斯克利夫使尽浑身解数去报复？我想那等滋味只有亲身品味一番才能知晓。曾在日光明媚之时游览一座小寺，对寺中刻在石头上的一句话印象尤为深刻：唯得多求，增长罪恶。最始初，对未来满怀希望，不觉得苦；慢慢前进时，荆棘满地，然而未到终点，仍有希望，亦不苦；到繁华落尽，却只见那琳琅满目只是虚幻，是真正苦。对有大意志者，也许能很快放下，而后考察因由缘故，而后重新上路；而大部分人，这求不得苦会伴随着他们走过漫长的一段时间，只等有一天恍然顿悟，然后才能是放下。以豁达的心态去面对，求不得就不如就此放下，随性、顺其自然便是好结果。

无论如何，求不得终究是未曾求得，既然未曾求得，纠结于此也就毫无意义，倒不如轻飘飘当成一片飘到肩头的柳絮，随手拂去也就是了。

最后，附上自创闲诗一首作为本篇结语：

拂絮
花落花开自有时，
春去春归因谁误？
求来不得何须求，
如絮飘肩举手拂。

08

佛教创始人释迦牟尼在经过六年苦行僧的生活后悟出了"苦行是无益的"这一道理。为什么佛陀会发出如此感悟？在我看来是因为他还没有做到"放下"一词，何谓放下？佛语常言"放下"一词，即放下功利心、目的心、执着心。佛陀六年来一直执着于得到他所期待的结果，他怀揣着一颗欲望之心去参悟佛法，终不得果。菩提树下七天七夜的坐禅却使他大彻大悟，正所谓"有心栽花花不开，无心插柳柳成荫"，我认为只有当真正做到放下、万物皆空之时，去静思静悟，方能顿悟彻悟。

"佛法"在我看来似乎跟哲学有些相似。首先，我认为哲学家通常最怕被问到"什么是哲学？"这一问题，因为往往如果有一千个哲学家，那么就有一千个回答，同样的，"什么是佛法？"这一问题提出时，大部分人可能都会说"只可意会，不可言传"，这是相当强大的一个理由，我往往会认为这说了跟没说一样。其次，海德格尔曾说过："如果非要逼问我哲学的用途，那么我只能说哲学无用。"可见哲学在他眼中看来并无实用价值，在这个讲究实用性的时代，佛法有实用价值吗？佛法能造就工程师、技术师吗？我认为答案是否定的，佛法同哲学一样，我们并不能从中得到任何物质利益，它属于我们的精神食粮。庄子曾说："人人皆知有用之用，而不知无用之用；无用之用，乃为大用。"对待佛法，我们不能用带有实用性的价值观去看待，不能以有用无用去衡量佛法的价值，它真正的价值在于它能够丰富我们的精神生活，滋润我们空虚的灵魂。

众人皆说："吃得苦中苦，方为人上人。"当生活实践积累到一定程度时，或许我们能够参悟佛法的真谛。唐代惠能高僧说过："菩提本无树，明镜亦非台，本来无一物，何处惹尘埃。"可见明心方能见本性，不要妄想执着于某事，才能不惹尘埃，才能够豁然开悟。

11

《西游记》里面印象最深的就是唐僧和孙悟空。唐僧就是唐玄奘，唐太宗时，他不远万里，独立完成了取经大业，他对佛教有着极大贡献。但是《西游记》里，却对唐僧这一形象歪曲了，佛教界并不认可，《西游记》里面，唐僧变成了一个软弱的、是非不分、人妖不辨、动不动就哭哭啼啼的人，经常念紧箍咒赶走孙悟空的人。而孙悟空则一度降妖除魔，保护师徒四人皈依佛门，取到真经。

第一，《西游记》里全程体现要皈依佛门，达到一种佛的境界，就必须一路积德行善，念佛坐禅。唐僧因为一心存善念，只要是看到可怜的人就会给予同情，以至于被很多妖怪骗，而塑造了孙悟空一个善恶分明的形象。唐僧就是那种呆板木讷的佛，念念成佛。而孙悟空是斗智成佛，他会用尽办法除掉阻挠自己心净的东西。第二，杀生是佛门的禁忌，在《西游记》里，或者其他电视剧里，佛门中人是不可以杀生的。唐僧一直让徒弟三人不要杀生，杀生是要付出代价的。第三，美色。唐僧和猪八戒是最明显的体现，总是有妖怪变身美女去骗唐僧，但每一次唐僧都丝毫不近女色，一直手竖胸前念佛，猪八戒却是相反，最近女色，对美女毫无抵抗力，这也造成了取经之路的困难多多。第四是金钱。在《西游记》全程中，可以发现师徒四人身上没有多少钱财，而且不贪图、不盗窃、不抢劫。虽然猪八戒偷吃了地瓜，偷吃了人家好多东西，但是他害怕告诉孙悟空，那么胖肚子饿了吃点东西还要怕挨打，但是从来不偷盗钱财。

我们喜爱看童话故事。我们小孩子每次都深深地被孙悟空打妖怪的场景吸引住，却没有思考到取经之路佛教文化的特点。佛教认为，人所有的苦难都是因为人的欲望太多，只有清心寡欲，抛除欲望，才能脱离苦难。难怪现在很多人因为想要脱离世间烦恼都选择出家，或者定期去佛门跪拜静心。出家的佛门中人，与世俗脱离，抛除欲望，生活得平淡与朴素。

我们平常经常说阿弥陀佛，看《济公》更会觉得阿弥陀佛好玩。人们常常说活佛济公，济公也是扶困济贫，帮助所有人生活得更美好。他除暴安良，拥有神奇的能力，也是一种佛的教义体现。

我觉得我们应该学习佛的这种清心寡欲，少一点欲望，但是不能没有欲望，人没有欲望难以进步，欲望太大又会造成人的好高骛远，应该多一点平淡，多一点心灵净化的时间。让自己不要每天都沉浸在追求更高利益的欲望中。不能每一件好的东西你都想要得到，得到太多反而会失去更多。我们要用一颗平常心去看所有的事情。

12

佛教认为人生的痛苦根源在于烦恼，我是非常赞同的。一个人如果没有那么多的烦心事，不用顾虑太多，也就不会那么烦恼了。我认为一个人烦恼的时候，是没有目标，没有动力，才会想太多，浮想联翩，生活过的一点也不充实。曾经看了《变形记》这个节目，从这个节目中，我体会到在如今的社会里，贫富差距非常大。居住在亮如白昼的城市孩子，每天挥金如土，但是他们内心非常空虚，烦恼也特别多，生活也是不快乐的。居住在上漏下湿的农村孩子，他们却是面带笑容，不会抱怨，很知足，不会感到烦恼，虽生活贫困，但是他们觉得非常快乐。当我们生活在物欲横流的时代，我们很多人可能得到的越来越多，想要的越来越多，也不会像以前那样容易满足，最终也不会像以前那样容易被感动。于是，我们也会开始不满、挑剔、苛求，烦恼也就会越来越多了，那么痛苦也就来了，可能到最后，我们会亲手毁掉自己眼前所拥有的一切。佛教提倡"涅槃寂静"，其实我们就是要心静，更要简化心境。心境简单了，就有心思经营生活；生活简单了，就有时间享受人生。我们要学会经营自己的生活，不是天天混日子，而是天天享受日子。尘世中有太多的喜怒，太多悲欢，太多的烦恼和痛苦，但是我们要学会摆正心态去面对，好好经营日子。惟其如此，才能知足常乐，乐知天命，一生舒坦，快活似神仙！

13

曾经看了一部电影——《失孤》。在看了电影后，想起电影名中的"孤"，觉得它不单单指的是孩子，其实也指的是我们失去的本心，总的来说，可以是我们失去的一切美好的东西。雷泽宽寻子的过程，其实就是我们修道的过程，回归本心，悟出真谛，从而修成正道的过程。影片中讲述了三个故事，第一个故事：是天意妈妈，她是一个特别年轻的妈妈。在丢了孩子之后，她天天在车水马龙的路上发传单。她很努力地尽自己的力量寻找，但在没有孩子任何消息的绝望中，在别人找到她孩子的那一刻她却自杀了。她的不坚持导致了她的愿望破灭。第二个故事：是曾帅的故事，我们看到，正因为曾帅的坚持、毅力和真诚、善良，帮助他人，最终使梦想得以实现，他找到了父母。这个故事告诉我们，坚持，有着一颗帮助他人的心，才会成功。第三个故事，雷达的故事，虽然这十几年来，雷达爸爸都没有找到他。雷泽宽寻找的过程中有着希望，但最后带来的还是失望，但是他还在坚持。雷泽宽最后说道，他和儿子就隔了一层纸，相信早晚会找到。这是一个很温暖的结局，雷泽宽的故事告诉我们，修行的道路，只有一直向前，没有后退，人一生都在修行之中。这三个故事也告诉我们，每个人都会有不同的缘分。我们看结尾的时候，执着寻子15年的雷泽宽看到一群和尚，他问其中的一位大师："大师，为什么会是我？为什么是我丢了孩子？"大师回答："他来了，缘聚。他走了，缘散；你找他，缘起；你不找他，缘灭。找到是缘起，找不到是缘尽。"大师的这段话，让我想到了佛教的"缘起说"。随缘是佛教的基本观点，随缘的基本教义有三点：①广结善缘，②随顺因缘，③自我主宰，三者缺一不可。影片中曾帅这个圆满的故事，就说明这个问题，如果不是曾帅救了雷达爸爸，帮助雷达爸爸寻找孩子，也许他也不会在雷达爸爸的帮助下，找到自己的家人。还有那电影中雷达爸爸一次又一次展示的记载善举的日记，交警偷偷塞钱给他，给他指路，不罚他钱等一系列事件无一不给我们展示了佛教的道义——广结善缘。总之，电影《失孤》将失孤这个现实问题与佛学的真谛结合起来，让我们感受到佛法的高深，让我们注重修行，多做善事，共建美好世界。

14

佛教在中国应该算是一种古老的宗教，早已超过甚至是取代了中国的本土宗教——道教了。佛教最早传入中国的时间大约是在西汉末年，经过几百年的发展与传承，如今在中国已是随处可见了。佛教对我来说也并不陌生，因为在我的家乡就建有一个庙，里面供奉有各种佛像，像千手观音、送子观音等，还有些我叫不上名字。每年的八月初一，四面八方的人都会来，有的人还会约好一起包着大巴车来，有的人开着车来，每到这个时候庙里就人来人往，车水马龙，有的人来求神，有的人求平安，还有的人来还愿。我们本村的人也有很多人会买着香和苹果去为家人求平安。在我小的时候每到这天，我也会和小伙伴们去凑热闹，学着大人的样在佛像面前跪拜，心里默念着自己的小心愿。在渐渐长大之后，我就再也没去过了，但这个习俗一直到今天都依然还在。从小在这种佛学氛围下长大，虽然它对我人生所走的道路没有很大的影响，但它对我的生活还是存在着一定的影响。它让我时刻记着对人不能说诅咒的话，初一和大清早不能说不吉利的话，人生在世不能做恶事，做人做事要对得起自己的良心，因为恶有恶报，善有善报。

在如今这个物欲横流的社会，学习佛学精髓，对人的生活也有很大的好处。佛学里提倡的清心寡欲对如今那些一心只想着追名逐利的人有着很大的教育和启示作用，可以让他们重新调整自己的世界观和价值观，从而活得更加自由和快乐。学习佛学的因果报应理论，可以让那些走向犯罪道路的人放下屠刀，还社会一个安全和谐的环境。学习佛学精髓可以让你的精神世界和物质世界有一个健康的发展，所以我觉得现在这个社会应该多提倡一些佛学的理论，来帮助那些生活在重重压力之下的人们。

15

我想大家都看过中国古典小说四大名著之一的《西游记》,其中的如来佛祖佛法无边,神通广大。从小对如来佛祖就心生崇敬,因为他普度众生,以慈悲为怀。里面的唐僧也是佛家弟子,他的口头禅是:阿弥陀佛,善战!善战!他在西天取经的途中,一路广结善缘。佛家弟子本就以慈悲为怀,因此《西游记》里的佛给人一种精神上的洗礼,只有以慈悲为怀,持戒,行善,才能皈依佛门,才能到达西方极乐世界成佛。

当今社会有很多人信仰佛教,他们助人为乐,把善行用自己的行动延续下去。也许很多人都在嘲讽当今社会的冷漠,但是我们不能只看到不好的一面,只有把正能量带给他人,一个传一个,这样社会才会更加的温暖。就拿我们学校的助学金来说,慈济慈善大家可能都知道,它每年都会给我们学校成绩优异和家庭困难的同学捐献助学金,还给获得助学金的同学买书包和棉袄等。在每一年发放助学金前,都会把自己出版的关于佛教的书发给同学们。而且会把他们做过的善举做成视频播放给大家看,慈济慈善的人希望大家能传承善举,能影响更多的人,做到佛祖心中留。

我认为佛教的慈悲为怀,心清净故,布施善行的思想的确值得人们学习,如果人人都有这么一颗佛心,温暖的佛光就可以把冷漠的社会照亮。老人就有人扶了,老幼病残弱坐公交就再也不用担心没座位了。

17

以前,对佛教的认识,同对其他宗教的认识一样,只有区区两字:迷信。可后来,随着对佛教逐渐深入的了解,发现它并不是"迷信"二字那么简单。

众所周知,佛教的创始人是释迦牟尼,当人们问他你是神吗,他说不是,我只是醒悟了。的确,佛的意思就是"启悟了的人",或者"醒悟了的人"。佛教就是彻底的无神论,它的目的是让人们止恶扬善,自净其意。佛祖则是为了扶持众生,用自己的大慈大悲感化众生,他是觉悟了的人,对谁都笑面相迎。佛祖有着一副菩萨心肠,能帮助人们度过苦难的时期，但这并不表示，在危难真正来临时抱佛脚，佛就会来帮你，也不是说天天拜佛便可求得平安幸福。佛只是一种信仰，这种信仰可以让一个人拥有善心、拥有德行、拥有智慧。追求成佛这种信仰就是追求佛那样愿意包容世间万物，能够笑待一切苦难，愿意给别人施以温暖，让这个世界处处充满爱，而且使每个人的智慧和功行都达到最高、最圆满的境界。

什么是佛？佛就是觉悟了的人。也许并不是人人都能成佛，也许并不是人人都愿意信佛，但我们心中一定要有佛，我们可以不需要像那些苦行僧一样遵守清规戒律，暮鼓晨钟，但我们可以做到酒肉穿肠过，佛祖心中留。让佛常驻我们心中，这其实也是一种向内修行的表现，一个人内心修行好了，才能更好地对待这个世界。毕竟，一个人灵魂的净化与修炼才是一个人应当追求的最高人生境界。

18

在接触佛学之前，对于佛学，我的认识是粗陋的、肤浅的、狭隘的，因为我认为它与其他宗教学派在本质上殊途同归。我从来都不信这世上会有什么佛陀，我认为人的命运掌握在自己手中。正如李霞老师所言：人是其所作所为。直至后来，随着对佛学知识学习的不断深入，佛学中的某些观点却颠覆了我对于一些问题的原始的而又是最基本的认识。

我是从农村出来的孩子，祖祖辈辈都是农民，他们每天都过着面朝黄土背朝天的日子，所以我自小便深刻地感受到农民生活的艰辛。对于什么"闲看庭前花开花落，遥望天外云卷云舒"。我是断不能理解和接受的，在我认为，所谓的闲情，都是需要资本的。

正因为如此，我们农村出来的孩子，大多比较刻苦学习，在某些方面，甚至会表现得很严格，甚至是苛刻。比如：课前不预习，就没资格走进教室。对于我们而言，读书是我们走向上流社会的唯一出路，也是改变自身命运的唯一途径，所以我们才倍加珍惜这来之不易的机会。可以说我们农村人有信仰，也可以说没有。要说有的话，那便是知识改变命运，这一观念便是我们的信仰了。也可以说没有，因为信仰它是知识的一种形态，要以智力、知识为基础，而农村人大多都是没读过什么书的。就比如说我的奶奶，我的妈妈，她们甚至连自己的名字都写不好，却知道叫我要努力学习，我都不知道知识改变命运这样的观念怎么在她们头脑中产生的。于是乎，往大的说，我们受着长辈们耳提面命的"官本位"思想的影响，执着于名利；往小的说，自身也有那样一种不成熟的认识，或许是为满足极强的自尊心。尽管如此，我们从没有否认过自己，只是承认起点比别人低，而出身、家境并没有斩断我们走向成功的所有可能。

曾有过一段时间，这样的一种思想令我身心俱疲，困扰了我许久，我把它谓之为一种执念。在学习上表现得尤为突出。当然，除了学习，我们也没什么可比的，更没什么是值得比的了。以至于把拿奖学金、学校里的各种荣誉、评奖评优视为大学生活的唯一存在价值。到后来我才渐渐地明白，我们不能用学习成绩的优劣来评价一个人，更不能因此而否定一个人，考试成绩只是一个阶段性的测试，只能反映一段时间以来的努力程度，只能反映一个人的考试能力。

有句话叫作"小人物是自己的大人物，大人物是自己的小人物"。否定自己是很困难的，把自己看得太重，心里也就很难再装下别人了。而这一错误，正是由于我缺乏对自身的深刻反省，缺乏理性思考而造成的。其实，我应该清楚地认识到：要失去的东西，都会在某个时刻，以一种别开生面的方式还给你，我们不应该也不需要刻意地去追求它，不应该在心中存有那份执念，执着于外在事物，执着于名利，执着于升迁，执着于自我……应该豁达地放下心中的那份执念。在这里佛学中所讲的放下执念我认为与道家所主张的"道常无为而无不为"在本质上是相通的，在精神上是一种契合。这是一种自在的、理性的态度。在人心日趋污下，信仰日趋浅薄，道德日趋败坏的今天，正需要这种"坐观红尘，拈花微笑"的心境和态度。

19

在释迦牟尼看来，人生的真谛在于缘起说，即"见缘起者即见法，见法者即见缘起"，也就是说一切事物都是由因缘而起的。对我来讲，我没有释迦牟尼这种无私无畏解脱世人的精神气度，我认为的人生真谛在于宁静致远——平稳静谧心态不为杂念所左右，静思反省才能树立远大目标。庄子说："正则静，静则明，明则虚，虚则无为而无不为。"静不在于平淡，不在于碌碌无为，而在于修身养性，排除一切杂念，将精力集中起来才能做你想做之事而不受外界所干扰。

在如今这种物欲横流的社会，灯红酒绿、歌舞喧哗，看似无比热闹，但这虚假的热闹之后掩藏着的又是什么呢？往往是无奈与失落，因为人与人之间的交流越来越利益化金钱化，为了追求名利不择手段，你难以寻找一片心灵的净土。所以，对于我们来说，也许我们无法过像陶渊明那种"采菊东篱下，悠然见南山"的桃源生活，但我们可以坚守内心的那一份宁静，淡泊名利，自然脱俗，远离喧嚣杂乱的利益社会，不为俗念所困扰，学会享受生活的安宁与自在。

20

一种修行，有时简单有时难，然而这一切终归是快乐的，不会带一点后悔。

——题记

第一，一切随缘。佛说：缘来即有，缘去即空。一切都是因缘际会的存在。这样，每个和我们遇见的人，都是和我们很投缘的人。佛说，"前世的五百次回眸，才换来今生的一次擦肩而过"，可见，我们应该好好珍惜和我们遇见的人。当你心里不平衡的时候，不宁静的时候，告诉自己一切随缘。对我来说，有这样一个深切感受，就在2013年高考前夕，我和大家一样着急而迫切，做题目也很烦躁，总是想要所有分数都尽力拿到。后来，班主任找我谈话，说到这样几个字，让我一切随缘。当时自己的心就很释然了，晚上休息也比较安稳，后来也可以十分坦荡地面对高考。学会豁达，一切随缘，不以物喜，不以己悲，真的是一种很好的精神境界。我们要学会放下，懂得禅定，看得开，不钻牛角尖，广结善缘，随顺因缘。

第二，学会超脱。人生之不如意十之八九，要知道如何去开解自己，更要知道如何去解放自己。当遇到你觉得让自己痛不欲生的事的时候，不要过多地苛责自己，让时间慢慢沉淀心灵。要知道别人的安慰，远不如几年前你对自己说的一切都会过去的。真的没什么能敌得过时光。有些路走着走着就过去了，有些人相处着也会成为过客了。第一天也许在不适应中过去了，第二天还是很难受，第三天，仍然很难受，然而第四天，第五天……除此之外，还要学会原谅别人，也原谅自己。犯错是成长的必经之路，为何不允许别人偶然犯下的错误？

第三，修三心。第一是责任心。很多时候我们都跨不过的，是父母，无论你多么伟大，你始终是父母的孩子，他们只会做好一桌菜等着你。我认为这也是我们身系的最多的责任之一。有的人，在年少的时候，因为一些不如意，选择了自杀，当事人自己是解脱了，可是父母呢？父母该怎么办？毕竟，小时候，我们是父母要承担的责任；长大了，父母便是我们的责任。小时候，是父母牵我们的手过马路；长大了，需要我们牵起父母的手过马路。应该时时铭记，年轻人本就不该只为自己而活，也要为父母好好地活着。第二是自信心。从小到大，最强烈的感受便是当你自己觉得自己能做好一件事的时候，你往往能出色地做好；当连你自己都觉得做不到的时候，你很可能真的不行。我觉得自信心真的是一种带有神力的东西。第三是成熟心。当自己好的时候千万别把自己当回事，当自己不好的时候千万要把自己不当回事，这是我的好朋友告诉我的，我一直铭记于心。我们经常会遇到命运不公的时候，社会中也存在很多潜规则，个人的力量往往改变不了什么，那样的话，就改变自己吧，体制化下，还是得遵循游戏规则，把游戏进行下去。如果一个人的精神都走下坡路，那么就会跌入悬崖，无法自拔。而当你相信天道酬勤，相信是金子总会发光的时候，你会发现路其实一直都很宽阔的。

21

佛教中，是要我们坚持修善行，相信因果缘由，以便求得解脱，进入西方极乐世界。佛陀释迦牟尼放弃尊贵的身份，选择做苦行僧去追寻人生的真谛，去领悟"佛"。佛说执着是苦，他们出家，他们静待于古佛青灯前，数年面壁潜心苦思，他们通过苦修苦练，推己及人，为一切人提供方便。世间的大智大慧，命运的苦难烦恼，在佛中皆有缘由。

佛所谓的执着，即执着自我！执着于自我的情况下，行善，作恶本无别，区别在于，善事无恶果，恶事必有报（《佛说人生经典语录》）。成功商人李嘉诚，执着于他一生的理念，分分钟牢记他的原则，做善人，做善事。人生、商业、财富、事业……与之沉浮，成败、舍得、悲喜……不变的是他执着于他是一个人，他有自己的人生准则，他是个伟大的人，在他大智大慧的际遇中，拿得起放得下，用自己的所为诠释了他一生的真谛。

"酒肉穿肠过，佛祖心中留"是济公活佛流传的一句佛语，这句话似乎是人们心中贪念的理由和借口。人们追求得太多，有时甚至超越所能承受的底线，有的不达目的，誓不罢休，结果也是伤痕累累，所以说：何必执着。佛曰：忘记并不等于从未存在，一切自在来源于选择，而不是刻意，不如放手，放下的越多，越觉得拥有的更多（《佛说人生经典语录》）。然而，当你烦恼的时候，你就要告诉你自己，这一切都是假的，你烦恼什么？所以说何必执着。那一切，在佛看来，便成了"空"吗？在自己的内心世界里，不是刻意地去忘记烦恼，而是烦恼在我看来已经流逝，不必再去执着于烦恼。

佛的意思是"领悟了的人"或者"醒悟了的人"，故让自己有着精神思想的觉悟。佛说世间的苦是执着于"有"，生、老、病、死，爱别离，怨憎会，求不得，五阴炽盛；而不执着，就少了作为一个人存在的价值真谛。佛曰：笑着面对，不去埋怨，悠然、随心、随性、随缘，注定会让一生改变。所以，人生的真谛何时该执着，而又何必执着？

23

佛对每个中国人来说都是那么的熟悉，可以说中国人有相当一部分人是信佛的，不管是虔诚的信徒还是只是偶尔拜佛的人，他们都对佛抱有很大的希望。佛是很多人的精神寄托。

佛教是对国人影响最大的一个宗教，虽然现在的基督教在各地区也在不断扩张，但是它的影响力还是远不及佛教。佛教在家家户户中传播，不管是在农村还是在城市，佛教都存在，尤其是农村人更是对此深信不疑。每次在逢年过节的时候，基本上家家户户都要烧香拜佛。人们希望得到佛祖的保佑。希望明年有好的运气。这种精神依托其实也是对于美好未来的向往，人只有有了希望才会有动力。

其实我对于佛的认识不是很多，我最早是在姥姥家看见姥姥每次在姥爷有什么事情出去，姥姥都喜欢提前上香，求神保佑姥爷办事情顺利。当时我总觉得这很奇怪，这就可以办事顺利呢？但是看着姥姥每次上完香那种安心的表情，我还是相信这是有用的。现在回想一下，其实这也是一种自我安慰。

　　现在的人从老人到孩子都喜欢拜佛，不管是从事农业劳动还是从事商业，大家都喜欢在家里摆一个佛像，最不济也会摆一个财神爷，其实他们中有很多人是不相信佛祖的，但是为了图个吉利还是会这样做的，对于这种人来说，他们不是对佛本身的信服，而只是图个吉利，图个心安。我们不能说他们的行为是错误的，但是这种行为就在无形中扩大了佛教的影响，尤其是饭店商场等人来人往的大型场所。就我个人认为，这种算作公共场合的地方不适合传播宗教，我认为宗教信仰应该是一个人发自内心的信服和崇拜，而不是将之摆在明面上，这让人有一种跟风的感觉，有种目的性在里面。宗教信仰应该是不掺杂利益在里面的，对于佛教我更希望是一种精神寄托，而不是成为获得利益的手段。

　　我虽然学习马克思，坚持唯物主义，相信共产党，坚持无神论，但是有的时候对于佛教也是充满敬意的，我相信佛教本身有一些奥秘在其中，对于那些悬疑而又神秘的东西我还是抱有尊敬的态度，佛教之所有没有成为像法轮功一样的邪教，而是成为官方认可的宗教，说明它本身是有价值的，是值得我们推崇和发扬的。

25

　　第一次接触《石敢当之雄峙天东》这部电视剧早已是很多年前了，这次将它翻看一遍，感觉也变了许多。小时候，对神一类的事深信不疑，遐想着自己有一天也能上天入地，能够拥有仙法，能够解决所有的困难，将世间的妖魔鬼怪一网打尽，成为人们羡慕的美少女战士，想着想着就激动不已。现在看来，虽然有些幼稚，明白世间没有神仙、没有妖魔鬼怪，明白你不可能解决所有困难，明白很多事情早已不是你能够控制的范围，但你会相信好事多磨、好人会有好报的道理。

　　在这部电视剧里，不论是小时候的我还是现在的我，都记得也都相信蓟彩芝的一句口头禅：笑口常开，好彩自然来。这句通俗易懂的道理教会我的远不止笑口要常开，更多的是相信不论处境有多么难，一切都会过去的，乌云终将被拨开，你终将看见天日。

看着刀子嘴豆腐心的石敢当，明白不论富有还是贫穷，能保持一颗不浮躁、真诚待人的心着实不易，能够珍惜身边一直陪伴的人更加不易。所谓福祸相依不过就是你永远不知道下一秒会发生什么，好运来了，要学会谦虚低头，霉运来了，要仰望星空，脚踏实地。明白真情实感不会骗自己，能知永恒是人们编织的最美谎言，但即使如此，我们依然会去追逐，因为我们始终相信人是向善的，人是有良知的。

面对一个呆头呆脑的晏喜，更多人会是无语吧，在现实生活中，可以说他没有高智商、没有特殊技能、没有可畏的勇敢，于是他最大的缺点就是自卑。可是幸运的是他拥有一位对他不离不弃的导师，相信后知后觉的人更有爆发力，诲人不倦的坚持是爆发力使出的助力器。

干将与莫邪的爱情是唯美的，生命是短暂的，可他们的爱情是永恒的，经过几世的等待，最终走到一起。是选择相忘江湖还是厮守到老是一个心态的问题。虽然明白等待或许没有结果，但仍会选择坚守，因为相信爱会有回应；虽然明白在一起需要付出沉痛代价，但仍会选择奋不顾身，因为相信爱会有永恒，最终是爱教会人等待和坚守。贪、嗔、痴是人欲的表现，人失去这些或许会解脱许多，不会有太多的难过、失望、悲伤，但生活却是需要追逐的，虽然明白生活平平淡淡才是真的道理，但生活需要有波澜壮阔的情节与过程才算完整。不论身在何方，心在何处，相信心中有爱的人，定能踏平荆棘与坎坷，拥有属于自己的一片天空，美丽的心灵带着饱经风霜的身体回味着"天地万物，生生不息，聚散有时，生死有命，自得其法，自寻出路，万法随缘，自求多福"才更有味道。

28

随着经济的发展，人们越来越追求更多的物质，从而使自己处于一个十分紧张的环境中，心理压力比较大，绝大多数人因为无法承受压力从而导致轻生。据有关调查显示，中国人死亡原因自杀位居前列，六月毕业季不是有很多自杀的案例吗？考生因为考得不理想而选择轻生，因为毕业分手而求死，大学毕业生因为找工作压力过大而选择死亡，认为死亡是真正的解脱。而佛教主张静心修行，无欲无求，一切顺其自然。如果在这个物欲横流的社会人们可以做到无欲无求，那么他们会过得比很多人快乐。佛教还主张因缘说，善有善报，恶有恶报，前世因，今世果，谁也摆脱不了命运。如果你做了坏事，就算活着没有受到惩罚，死后也一定会下地狱。所以很多当官的太太或母亲有很多是信佛的，他们希望佛祖保佑官运亨通，就算做了坏事也保佑不被曝光，我们知道这只是寻求心灵的安慰。一旦官员落马，人们总是说报应来了，不是不报，只是时候未到。

所以，佛教是可以使人解脱的宗教，可以使人们心灵得到慰藉，它的存在在当今社会起着很大的作用。

32

俄国著名文学评论家别林斯基说过："世界上有两种人，一种人，虚度年华；另一种人，过着有意义的生活。在第一种人的眼里，生活就是一场睡眠，如果在他看来，是睡在既温暖又柔和的床铺上，那他便十分心满意足了；在第二种人眼里，可以说，生活就是建立功绩……人就在完成这个功绩中享到自己的幸福。"这第一种人很好理解，因为我们中的绝大部分即是如此，而这第二种人往往是对人类或是社会有过突出贡献的，而他本人也因其成就洋溢着满满的幸福。佛教的创始人释迦牟尼就属于这第二种人，而他的幸福不是简简单单的满足于衣食住行，而是另一种幸福——解脱成佛。

之所以说成佛是另一种幸福，首先是因为它是一种精神财富，而且这种精神财富是任何物质财富都无法比拟的。对释迦牟尼来说，成佛的意义远高于功名利禄，所以即使是生于贵族家庭，作为迦毗罗卫国国王的长子，且又天资聪明，博学多才，他也能放下所有，执着于出家修道。事实也证明，他的选择是正确的，他的一切努力终使他最后大彻大悟，成了有大智慧的人。可以说，这样的他无疑是幸福的，而且这种幸福是基于对佛的执着的另一种幸福。

其次，对成佛的追寻的出发点和落脚点都是全人类，这一点决定了佛只能是另一种幸福。释迦牟尼从小便有一双善于发现的眼睛，传说他在随父外出农耕祭典时，见虫子被农夫抓住，又被飞鸟啄食，痛感众生相残，再加上他体察到人的饥、渴、困、乏，困惑于人的生、老、病、死，这一切都促使他走向了寻佛的苦行之路，执着的他最后幸运地觉悟了，成了众人口中的佛陀。他也不忘初衷，组织教团，建立佛教，普度众生，使佛得以发扬光大，惠及全人类。释迦牟尼的一生是"把有限的生命投入到无限的'为人民服务'之中的一生"，所以他的人生是幸福的，这种幸福是基于无私奉献的另一种幸福。

普通人在自我满足中寻找幸福，而释迦牟尼却在成佛中找到了他的另一种幸福。这种幸福来源于他的执着，他的无私奉献，因而更持久，更珍贵。

33

佛说：前世的五百次回眸才换来今生的擦肩而过。有缘千里来相会，无缘对面不相识。我认为佛起源于缘，是缘让这个世界充满美好，充满爱。人的一生，有很多事情都是冥冥之中注定的。因为缘分，让我们遇见很多人，很多事。缘起缘灭，缘浓缘淡，不是我们能够控制的。我们能做到的，是在遇见缘分的时候好好珍惜，我们生命中遇到的每个人，都应该珍惜，因为你不知道这种短暂的相遇会因为什么或者什么时候戛然而止，然后彼此阴差阳错，再见面，就会发现再也回不到以前，这是多么可怕的事情。缘分是一个奇妙的东西，它让我们在缘分中邂逅，又在缘分中流失。

我们在生活中，对于缘分，我们应该保持一种洒脱的心态。因为所有的一切出现都是有原因的，有些东西我们不必去强求。向来缘浅，奈何情深。有句话说：命里有时终须有，命里无时莫强求。缘分来的时候用坦然的心态接受，缘分走的时候不强留。人生需要一种洒脱，就像缘分也需要我们保持淡定的心态。把生活中的得与失，名与利，看得淡了，有些东西失去了，消失了，不必太在意，这样自己才不会放不下，耿耿于怀。没有了这些不顺心，自己才会拥有宽容博大的胸怀，这样的生活才会少很多不必要的烦恼。保持一份洒脱，会发现生活更美好。

34

不是每个人都可以成佛，但可以去追求佛的真谛，去寻找自己心中的佛；也不是每个人都想成佛，但可以保留一颗向佛之心，因为佛能让人净化自己的心灵。在今天这个聒噪的社会里，争斗、私利、欲望之心无处不在，唯有佛才能让我们静下心来。"佛曰：'命由己造，相由心生，世间万物皆为化相，心不动，万物皆不动，心不变，万物皆不变。'"只要心中有佛，万物只是我们眼前的过眼云烟，该留则留，该去则去，少一份争夺之心，就少一份烦恼之心，也就多一份向佛之心。不仅仅是思想和感受，而是要实实在在的用行动去证明，做到言行一致，才能指引我们正确的方向。也许我们不知道佛是什么，佛是什么样的，"佛曰：'种如是因，收如是果，一切唯心造。'"心有即有，心无即无，其实每个人都有自己心中的佛，只是没有去感悟、发现它的存在，也许还有人不想做真实的自己，把自己湮没在不断变化着的世界里。在今天，大多数人祈佛只是为了了却自己的心愿，祈祷自己心想事成（不管事好事坏），但这样佛在人们心中的存在似乎变了味。因为祈佛追求的是一种放松自己、净化心灵的境界，而不是从中去追求得到什么样的物质回报。

36

佛教，现在普遍认为产生于印度。在西汉末年传入中国，并在中国产生了极其深远的影响。四大名著中的《西游记》就是最好的印证。

佛教寄托了信奉者的太多情感，"南朝四百八十寺，多少楼台烟雨中"形象地反映了佛教盛行的情况。观音送子，亡灵超度，烧香祈福，都是人们借助佛教这一媒介来给予心灵的一个慰藉，以至于至今少林寺依旧受到热捧。

相信大部分人都因为各种原因去过寺庙，进行求签，还愿等活动。这里面最重视的应该是大年初一的头炷香吧！听说初一的头炷香往往是最灵验的，所以造成了许多人在年三十晚上就守在寺庙门口争夺头香，往往这样就会导致矛盾的激发，这反而与佛教普度众生的教义相违背。

佛教往往指导人向善，这是人与人交往的基础，也是人与人相处的切合点。在当今社会佛教的向善论可以促进社会的和谐，对社会有一定的促进作用，但对待佛教要区别对待，不能盲目追求。

38

红尘纷扰，各种尘世浮华总是让我们迷失自我。如何在迷途中找回自我，如何在纷纷扰扰的尘世中寻找一方心灵的净土，最好的方法便是我们得有一颗佛心。佛以爱启迪众生，净化心灵；以四大皆空引导人类寻获内心的和平与宁静，让地球回归安宁，让世界走向和谐。那么，我们如何才能找到一颗佛心呢？中国禅宗，主张直指人心，见性成佛，佛不会抛弃任何一个人，只要你心向佛，便会有佛缘，便可以得佛心。真正的佛心首先是大慈大悲，关怀世人的博爱宽容之心。作为凡人的我们要想有一颗佛心，首先最重要的就是有一颗仁人之心，爱人之心。

何为仁人之心？昔者，佛陀可以割肉食鹰，佛家弟子，走路碰到蝼蚁，都怜悯让路，这便是佛家的大爱之心。作为现实生活中的我们，看到他人受苦受难能感同身受，看到他人身处困境，可以伸出援助之手，对弱势群体能心生怜悯，这便是佛者之心，仁人之心。当我们成为一个有爱之人的时候，我们会发现，我们的周围也都会充满爱心。在我们这个功利主义甚嚣尘上的社会，爱心便显得尤为重要。多一个有爱心之人，便会少一罐毒奶粉；多一个有爱心之人，便会少一粒毒大米；多一个有爱心之人，我们的生活便会更安心，我们的世界将会更有爱。佛家宣扬广交善缘，做一个有爱心之人，便是一个尘世的佛者，做一个有爱心的人，在这个纷纷扰扰的社会便会有一份心安，便会有一份心灵的宁静与祥和。

作为凡人的我们要想有一颗佛心，还需要有佛家空的心境。佛家心境的空，不是虚无的，它是现实的，是一种看破红尘的淡然，是看天外云卷云舒，一任白云苍狗的空灵。从根本上来说佛学是关于人心灵的学问，在佛家看来尘世的一切烦恼都是由我产生，因为有我，所以有了我的财富，我的荣誉，我的地位，为了得到或不失去这些，人总是穷尽一切手段，由此带来心灵的个人求而不得或得而不安的痛苦。因此佛家宣扬无我，大象无形，大法无我，这就是佛家的空。佛家的空，是要我们学会放下一些不必要的东西，学会放下人生的包袱。不要执着于使自己痛苦的烦恼，要学会放弃，放弃贪嗔痴，放弃虚妄的浮华。佛就是修习一切善法的基础，及通往一切善法的大门。所以说，学佛是构建人和谐、健康、美好的心灵家园的重要因素。正是在这个意义上，佛才能消除我们心灵上的负担，能够使我们拥有一颗独立的心，能够使我们减少无谓的妄念，能够使我们解脱烦恼，能够使我们通达宇宙人生的真实，能够使我们干枯的心灵得到和风细雨般的滋润，能够使我们真正找到一方心灵的净土。

39

一、把佛教看成消极的，会说佛教提倡"四大皆空"。这是误解佛教中"空"的含义。佛教所谓的"空"，其实并非"空空如也"的意思。其真正含义是指世上没有实在的永恒不变的东西，也就是所谓的缘起缘灭。

二、一些人因为生活的挫折，心灰意冷，于是想到逃避想到了出家做和尚；还有一些人为了更好的待遇、福利而当起了"和尚"这个职业。出家的僧人担负着传承佛法、帮助天下人破除烦恼的责任，出家的目的是要自觉觉他，自利利他，绝不是只为了一己清净和一己私欲。

三、学佛就要吃素。释迦牟尼从来没有说过学佛要吃素。也不知为什么许多人一想到学佛，就和吃素联系在了一起。吃素值得提倡，你尽可以吃素，可是那跟佛教的真正精神没什么关联。实际上，随着修习佛教的深入，因为身体的清净，的确会自愿地少吃荤多吃素，但那不是一种强迫行为，而是自然而然、水到渠成的事。

四、佛教跟科学研究不矛盾。爱因斯坦曾经说过："如果有任何能够应付现代科学需求的宗教，那必定是佛教。"

信佛不是烧香、拜佛、磕头、念经，在供桌上供个鲜花、供点水果，跪到那里让佛菩萨保佑，也不是学习一门艰深难懂的学问。佛教修行的精髓，在于修心、断除烦恼。没有烦恼的产生，就不会有恶业的造作，而能使内心常保清净，更坦然地面对人生，这才是佛教修行的真谛。

40

作为从小在基督教家庭长大的孩子，我对佛教不曾听闻多少。但是长大后对知识的了解渐渐增多，对佛教有了一点了解。佛本无道，佛的产生其实对释迦牟尼来说，他的贡献并不是很多，他的贡献在于创立了佛教，而佛教的发扬光大在于那些虔诚的佛教信徒，对于佛的理解，你觉得释迦牟尼会教给别人太多吗？

佛曰："不可说。"不可说，为什么不可说？那是因为它需要你自己的理解和参悟。佛的解释很多，佛的著作很多，成名的佛教人士并不是都有一样的观点。但是有一点，他们的出发点一致，因为那是释迦牟尼创教时的宏观的观点所在。它的发扬光大让更多的人了解到这一宗教的本意所在，为大众解脱苦海。我曾看过林清玄的《菩提十书之星月菩提》，里面对佛的认识有很多，大多就是说他从佛里面学到解脱法，学到怜悯心，学到普善行。这本书是普通人对佛教认识不可多得的一个很好的切入点。

禅宗六祖慧能说过："菩提本无树，明镜亦非台，本来无一物，何处染尘埃！"对于佛教，这个高深而又普通的宗教而言，理解是要看个人内心的。

42

作为世界三大宗教之一的佛教存在已经有很长的一段时间了，在现在这个时代它其中一些好的因素应该继续保持并且发扬，这就是佛教在现世的意义。

佛教要求人加强自身的修行，佛祖就曾在菩提树下冥想七天，以求达到无上觉的境界，终于在第七天修成正果，知道了佛教的真谛并以此教化众生。其实就这一点来说，它和儒家所倡导的观点一致，如何才能达到一定境界，首先得修身，需要格物、致知、正心、诚意，才能完成自我的修养，方才可以齐家、治国、平天下。

完成了自我修养之后就应该停止了吗？答案当然是否定的。佛教追求的是一种普济众生的终极关怀，希望每个人都能得到幸福，没有苦痛，独乐乐不如众乐乐。这就要求我们在追求自身幸福的同时，要去关注身边的弱势群体。在这个快节奏的社会，人们都走得太快，人际关系也变得越来越冷漠，安全感极度缺乏，人们不敢做好事，因为总有好心没好报的事发生，GDP是上去了，但是更应该关心人的存在，关注人的内心世界。

佛教在这一点上是有积极意义的，并没有过时，我们应该发扬这种好的方面，让它在建设社会主义和谐社会的过程中发光发亮，佛教也能在结合时代发展的过程中更好地完成其核心精神的传承，并不断吸收社会主义文化的好的方面，最终达到其所希望达成的境界。

43

为什么总是不能来一次说走就走的旅行，因为有太多的东西缠绕于心：无知、胆怯、钱、担心……缠绕于自己，佛说：一切烦扰皆取自我。但尘世众多"妖魔鬼怪"总是在不断诱惑你我，要脱离苦海，只有当我们真正放下自我。但人活于世，怎能会没有苦，正如一个得了疾病痛的不行的人常说"哎约，要死了，哎约，要死了"。

然而当世界只有你一人时，我觉得便没了我执，正因为人与人之间的关系，人与人之间的矛盾，差距，不公正；思想的，信仰的差异，使我执产生。如今的现实社会，要真正放下我执，估计是不大现实的。但可以减少我执思想的产生。我觉得我们应该把你看成我，我看成你，你就是我，我就是你，把每个个体的人看成宇宙的一个我。那么，这样使思想上人与人之间的距离缩短，不管是物质上还是精神上，虽然形式上是空，但内涵却真，正如佛说：真真假假，假假真真，一切不过是空一场。

44

曾虑多情损梵行，入山又恐误倾城。世间安得双全法，不负如来不负卿。

——仓央嘉措

落日余晖下，神圣庄严的布达拉宫，一个修行的僧人抬头望向窗外，漫天的霞光里偶然想起了，记忆里有他爱的人。多情总被无情伤，曾忧虑对你的多情会毁去我的修行，想躲避尘世入山修行又不忍和佳人别离，世间哪有两全其美的法门呢？即不能辱没了佛祖又能不辜负你的深情，怎么办？如果动了情，即辱没了佛祖，如果不动情，却又辜负了你的一片深情。怒，莫大于有所求而求不得；哀，莫大于有所求而不得求。

佛曰，人生有八苦：生，老，病，死，爱别离，怨增会，求不得，五阴炽盛。

佛门中说一个人悟道有三阶段：看破、放下、自在。一个人必须看破，才得放下，后方可得到自在。可又有多少人可看破生老病死，爱恨离别，做到不爱、不怨、不求、放下。佛说，万法皆生，皆系缘分，偶然的相遇，蓦然的回首，注定彼此的一生，只为眼光交汇的刹那。缘起即灭，缘生已空。生老病死乃人之常情，无一人可以逃脱，何苦铭记于心？既然放不下，何苦强求放下？既然求不得，何苦强求得到？既然怨长久，何苦信心挂念？既然爱别离，何苦不忘记？悠然、随心、随性、随缘罢了。

佛曰，命由己造，相由心生，世间万物皆是化相，心不动，万物皆不动，心不变，万物皆不变。

人生在世，如身在荆棘中，心不动则人不妄动，即不动，则不伤；心如动则妄动，伤其身痛其骨，于是体会到世间诸般痛苦。心动则执着，执着则生妄念，而世间万物皆为化相，为虚无，执着妄念只会徒增苦痛。可叹生于尘世，染尽尘埃，焉能不动。

佛说，一切有为法，如梦幻泡影，如梦亦如幻，如露亦如电，当作如是观。

浮生若梦，世间一切因缘造作的事物，现象都如梦幻泡影般虚无缥缈，也是不能长存的真理，我们应作如是观。世间事，世间法，缘起缘灭一切皆由法定，万法自然。一切既空，又何苦执着，生老病死如是，爱恨别离亦如是。

哀，莫大于有所求而不得求。世间安得双全法，不负如来不负卿。

第六章　领略早期中国佛教信仰

佛教传入中国的时间大约在西汉末年至东汉初年，具体可考证的历史是东汉第二个皇帝汉明帝刘庄梦佛、请佛、礼佛的故事。佛教到魏晋时期已经大为兴盛，出现了"六家七宗"。东晋高僧慧远受玄学"有无本末之辩"思想影响，反对大乘空宗完全否定世界真实性的观点，提出"法性不变论"，认为"至极以不变为性，得性以体极为宗"。世人只有通过宗教精神修养超越迁流不已的现象世界之后，才能复归宇宙万物绝对本体"真如佛性"，所谓冥神绝境，才是涅槃。

当时佛教思想与王权、儒家名教的摩擦日益尖锐，如何调和儒佛之间的矛盾成为当时思想斗争的焦点。慧远站在佛教立场，写下了《沙门不敬王者论》与《答桓太尉书》，集中阐述了儒佛"发致虽殊，潜相影响；出处诚异，终期则同"的关系，比较充分地论证了学佛可以使人全德，有助王化，佛学本质上不违名教。这就是他所谓"内乖天属之重而不违其孝，外阙奉主之恭而不失其敬"。

对精神现象与物质现象，慧远进行了比较，强调精神现象是异于物质现象的实体，精极而为灵，可以感应物质现象，而自身却不是被产生的。即使物质形体化灭了，精神本身并不会化灭。精神就像火，物质就像烛，火点燃了烛，烛灭了，火还能继续往下传。为此，东汉范缜写了著名的《神灭论》对其观点进行针锋相对地辩论，他提出形神相即、形质神用等新观点，把物质现象与精神现象统一起来，认为精神现象只是特定物质所起的作用。

慧远还提出因果报应论，他认为一切人世间的善恶祸福都处在因果必然性之中，是"因情致报，乘感生应"所致。因而"无明为惑网之渊，贪爱为众累之府"。他的思想总体上来看，"道是无情却有情"。

06

　　由于是无神主义者，对佛教这些宗教也是秉着敬而远之的态度。前段时间关于央视著名主持人毕福剑辱佛事件，诋毁僧人威仪、恶搞法海禅师、丑化佛教圣物，一再激起了广大佛教信徒的强烈抗议。而龚琳娜、老锣夫妇创作的《法海你不懂爱》因歌词和表演内容戏谑佛教，遭到佛教界严正抗议及要求致歉。佛教作为我国一大宗教，长久不衰，必定有其可取之处。所以，对于佛教我们虽然不说每个人都信服，但还是应该持尊敬的态度。其实我个人就觉得佛教的四谛说还是挺贴近现实生活的。它所说的人们通过经历各种苦难，思考苦的来源，消除苦难的原因，以及如何灭苦，从而得到人生的升华。正如四谛说所言，我们的生活也需要经历各种的苦难和挫折，在各种的苦难中认识自我、发展自我、提高自己，然后，从苦难中走出来。人生没有经历苦难和磨砺，是很难达到一定的高度的。

　　佛教的因果报应说，也挺有道理的。人在做，天在看。每个人都要为自己做的事而负责，好人终究是有好结果的，坏人也一样逃脱不了现实的报应。善有善报、恶有恶报的道理，法律规定没能对这些人产生绝对的阻碍犯罪的作用！现在社会上有的人只重视名利和物欲的享受，而不管别人的死活，当今这个世界人们相互欺骗，彼此失去了道德的约束力，人心衰危至此。也许，有些人做了坏事，却没有遭到报应，但是他迟早会遭到报应的。有什么样的因，就会结出什么样的果。

　　很多的电视剧电影都有这样的镜头，主人公遭受了很大的打击，身心疲惫不知道该怎么面对生活的时候，都会去寺庙或者教堂里祈祷倾诉一番。把自己面对的一些烦恼都抛掉，重新以新的面貌，新的心境去面对生活。用新的角度去看原来的烦恼，或许那些都不算什么，只是自己没有想通罢了，而钻进了死胡同。的确，寺庙或者教堂就是有这样的魅力，能够让人的心灵得到进化，洗涤，让人更好地面对生活中的各种困难和挑战。

07

　　佛教自西汉末年东汉初年传入中国后，在中国社会中扮演了较为重要的角色，佛教的许多教义如涅槃寂静，可以让人断绝烦恼，获得重生，告诉众生应广结善缘，随顺因缘；因果论、轮回说等佛学教义教导人们向善，让芸芸众生得到普度，他们能够了悟人生、离苦得乐，远离一切烦恼，获得心灵的宁静。但是我认为佛教的弊端仍然很多，不管是古代佛教还是现代的佛教都拘泥于形式，不是真正意义上的佛教。真正的佛教不仅仅是一种信仰，还包含了无限的智慧。佛教徒们不仅可以用这种智慧帮助个人远离烦恼，还可以去帮助他人甚至是国家。我们的佛教似乎并未做到这一点，有时还会成为一些人逃避现实问题、不敢直面困难时的选择场所。渐渐地，佛门就养了许多懒汉，这就造就一场佛门危机。古代著名的三武灭佛运动，指的是北魏太武帝、北周武帝、唐武宗废寺庙、毁佛像。其原因可能就是佛教徒众多，导致国家服兵役人员减少，同时劳动人员减少，国家税收减少，经济得不到发展，国家安全得不到维护。而且佛教徒众多，封建统治者会觉得政治受到威胁。现代的佛教徒也有很多是贪图享乐，不愿劳动之人。他们享受了供奉，并没有履行相应的责任。佛学与西方民主与科学有冲突，又与马克思主义无神论相违背，所以佛学发展任重而道远。

08

佛教的因果报应论，在我看来，并不是一种迷信说教，相反地，对此我深信不疑，可能是基于中国传统文化观念，也可能是基于自己十几年的生活历程，总觉得因果报应说真真实实的存在。

中国传统文化观念中，关于因果报应论的著述颇多，诸如"种瓜得瓜，种豆得豆"；"善有善报，恶有恶报，不是不报，时辰未到"；"多行不义必自毙"；"自作自受"等。或许每一个人小时候或多或少都曾被老一辈的人灌输过此等思想，并对此深信不疑，以此来规范自身。我个人对于此种观点无疑是投了赞成票。小时候，打架会被老师批评，被父母责骂，好好学习老师会表扬，父母会奖励；稍大一些的时候，老师反反复复拿只有努力学习才能收获成果来说教，即便不耐烦，却依旧相信老师的话；到现在，自己更是深刻的明白，天上不会掉馅饼，没有付出就没有收获。所谓"种瓜得瓜，种豆得豆"大概就是这样存在于我的生活中。在新闻报道中，我们常常听到某人因犯了杀人罪、偷窃罪等而潜逃了四五年，但最终仍被警方逮捕归案，也算是应了天网恢恢、疏而不漏这句名言了。同样的，某人因做了有利于国家、社会、他人的事而被评为感动中国十大人物，获得极高荣誉。人在做，天在看，善恶分明终有报。

在我们的现实生活中，因果报应论不仅可以规劝我们多行好事，并且可以警醒我们勿做坏事，具有积极向上的意义。我认为因果报应论并不往往是封建迷信的代表，它还可以是顺应社会的学说。

19

佛学提出了"三世轮回""因果报应"等宗教思想，提倡人要为善，如果自身陷于欲望、贪欲等情感，那么就要受轮回报应。但在马克思伦理学中，提出道德的发展是在善恶矛盾的辩证运动中，即恶与欲望在道德的发展中也是有积极作用的，人的特定情感和贪欲在一定意义上激发了人们的竞争心，推动了社会事业的进步，而佛教宣扬的无欲无求，则会让整个社会处于一种消极平衡的状态，每个人都安于现状，毫无进取之心。对恶我们也要予以正确的理解，例如在阶级对立社会的矛盾运动中，被压迫阶级的反抗以及他们对自身正当利益的追求虽然被统治阶级视之为恶，却推动社会进步，是一种历史的善，真正人类社会的善。

所以，对佛教提出的"无欲""善"的思想，我们要辩证地看待，一定的合理欲望是必要的，但像对金钱权力大的欲望，则要去抑制，完全的无欲无求也是不利的，它会阻碍人与社会的发展。佛教认为"为恶"会受到因果报应，但恶也是相对的，不同时代对恶也有不同的看法。总之，我们要适应时代的发展，"欲望"与"恶"也要符合时代的潮流，使它们成为推动社会发展的动力。

27

无私大爱，育人大爱。我认为就是像慈济人不求回报，无私奉献一般。慈济由证严上人于1966年在台湾创办，最初靠三十个会员自己耕作，然后募捐济贫，到现在已有众多会员，并且还出钱为边远地区创办慈济学校、慈济医院等。还另投入骨髓捐赠、环境保护、居住小区志工、国际赈灾等公益性事业。慈济人他们并不是什么富翁，他们只是一群拥有无限爱心，想把他们的爱心不断传递下去的"平凡人"。他们希望这个世界是和谐、美好、无灾无难的世界，而且他们身体力行，哪里有灾难，哪里需要帮助，那里就会有慈济人的身影，给受苦的人们以安慰，给他们信心和力量，让他们感受到慈济人浓浓的关怀。更难得的是，慈济人的募捐款全部用于慈善（国家允许募捐款的一部分可用于慈善机构本身的运作）。各种活动之外的费用都是自掏腰包，花自己的钱，行别人的善，自己甘于奉献。其实，很多的会员也有自己的苦难史，也正是因为他们经历过苦难，所以他们更加积极投身传递慈善的过程，更加珍惜行善的机会。一个人经历苦难，并且在苦难中坚强，从苦难中磨砺，奋发图强已是一件了不起的事情，然而，慈济人不光如此，他们还拥有一颗博爱的心，想让更多与他们类似经历的人脱离苦难，改变他们似乎注定的命运。"行善，行孝是不能等的"，"行善不是有钱人的权利，而是有心人的参与"。这是慈济人所信奉的，事实也应是如此。慈济人的行为与佛教博爱，善待、珍惜生命的宗旨一拍即合。愿这世界多一份无私、育人的爱，少一份苦难。愿人们在怨天尤人的时候，多想想那些正在受苦难的人。我相信，只要人人献出一点爱，世间将变得更美好。

30

慧远的思想里，或者说是佛教的思想里，最让我印象深刻的是缘分说。

缘分是一个很美的词，不知道这个理论是否正确。这样的说法便不再有缘定三生那么美好的传说了。可能因为是女人，喜欢幻想，所以还是更青睐于缘分说，是情深缘浅或是情浅缘深，旨在告诉我们，缘分如此，别强求。这样的思想在我们充满竞争的社会里，似乎有些不合适。可我一直认为，我们少点功利心，多点平常心，世间就不会有那么多的不甘、不平。

在我们生活、工作中也应有佛教的思想，对于名利，我们可以看淡一点，相信该来的总会来的，努力地做好自己该做的，就一定会得到该有的回报。

在资本主义的一些陋习的冲撞下,我们之间的交往掺杂了太多的利益,拜金主义盛行。这样会使我们受尽束缚。佛教,也在我们这个以利益为重的社会风气的渲染下,不再那么纯粹了。我希望我们的佛教也可以找回原本的普度众生的善念。可以像慧远一样,将佛教的内涵发扬光大,而不是成为敛财的工具。

31

刚刚开始学习宗教学的时候,一些枯燥且难懂的佛学教义让人觉得有些不知所云,一下子让人觉得宗教难以捉摸,像是飘浮在空中的楼阁,可望而不可即。但有一点我是可以肯定的,那些佛学理论绝对不是无用的说教,佛学的存在必然有其特别之处。我们既然不能从学术的角度来理解这些教义,如果把这些教义放在生活中,想必应该更容易让人接受和运用。这也是老师们一直跟我们强调的,把一些历史中的经典理论转化为在当今社会中的实用想法,让那些尘封着的,有着古人深邃思维的经典不再只被学术界研究,而能够为大多数人造福。正如一句最为耳熟的话:"菩提本无树,明镜亦非台。本来无一物,何处惹尘埃。"最近每每听说又有某某贪官落马的时候,我脑海中便不自觉地想起这句话。人在未入社会的时候,都对社会的黑暗十分鄙夷,有着满腔的抱负,立志要做顶天立地的人,认为自己能出淤泥而不染。但一旦进入社会,事情就有了180°的大转变,以前的抱负与理想统统被现实的欲望与贪念所埋没。本来无一物,何处惹尘埃。人在世上面临的诱惑和抉择无数,稍不小心就会掉进命运的陷阱,人性本空,何必要沾染上那么多黑物质。放下自己的执念,人生本就是一张白纸,你走的每一步就像用笔在纸上涂画,何必在自己人生的道路上留下不可磨灭的败笔呢?

32

数日前,在网上看到一则小故事,故事说:从前,有个和尚,常常背着一个布袋去化缘,人称"布袋和尚"。别人看到他背的大布袋,都以为

装的是他们僧团用的、吃的，就一直不停地往里放东西。后来和尚嫌一个布袋不够，就背了两个布袋出门。有一天，他装了满满两大袋的东西回去，走到半路，因为太重，就在路旁歇息打盹。突然，他听到有人说："左边布袋，右边布袋，放下布袋，何其自在。"他猛然惊醒，细心一想：对呀！我左边背一个布袋，右边背一个布袋，这么多东西缚住自己，压得人喘不过气来，如果能够全部放下，不是很轻松自在吗？于是，他丢掉了两个布袋，幡然顿悟。这虽然只是个故事，但故事所反映的问题却普遍存在于我们现实社会。现实中，很多人感觉自己并不幸福，那是因为他们肩上的担子太重，压得自己喘不过气来，其实幸福是一种心态，人生快乐与否，就看你是否能够放下。

放下，不单单指行为上的放下，更多的是指心灵上的放下。就像在日常生活和影视作品中我们经常听到的一句话"放下屠刀，立地成佛"，这里的"放下屠刀"不仅是指放下杀人所用的屠刀，还指放下存在于我们内心的仇恨和恶念。

人生是一种选择，亦是一种放弃。然而，放下并不等同于放弃。放下，并不是要我们放弃现在所拥有的一切，而是要我们有选择性地保留，放弃一些多余的事物，让我们的心灵多几块净土。

那么问题来了，在如此纷扰的社会，我们要放下些什么呢？当然是放下该放下的。那么什么又是该放下的？我觉得主要是人的一些负面情绪。

第一，放下烦恼。俗话说："抽刀断水水更流，举杯消愁愁更愁。"想要消除烦恼，借酒消愁什么的不顶用，没有比放下更好的方法。烦恼主要来源于压力，其实有时候我们需要的并不多，只是想要的太多。一只手握不住流沙，两只眼留不住落花，与其自寻烦恼，不如早早放下来得自在。生活就像是一面镜子，如果你简单，这个世界对你就简单。所以我们要学会放下，懂得知足常乐。

学会放下

学會放下煩惱

放下自卑

如果不能像太阳那样照耀大地
就像星星一样闪烁发亮

第二，放下自卑。许多人做事总是特别在意别人的看法、意见，总认为人家说的就是对的，凡是自己的跟人家的不一样就是错的。其实，这是极其没有自信的表现，也就是自卑。人生而平等、自由，我们又何苦让自己忙活于他人的指指点点之下呢？林特特的《以自己喜欢的方式过一生》中有这么一段话：我们曾如此渴望命运的波澜，到最后才发现：人生最曼妙的风景，竟是内心的淡定与从容。我们曾如此期盼外界的认可，到最后才知道：世界是自己的，与他人毫无关系。是的，我们的世界应由我们自己做主。所以，请放下自卑，做自己人生的主人。因为只有这样，你才能体会"走自己的路，让别人说去吧"的超然洒脱，才能明了"天生我材必有用"的高度乐观，才能拥有"会当凌绝顶，一览众山小"的雄心壮志。

第三，放下抱怨。人生没有彩排，每一天都是现场直播。人生不如意事十之八九，与其抱怨不可挽回的事实，不如放下抱怨，加以努力，还自己一个更好的现在和未来。不久前在微信上看到一则小故事：在高速行驶的火车上，一个老人不小心从窗口掉了一只刚买的新鞋，在周围的人倍感惋惜的同时，不料老人立即把第二只鞋也从窗口扔了下去。这个举动让人大吃一惊。老人解释说："这一只鞋无论多么昂贵，对我而言已经没有用了，如果有谁能捡到一双鞋子，说不定还能穿呢！"是啊，面对注定无法挽回的失误，我们何不像老人一样早点儿放弃，放下抱怨。有时候无所谓一点，或换种眼光看世界，就是简单自在的来源。

总之，一切放下，一切自在；当下放下，当下自在。放下是一种懂得，快乐是一种选择。想快乐，就放下。

43

葬礼让我们接近死亡，但却还伤害不了我们，这像是一种隐喻，这种隐喻值得我们去思考，不要当它伤害了我们，我们却没有思考的机会了。但如今的社会并没有去体会葬礼后面的价值。他们要么还沉浸在失去亲人、朋友的悲痛中无法自拔；要么太过看得开，貌似看开了一切，做个享

乐主义者。

逝去不代表终止，而是新的开始。新的开始不能总是在回忆过去，而是要从逝去的那一刻感受生命带来的体验。一场严肃、庄严的葬礼或许可以带给我们一些感受。那些悼词带来的感受和对生命的敬畏，不得不让我们去思考人生。葬礼加剧了人对死亡的畏惧，那我来说数学题：0 和 1 之间有 0.1，0.01，0.001……1 和 100 之间也有好多好多数字。到底是 0 和 1 之间的数字多还是 1 和 100 之间的数字多？显然是无法解释的，所以生命的意义也在于此，生命的意义不是时间的延迟，不是生命的多少，而是有很多的无限，即便是短暂的。如果你的生命是从 1 到 100，但没有中间的无限美好和不美好的东西，那也只是生命的延长而不是人生深度和广度的扩展。

如果中国的葬礼能多一些庄严和神圣，少一些华丽和世俗，那么既是对死者的尊重，又是给活着的人一次人生的体验。

第七章　领略禅宗的信仰

中国特色的本土佛教是禅宗。初祖达摩东来只为传法救迷情,他在嵩山面壁九年得以明心见性,传法慧可之后便只履西归。六祖慧能因顿悟作谒"菩提本无树,明镜亦非台,本来无一物,何处惹尘埃"获得衣钵,在南方弘教。从此一花开五叶,慧能成为禅宗真正意义上的创始人。禅宗的佛经有《六祖坛经》《五灯会元》等。

坐禅是一种看起来很高深,其实很平实的成佛修养功夫,讲究定慧双修的法门。所谓禅定,需内外结合。一方面"外离相",外在世界四大皆空,故感官不受我相、人相、众生相、寿者相牵引;另一方面"内不乱",心如止水,不执着于妄念,不生种种烦恼。所谓慧,意味着明心见性,在一念之间豁然开朗,大彻大悟。其实,当我们在日常生活中拥有一颗无造作、无取舍、无断常、无凡无圣的平常心时,就是在修禅践道。

慧能禅师一句"不是风动、不是幡动,仁者心动"开启禅宗以日常生活事例接引世人参禅悟道的公案。此后比较著名的有:唐代青原惟信禅师三十年后"看山还是山,看水还是水";慧海禅师"饥来吃饭,困来即眠";德山宣鉴禅师常以棒打测试弟子临机反应的德州棒;临济义玄禅师常以大声呵斥弟子回归清静本性的临济喝;广东云门文偃禅师常以做个糊饼来吃喻超佛越祖接引弟子的云门饼;从谂禅师常以"吃茶去"一语来引导弟子回归淡泊生活的赵州茶。

临济宗有四宾主法、四照用法,曹洞宗有五位君臣法,禅法种种,都不离破执。宋代慧开禅师有诗一首道破禅法的奥妙:春有百花秋有月,夏有凉风冬有雪。若无闲事挂心头,便是人间好时节。在今天这个充满竞争的快节奏社会中,参禅践道重在关注我们的身心健康,懂得适时放慢自己追名逐利的步伐，适当在恬静安宁的心灵驿站上停留，使我们身心不至于过分紧张而分裂。《菜根谭》录入明代洪应明的一副对联：宠辱不惊，闲看庭前花开花落。去留无意，漫随天外云卷云舒。这种生活情调与精神境界，同样值得落入滚滚红尘中的每一个人去向往追求。

02

蒋捷的《虞美人——听雨》是我很喜欢的一首诗，主要讲述了不同时刻听雨的心情。雨还是那雨，人还是那人却又不是那人了，好比惠能的"不是风动，不是幡动，仁者心动"。参照物的不同带来的是不一样的观点，不一样的心态在同一情景下带来不一样的感触。是乱花渐欲迷人眼的心动，是历经悲合无常的感触，是千帆过尽的了悟。虽然同样都是自己的心境却又不是同一个自己的，不像刻舟求剑一样的，人们无法踏入同一条河流，人也如河流一样总是在变化的。

11

佛教："诸法因缘生，诸法因缘灭，吾师大沙门，常作如是说。"一切善有善报，恶有恶报，不是不报，时辰未到。我们常说：要为自己所做的事负全责。所有的事情都是有因有果的，不可能没有缘由的发生。20世纪40年代内战中，一位当兵的一念恻隐，救了一对母女的命，结果后来在战斗中致命一枪射向他的胸口，被一块银元挡住，那是母女为表感谢硬塞给他的。当坏人得不到报应时，人们就会否定神佛的存在，甚至谩骂神佛，但是报应只是还没有来，总会在一定的时候给坏人重重一击。可能你做了一件好事，你会少生场病，好人总是会有好报的，而坏人总会得到应有的惩罚。电视剧《长大》中有一个病人来叶春萌那里治病，他是很有钱，是公司的老总，生活极其富裕，但是他的成就是牺牲了某个人的利益而得到的，最终他得了癌症，离开了人世，临走前，自己也承认了自己做的错事，所谓善有善报，恶有恶报，不是不报，时辰未到。

19

《西游记》的故事妇孺皆知，唐僧师徒经历九九八十一难终于取得真经返回大唐，但早在20世纪20年代，胡适就认为《西游记》的第八十一难太过寒碜了，因而他就将《西游记》的第九十九回改写为"观音点簿添一难，唐僧割肉度群魔"，从题目便知，胡适改写的是唐僧舍弃肉身而去拯救妖魔鬼怪的故事。相比于吴承恩《西游记》的结局，其实我更赞同胡适版的，胡适版的短短一节就写尽了慈悲、宽恕和牺牲的精神，这不正与佛教所宣传的大爱思想契合？胡适认为，"谋个人灵魂的超度，希冀天堂的快乐，那都是自私自利的宗教。尽力于社会，谋人群的幸福，那才是真正的宗教"。也就是说，胡适认为宗教只是自身寻找解放，而没有适应社会的发展。因而胡适版的结局强调了以个人之力去解救妖魔鬼怪，再用所取得的真经去普度众生，实现了真正的救世，而不像那些自以为等到自己先成为佛道再回头救人的伪君子。

25

"菩提本无树，明镜亦非台，本来无一物，何处惹尘埃。"人来时，赤裸裸的；人走时，亦是赤裸裸的；人在时，红尘中翻滚，浮浮沉沉，在名与利之间蹉跎岁月。所谓的名与利也不过是普遍的社会人定义的，所谓的地位与阶级也不过是人为设置的。在生活中，我们努力追求着这些，就算不在其中，也要想方设法去靠近。这种追求也只能是停留在物质上的追求，其精神上的也相差甚远，我们不曾想过自己的言行、举止、思想是否能匹配得上这袭华美的生命之袍。

在生死场上，名利也不过是微风飘过的影子，最后不留一点痕迹。如果人穷尽其一生去追求一些虚无缥缈的影子，追求一些微不足道的事情，那岂不是辜负了此番人生之旅，辜负了生命的纯粹。想一想，就算没有名与利，没有显赫的地位，你不照样活，而且反而活得更自在？

在生命的净土上，我们更期待生命发挥其无限性，而不是按部就班地得过且过。佛讲究缘起缘灭，人遇见父母、朋友、爱人，一切都是因为有缘。缘在，请珍惜；缘灭，莫强求。其实，不论过去还是现在，能做到这样的又有几人，如果不是，那就没有那么凄美的亲情、友情、爱情故事了。我想生命的美丽大多也是因为添上凄美的颜色才能绽放得更精彩。

生不容易，死不容易，生活更不容易了。既然不容易，那就好好过。记得一位老人说过：我这一生过得非常充实，面对死亡，我不躁动也不惧怕，因为自己所热爱的事业后继有人，或许他们会比我发展得更好。对于这句话，我时刻谨记于心，告诉自己：既然生活不容易，那么选择一个自己一辈子热爱的事业是非常有必要的，既然热爱，那么就得懂得取舍，懂得坚持，懂得容忍。

其实，在生活的路上，我们会经历许多，会改变许多，但我们不论做什么，不论身处什么境地，都要明白自己想要什么，明白什么是手段、工具，明白什么是最终的目的，我们没有必要为了达到目的而刻意避开什么，只要你的动机是好的、本意是好的。最怕我们在使用方法和手段的时候慢慢地被异化，最后分不清什么是目的，什么是手段了。"人生若只如初见"，是一种坚持，是一种勇气，是一种境界，就算达不到，也要努力去做到，这样心就不会漂泊了。

以下是同学们根据本节课禅宗信仰自主创作的禅诗随笔：

01

一、有心动而万事难，
　　无心静而百事通。
二、处处皆喜得怒失，
　　事事皆哀忘乐思。
　　若将喜怒哀乐藏，
　　便可悟尽人生智。

20

得其心

迷迷茫茫，寻寻觅觅，是是非非时时，事出未息时候，最是烦愁。枯枝败叶遍地,怎料到、晚来雨袭。风动也,帆动也,心动风帆俱动。

重重烦恼丛生,放不下,现下如何释然?锁着门儿,独自修其心性。得其自性真空,到彼时、非有非无。这次第,一个空字足矣。

声声隽
我想听最真实的声音,因为它像海浪拍岸般悦耳。
我想听最真实的声音,因为它是100%毫无杂念的好。
深刻的声音由心不由行,最心领神会是明心。
深邃的声音由内不由外,是内心平静是见性。
我想听最真实的声音,从此心有所向,灵有所依。

21

回程
望断渺渺人烟,心颤颤,泪不断,独身徘徊离别站,心绪乱;
风花雪月不曾见,踏上回程路茫茫,天地寒,人情暖,归去故时已夏凉。

无题
声声期盼生生,初始若只为一纸卷,何来两鬓斑白身佝偻;
事事流逝非非,终时竟是为幸福日,得有欷歔感叹满泪流。
东升太阳西落霞,南有江河北海川,不知韶华轻飞逝,浅吟轻唱落百家。

22

懂得
落入凡世两事不可选,
出身莫怨长相父母赐。
人生在世两事不能误,
行善莫等尽孝须及时。
道路崎岖两事不能怕,

孤独莫慌未来总会来。
岁月蹉跎两事不能悔,
工作莫厌选择须坚持。
平淡生活两事不硬撑,
喝酒莫拼花钱凭能力。

温暖
世界有些粗糙,
岁月不曾温柔。
只要心中有爱,
苴可温暖彼此。

23

江有湍急,河有宽。
湖有平静,海有汹。
若无忧虑心中绕,
便是自然好风景。

03

君子
寒梅冬傲春兰幽,苍竹夏拔秋菊娇。
谦谦君子何处觅,梅兰竹菊方知意。

10

东升太阳西落日,琵琶一曲已千年;
沧海桑田成流年,梦中只为你留恋。
因为无能为力,所以顺其自然。
因为心无所属,所以随遇而安。

7

阳春三月艳阳照，
腊月冰封只有寒。
四季分明平常态，
切莫强求才是真。

8

道常心	顺自然
生于俗世不沦俗，	一年四季花常有，
看破红尘心自静。	月月芬芳止不住。
是非恩怨时常有，	尘世种种无须恋，
怀有常心方为道。	浑然天成为一体。

12

人情冷暖

花开花落

酸甜苦辣

浮生若梦

意守平常

心向我佛

晴与雨，圆与缺

只要心中有景，

何处不是花香满盈？

得与失，隐与显

都是风景与风情。

喜与怒，乐与悲

扫落尘埃深处，

心中便不复留。
看淡世事沧桑，
内心安然无恙。

13

花开鸟啼风非静
夜落蝉鸣月不晴
奈何秋夜不得意
不如南柯梦醉心

14

苦也一天，甜也一天
穷也一天，富也一天
人若心态好，
日日似过年。

15

第一首
桌有茶杯手有书，窗有花飘风有抒。
若无竹丝乱其耳，当是一世之安乐。
第二首
晨有朝阳晚有霞，夜有繁星梦有退。
若无烦事入美梦，自是在世最幸事。

17

待到春回大地处处莺歌燕舞，
若是人逢喜事常常笑逐颜开。

万事万物有因有果相生相伴，
唯有心静如水方能气贯长虹。
墙角花，井底蛙，眼中天地平米大，
心宽者，大智者，一沙即是大世界。
镜中人，镜外人，镜外才是天地人，
当局者，旁观者，旁观往往透彻者。

26

半梦半醒半浮生，徘徊挣扎在尘世。
不若涤尘返初心，笑看红尘潇洒游。

姑苏赋
自是年少，深恩尽负，拳拳野心图皇霸。
沉鱼落雁，韶华倾覆，深深吴宫留夷光。
一叶扁舟，泛波湖上，往事翩跹流云过。
渔船唱晚，彼岸灯火，不似当年别范郎。

28

昼有太阳夜有月，
晴有星星雨有虹。
若有心情来赏之，
便是人间好风景。

29

远有森林近有燕，
屋坐妻儿院晒面。
勿有富念萌心间，
恰为人生好时年。

平日寻春春不见，
竹杖芒鞋遍地寻。
归来无意惊雷声，
春在心中已十分。

40

随性

世事无常完事空，
心中苦楚无人懂。
花开花败无人问，
缘来缘散都随风……

第八章　领略道教的信仰

通常来说，道教是宗教，有长生不老、羽化成仙的信仰；道家是哲学，追求道法自然，无为而无不为的天地境界。两者同宗老子为始祖。两千多年以来的中国学术界，墨家店早已被其他店吞并，孔家店响应统治者需要，挂着一个官家的招牌，道家店则更换了门庭，做起了神仙的梦想。道教作为传承道家思想分流的一支主力，先后产生了东汉张道陵创立的五斗米教、张角创立的太平道和魏晋南北朝上层士族的丹鼎道教和下层民间的符箓道教。至此，儒、释、道的互补促使道教得以形成，并发展成熟。

东晋茅山道人葛洪著有《抱朴子》内外篇，主张外儒内道。他以道为宇宙本体，反复论证神仙的存在，对人可以"长生成仙"坚信不疑，并尽其一生付诸实际行动。他一方面创立一套炉灶炼丹术，提倡服食草木药饵，金丹神药，另一方面又强调积善立功，屈伸导引等，注重身心修养，精心构建了一整套养生延年的成仙之术，他的理论体系为后来丹鼎派道教奠定了理论基础。

继葛洪之后，北魏寇谦之改革道官职位的世袭制度，重视道教斋醮仪范；南朝陆静修把天师道与金丹道教结合，广集道经，整理成1200多卷的《三洞经书》；梁朝"山中宰相"陶弘景编成了《真诰》一书，系统阐述上清经派的历史，编定《真灵位业图》解决神系混乱的情况。他们对道教理论的发展与成熟做出了突出贡献。

陶弘景在形神关系上认为：形神合时，则是人是物。形神若离，则是灵是鬼。其非离非合，佛法所摄。亦离亦合，仙道所依。总而言之，修道成仙需要经过一个炼精化气、炼气化神、炼神返虚、炼虚合道，由形返神的过程。这是一种形神兼顾、性命双修的方法。道教对我国文学艺术、科学技术、风俗习惯等领域都有着非常深远的影响。

10

一棵树倒下时,灵魂是悲痛的,小麻雀占别人的巢,也是为了繁衍后代,现实社会中,动物的母亲誓死保护自己的小动物。人是有理性的高级动物,人有灵魂,那动植物是否也有灵魂?只是人有表达的方式,可以看见,让人知晓,而动植物无法表达,总误认为它是无灵魂的,但是是否你能看到树倒下时的悲痛,小动物失去母亲时的伤心。

古时候的人们拥有对动植物的崇拜,是否毫无依据,只是信奉了原始宗教,是否天灾人祸是自然对人类的惩罚,还是自然现象,在这充满着科学文明的时代,这样的事情还是不能给出合理的解释,是否自然界也跟人类一样拥有灵魂,是否感到对世界的不满,所以利用自然灾害去报复,人有灵魂,会有悲欢离合,拥有理性,考虑事情,动植物一成不变,没有理性,是否就是毫无生气,令人随便作为。

在这充满着和平美好时代的世界里,人拥有着美好的生活,但是依靠的是自然界的力量,如果失去依靠,世界将会进入什么样的境界,无从想象。灵魂支撑着生命的进程,人如此,动植物亦如此,尊重动植物那不明显表现的灵魂,去拥护它们,给予平等的对待。有时候随着社会的进步,在有些方面,人们的思想没有古代的人们想得多,动植物的崇拜是古代人的信仰,而如今的人们忘了其中的初衷,信仰着科学,一切事情喜欢用科学的方法去解决,但是有时候有些旧的信仰也是需要去继承。

动植物也拥有灵魂,只是不像人的灵魂那么明显,所以灵魂需要去敬重。

12

我们都知道《西游记》中经常提到长生不老的话题,里面有许多神仙,佛祖菩萨什么的,他们都是长生不死的。还有一些奇特食品,比如,蟠桃、人参果、太白金星的灵丹妙药。当然,最有名的还是要属唐僧肉了。我们看了《西游记》当中的许多妖魔鬼怪都想吃唐僧肉,据说吃了唐僧肉后能得道成仙,长生不老。可是,每次这些要吃唐僧肉的妖魔鬼怪都被孙悟空制止了，其实就算他们吃了，但是只要吃齐天大圣一棒，那也是一命呜呼的。我只相信马克思辩证唯物主义思想，我不相信世间有长生不老，也不觉得有长命百岁。我只知道，人也是落叶归根的，人的生死也是要遵循自然规律的。从我们出生的那一刻，也意味着我们也有面临死的那一天，其实这都是生命的必然。当然在我们当代，有很多人挺注意养生的，他们注重自己的身体健康，他们渐渐重视吃的营养健康，加强身体锻炼，也会吃各种保健品，来延长自己的寿命，这些都是可取的。但是，我认为保持良好积极健康的心态也是必不可少的养生方式。人应该要适当调整好自己的心态，让自己有舒适的心情，对生活充满乐趣，这样也是可以延长寿命的。

20

道教徒非常重视医药养生的研究，许多道教徒都是著名的医学家。道教的养生术有辟谷、导引行气等，这些养生方法确有其用。

当今社会，人们普遍都经常吃大鱼大肉，导致体重偏重，各种疾病也随之而来。有部分人开始注重吃的方面也要体现出养生的功效，要从过去的吃得好，转变到吃得健康，吃得养生，能对身体有益。举一个例子，我的父亲，他本来是不喝白酒的，后来一次和我姑父谈话中了解到白酒浸一些特别的药材（药方和药材要在我们当地很有名的一个叫白云弄的老字号的药铺购买），可以有效缓解他出冷汗、失眠等老毛病。那次谈话以后，我便发现父亲买来了一口玻璃缸，一箱白酒和白云弄的药材，然后细心地按照说明一一放入药材，并密闭封好。过了几天后，他开始尝试，每天晚上都喝一小盅，一个月后，他自己跟我们说这药酒，确实是很好，很有养生的功效。直到现在，我每次晚饭的时间打电话回去问候他，他都边喝药酒，边和我说话，甚至还建议让我母亲跟他一起喝。以至于后来家里来了客人，父亲也会拿出自己的药酒与他们分享。

我们都知道道教的一些养生术确实有其作用，在道教典籍中，保留着一些我国古代有关化学、医学、体育锻炼等方面的有科学内容的资料。而且越来越多的现代人开始注重养生，因此我们可以查阅《道藏》和其他文献资料（如葛洪的《抱朴子》、陶弘景的《养性延命录》），在前人道教徒研究的养生方法的基础上，培养一些专业人士，建立一些专业机构进

行这方面的研究，相信可以研制出一些适合现代人的养生方法，而不是广告漫天飞，东西却毫无养生功效，甚至对人的健康有害。这样下来，不仅道教的养生方法得以发掘和延续因而传播开来，更对我们现代人的健康有极大的好处。

32

《道德经》云："道可道，非常道。"一个普普通通的"道"字却意蕴丰富。为了探究"道"的真谛，很多人踏上了修道之路。虽然我与他们不是同路人，但是我也想就修道谈谈以下几个方面的看法。

一 何为修道

修，即修炼，就是通过自我的修行去参悟一些道理。道，是宇宙、天地、万物的本原，同时它也指规律，是宇宙、天地、万物运动和变化的规律。所以，所谓修道就是通过长期的静坐、思考等方式参悟宇宙、天地、万物的奥秘。

二 为何修道

从古至今，修道的目的不外乎四种。第一种是追求长生不老。修道之人相信人通过修炼，生命可以得到延续，以至永生。这一点，许多古代的帝王就是最好的证明。其中以唐朝的皇帝为最。他们下令在全国各地大建道宫、道观和老君庙，塑老子像，以道士为师，学习道经，大炼丹药，其中唐太宗、唐武宗和唐宣宗都迷恋服食金丹之术，结果中毒身亡。此外还有秦始皇在统一中国后，为寻找仙人和长生之药，曾四次巡游山东琅琊、河北秦皇岛等地，东游海上，祭祀名山大川和齐国八神，等等。第二种是渴望得道成仙。修道之人相信神仙是真实存在的，他们都是得道的高人，而且普通人通过虔心的修炼是可以成仙的。第三种是为了脱离世俗。许多修道人其实是不想与世俗同流合污的隐士，在经历了长时间的山野生活后，最终踏上了修道之路。第四种是为寻求养生之法。道教从以往炼丹制药的过程中总结出可以养生健身之法，这一点也吸引了很多人开始修道。

三 如何修道

修道的要求有两点。一是清心寡欲。清心，即抛下杂念；寡欲，即控制欲望。"罪莫大于可欲，祸莫大于不知足，咎莫大于欲得。"所以清心寡欲才是修道之法。二是济世利物。济世利物是修道必不可少的环节。济世即救助世人，利物即利益万物。道教认为济世利物不仅有益于他人，而且还有利于自己修道。老子曰："赈穷补急则名生，起利除害即功成。"故修道者需尽其所能地济世利物。

修道，是一种人生选择，没有所谓的好坏对错之分。在如此喧嚣浮华的尘世中，寻找和保持内心的一片净土，应该也别有一番风味吧！

33

从小时候就开始接触《西游记》，最初是在电视里看到，觉得剧中的神仙、妖魔鬼怪看起来都很厉害，那个时候一直很崇拜神仙，总是以为世界上有神仙的存在。后来，慢慢接触《西游记》这本书，知道它是中国的四大名著之一，作者吴承恩以丰富的想象力，杜撰出了天神佛仙、妖魔恶人等艺术形象。自从学了哲学后，明白这里面的神仙和妖魔鬼怪都是虚无的东西，不会在现实中出现。

可是为什么《西游记》里会有神仙呢？我们要从历史唯物主义和辩证唯物主义的观点去解读。我认为应该从作者身上找到原因，并不是说现实中真的存在神仙。吴承恩当时生活在明嘉靖、隆庆、万历年间，经历三帝，历史上这三帝都是昏庸无道，政治极其黑暗。青年时代的吴承恩是狂放不羁、轻世傲物的年轻人，是一个典型的叛逆者。之后两次乡试的失败，对他的打击极大。在这种情况下，吴承恩写下了《西游记》这本著作，他把明朝皇帝比作高高在上、腐败无能的玉皇大帝；把奸贼臣子当作各路神仙；天兵天将当成朝中的官兵；把"五行山""紧箍咒"等当成统治阶级的暴力武器；把唐僧比喻成忠于君王、无能的部属；把孙悟空比作反抗者，追求自由。从《西游记》中孙悟空大闹天空这一回可以看出触犯统治者利益，就会受到压制。每当唐僧一念咒语，紧箍咒就会发挥作用，孙悟空就会被制服。这些都可以看出作者写出的这些只是从中反映了社会现实，政治统治的黑暗，反映了底层人民群众的命运。所以，《西游记》里面的神仙，并不是真实存在的，只是由于时代所处的环境的影响，人们对神仙的一个想象。有句话叫作：信则有，不信则无。因为我不信，所以我认为没有。

34

道教是我国土生土长的宗教，它与中国传统文化紧密相连，并对中国文化的各个方面都产生了深远的影响，所以道教信仰深深根植于人们的日常生活当中。在道教信仰中，神仙信仰是其核心内容，由此而对人们的生活产生积极的有利的影响，比如说我们生活当中的民风民俗以及相沿成俗的传统节日，都具有道教文化、道教信仰、心理等意识的影响。

在我的家乡，保留着许多乡土习俗，耳濡目染下，我对这些习俗也有一定的了解。比如说中、老一辈人晚上做梦，梦到自己的先辈们来找自己，那就意味着先辈们缺"钱"花了，要祭拜他们，那么接下来就会在就近的小节日里，在家里给先辈们烧点纸钱，让他们安心，保护在世的人的健康、平安以及家庭的和睦。这种习俗在外人看来只是普通的祭拜，并没有什么特殊意义，但在当事人看来，这是对先人们的敬仰、祭拜，是心灵的寄托，能得到心灵上的安慰，就会感觉在接下来的日子里做任何事都顺顺利利，感觉有先人们的庇佑。烧纸钱是有固定的地方，在人们看来，不同的地方有不同的神存在，给先人们烧纸钱的地方是堂屋外面的正前方，堂屋里祭拜的地方就是天神，堂屋里的左侧就是财神，门边就是门神，厨房的灶边就是灶神……在祭拜先人们的同时也会祭拜这些人们心中所谓的神。当然，在传统的节日里，也会祭拜先人，这些神在人们心目中的存在，也就意味着道教信仰存在于人们生活当中，给人信心，成为一种生活的激励。

35

道教，是一个崇拜诸多神明的多神教原生的宗教形式，主要宗旨是追求长生不老、得道成仙、济世救人，在古中国传统文化中占有重要地位，对中国各个方面的传统文化产生深远的影响。

首先，道教的炼丹术，对中国的医学作出了巨大贡献。其一，是对人体中的气、气化、气血、经络等的探索。其二，是道教医学道德观。其三，炼丹术对制药学的影响，既深化了对药物性质的认识，也推动了制药学的发展，对当今医学具有借鉴作用。

其次，对绘画的影响。道教绘画的创作题材以神仙为主，注重画面气氛的渲染，绘画对象多为门神、财神、土地神等，从形式、构图到技法都洋溢着浓厚的民族特色。

再次，对建筑方面的影响。道教的建筑称为"道观"，道观与一般的中国建筑相比，更加注重风水，大多数坐落于幽山清水之间，追求清虚幽静。这些讲究，对当今某些大型建筑的选址起着重大的作用。

最后，对民俗文化的影响。比如，老百姓对城隍、土地爷、灶王爷、门神、财神等道教神明的崇拜，几乎遍及中华大地，渗透到千家万户。这些活动，极大地丰富了中国的传统文化。所以，道教对中国传统文化的影响是不容忽视的，我们要继承和发扬道教在传统文化中的积极作用，更深层次挖掘道教的文化内涵，丰富我们的传统文化。

36

道家独特的思维方式对于现在社会的我们起着积极的作用。以道家的思维方式对待事物，不仅仅只看到事物的单个好的方面，而且是权衡利弊，在看到好的方面的同时也能注意到事物的反面和负面影响。"人见其有利，我见其亦有弊；人知其有用之用，有为之为，我独见其无用之用，无为之为，此之谓反观。"能从正反两方面看问题，才不至于只见利而盲动。在现在的社会中也是如此，利益充斥着社会，我们应该辩证地看待事物，这样才能让我们不至于被利益蒙蔽双眼，从而受到伤害。

现代人类社会仍处于双重的道德困境中。一方面不合理的社会制度还在造成人类所有成员不可剥夺的天赋权利不能普遍实现；另一方面单纯强调人的天赋权利，而忽视其天赋责任的倾向，导致滥用个人自由而损害自我身心与社会和谐。因此在继续促进普遍实现"人的权利"的同时，也使每一享受权利的人类成员自觉承担"人的责任"，即承认和遵守普遍的道德规范，乃是现代文明社会发展的方向。在要求人们承担道德责任时，一方面当然要制定有关的道德规范和律条，另一方面是怎样才能使人们自觉遵守这些律条。根据道教的教义，道德戒律的实现基于两个前提，一是对神灵的敬畏和服从，二是对自然之道的理解和觉悟。前者称为信仰，后者称为智慧。就智慧而言，道家的思想不仅对中国传统社会发生过深刻的影响，而且在经济发达、政治民主、科技昌明、文化多元化的现代社会中，仍有其永恒的意义。

38

道，看似神秘却体现在我们每一个人的生活中；道，看似遥远却在我们熟悉的每一个具有仙风道骨的中国文人身上。中国文人从来都是得意时崇儒，失意时寻道的双重性格的结合体。道家重视人性的自由与解放。解放，一方面是人的知识能力的解放；另一方面是人的生活心境的解放。因此，中国文人在仕途末路之时总是寄心于道，醉心于山水之间，以求得内心的平静与生活的惬意。其中最有代表性的非晋代陶潜，唐代李白，宋代苏轼莫属。

历史上的魏晋是个充满刀光剑影的时代，其中不乏彪炳史册的英雄人物。但生逢此时的陶渊明却以田园诗独树一帜，以其不与世俗同流合污的仙风道骨特立独行。高山流水，世外高人，由此给后世中国知识分子留下了一块精神上的桃花源，失意时的避风港，觉悟后的好去处。他在仕途失意后坚决不再出仕。种豆于南山，采菊于东篱，恪守清规戒律、清心寡欲的生活，隐居于山水田园，晨钟暮鼓敲出的是一代山水田园诗鼻祖的不羁道骨。

都说生不逢时，但大诗人李白却生于大唐盛世，本有一腔报国热血

魏晋风骨——陶渊明

的诗人却到处碰壁。本生于毫末，却要力士脱靴，贵妃斟酒，狂傲不羁至此，注定为当时社会所不容。李白的一生始终纠结在仕与隐之中，相传李白曾经过正式的入道教仪式，故而他自己也常以"谪仙"自称。在《梦游天姥吟留别》中便充分表现出了诗人的道教游仙思想，从"海客谈瀛洲，烟涛微茫信难求"极尽表现出诗人对仙境的追求到"且放白鹿青崖间，须行即骑访名山"中诗人表达出的对隐士游山访水生活的向往。李白的一生可以说是一个俗世道者出世到入道的一生，一代诗仙的仙风道骨又该是怎样的超凡入圣！

苏轼的一生波澜起伏，在人生的大起大落之中，诗人始终保持着一颗道家的清净之心。他 21 岁初入仕途，少年得志，与其父苏洵其弟苏辙同科及第，一门三豪杰。然而命运在他中年时却接连和他开玩笑，由"乌

大唐气象——李太白

风云北宋——苏东坡

台诗案"始一连多次被贬。在人生遭遇起伏之时,他以老庄哲学思想去参透生死,祸福,得失,进退。正是因为他将道家思想作为精神支柱,他才未被命运打击的一蹶不振,他才有了不为外物之得失荣辱所累的超俗乐观的精神。正是这种超脱的道家性格,才使他彻底洗去了人生的喧闹,去醉心于无言的山水。诗人弃名缰利锁,走向自然人生,正是这物我两忘、天人合一的道家风采才能使诗人在常人难以忍受的苦难中自得其乐。正是这仙风道骨般的苏东坡,才真正为我国文化宝库添加了浓墨重彩的一笔!

　　道家文化博大精深,源远流长,是我国文化宝库中一颗璀璨的宝珠。

它在塑造民族性格，解放人生自由的精神层面发挥了重要作用，不仅影响了我国一代代的文化人，更影响了全民族性格的养成与塑造。在以儒家文化为主导的中国社会，道家充分发挥其积极作用，与儒家、佛家一起并立为儒释道三位一体的综合文化，至今其影响仍然不可小视，在当今社会我们更应当积极汲取道家思想的合理成分，为社会主义思想文化建设添墨加彩。

42

延年益寿，乃至长生不老，长生不死，是人类自我意识苏醒以来世代相传的一种理想和追求。这种美好的追求和愿望，在世界各民族的宗教观念和文学艺术中，都有体现和反映。

道教故乡的华夏，是一个有着灿烂文化的文明古国。以贵生著称的华夏民族，历来向往长生，从先秦时代起就有不少人在孜孜不倦地探索长生不死之道。数千年来，华夏先民在养生实践中，创造和发明了种类繁多，功效各异的养生延年之术。这丰富多彩的养生文化，体现了华夏民族的科学知识水平和卓越智慧。这珍贵的历史文化遗产，更有待于我们今天的发掘和利用。

道教是中国土生土长的传统宗教。追求长生不死、修炼成仙是它的基本特征。道教是一种乐生恶死的宗教，对于生命的保护和延长以及渴望永生，向来是道教最为关心和探索最多的课题。

集汉民族不死信仰和养生术大成的道教，确信我命由我不由天，一直在执着地追求不死之道。正是在这种积极态度的支持下，两千多年来，无数的道教徒在寻求长生成仙的道路上努力探索，锲而不舍，道教所行的养生术很多，有外丹、内丹、服气、胎息、吐纳、服食、辟谷，存思、导引、按摩、房中等。大多数养生方法，确能收到奇效，这些已被海内外医学和养生学家所公认。

中医理论体系的形成受到当时道教思想的影响，特别是作为一种深厚的哲学基础和方法论渗透在中医药学理论体系和中医学独特的诊断思维方式中。中医学在道教哲学的影响下以其老子"人法地，地法天，天法道，道法自然"的哲学观制定了中医学的医学模式，其中，不但以医道对身体的作用加深了对道的理解，而且也以道的本体理论推动了中医学的发展，为中医学做出了卓越的贡献。

43

鲁迅说，中国文化的根柢全在道教。在这里鲁迅确实肯定了道教在中国的地位和作用，但鲁迅是一个批判封建文化的人，说根柢全在道教，只是颠覆传统儒学在人们心中的地位，借此批判传统文化，当然也包括道教在内。今天，说说道教，至于道教的消极作用就不便说了，还是说点积极的吧，现在的社会还是亟须正能量的。

道教是中国土生土长的宗教，毕竟发展了几千年，潜移默化的作用深深植根于我们的传统文化。影响到了我们民族的心理，民族性格，乃至凝聚力的形成，对当今社会的生存和发展它的一些观点也有一定的积极作用。

一、清心寡欲的观点，可以适度调节心理，缓解现代人的压力。我们生活在一个唯物的时代，可能唯心的观点我们会觉得很荒唐，觉得是自我欺骗。道教讲到"人心多涣散，一念皆纯真"，在这里不是思想的天马行空，而是注重道德心的修养，现代人的压力来自哪里，来自人的贪婪心太强，占有欲太强，嫉妒心太强。不正确的欲望和行为，要坚决的予以克制和克服。

二、虚怀若谷，海纳百川的观点，培养人相互包容，相互理解的胸怀，小到个人，大到国与国之间。人与人之间的相互包容，可以促成一个团体，一个小区的和谐，避免不必要的误会。国与国之间的包容理解，使国际态势趋于和谐，使得各国有一个良好的环境去发展，避免不必要的纷争与战火。

三、道法自然，天人合一的生态智慧。面对着不断的自然灾害，从1959—1961年三年自然灾害，1976年的唐山大地震，1998年的长江洪水，2008年的雪灾和汶川地震，等等，我们是否有反思过？我们是怎么伤害了我们身边的朋友——自然。我们强调生存与发展，但看现在的情况，我们更注重后者，为了发展我们放弃了生存的基础、自然给予我们的天然物质基础。在这个问题上，道教给了我们一个方法，那就是天人合一。人和自然是一个有机整体，是相互作用的，虽然人是主体，但我们也要兼顾自然。

或许我们也应该学习学习鲁迅，颠覆我们以往对宗教的看法，它不只是教化。

49

总是能在电视剧中看到很多炼丹和修仙的道士穿着道袍在作法事，各种各样的符咒和各种各样的动作。小时候看来总觉得有些神秘，长大后开始从历史书中慢慢了解道教，提到最多的就是老子以及无为而治的思想。慢慢的对道教有了自己的认识，道教崇拜诸多神明，主张追求长生不老，得道成仙，济世救人。

一开始认为所有的修仙炼丹都是属于道教行为，新闻杂志书籍中经常报道一些人称自己是修仙之人，自己练的丹药有多大多大的功能，到最后却只是行骗。想来那时的自己将道教与民间巫术和大仙相混淆，民间巫术在大部分情况下都是不能相信的，有危害人的行为的。而道教则是有自己的思想和宗旨，有专门的神职人员的，是一种宗教信仰。并且道教的修仙并不是简单的修仙，而是通过服食仙药外丹等，练气与引导内丹修炼，并借由道教科仪与本身法术修为等仪式来成仙。

在我对宗教学的不断学习过程中，我了解到道教还是有自己的主张和自己的观点，坚持自己的信念，并以正确的方式影响人们的行为方式。其实对于道教而言，我们还是要分清楚道教的正确含义，并不是所有的宗教都是和道教一样的，也存在不同之处。我们在学习过程中需要正确认识道教。

第九章 辨析道教文化与民间迷信

从教义上来看，道教改造了道家思想，将道加以神化，一气化三清："生乎妙一，从乎妙一，分为三元，又从三元变生三气，……三元者，第一混洞太无元，第二赤混太无元，第三冥寂玄通元。从混洞太无元化生天宝君，从赤混太无元化生灵宝君，从冥寂玄通元化生神宝君。"由道演绎出"三元"，"三元"生"三宝"，"三宝神仙"即道教三清尊神（玉清元始天尊造化天地、上清灵宝天尊度化万物、太清道德天尊教化世人）。天地万事万物都是由三清尊神创造的，三清尊神是创世主。受道教崇拜的鬼神还有玉帝、四御、八仙、地狱之主、财神爷等。道教相信鬼神，并且非常成功地把这种信仰潜移默化地渗透到了传统思想政治之中、科学文化艺术之中，千古民情风俗之中。我们不敢想象，如果没有鬼怪的存在，这个世界会少了多少对罪恶行为的畏惧？如果没有神仙的存在，这个世界又会少了多少对美好生活的梦想。

道教信仰与民间巫婆、神汉的思想行为有着本质区别。首先，道教信仰与世俗社会爱国、护民、敬祖、行善、积德等基本道德信念一致。而巫婆、神汉、大仙的思想则是建立在个人主义基础之上，一切以其自身利益为出发点，为达目的，不择手段。为了粉饰自己，他们往往歪曲道教教义，鱼目混珠，变成封建迷信。其次，道教信仰有自己完整的理论体系支持，《道藏》就是道教瑰宝与理论精华。而巫婆、神汉、大仙缺乏理论体系支持，只是对道教理论的歪曲而已，观点支离破碎而又幼稚可笑。最后，道教信仰人士绝大多数在其言行方面能遵纪守法，自觉遵守社会公德，严守清规戒律，而巫婆、神汉、大仙不懂法，常违法，行为难受约束，违反社会公德，坑、蒙、拐、骗等行为时有发生。

01

一直以来,我对道家和道教都无法清楚辨别,于是翻看书籍将两者一经对比,结果却不难发现,二者不仅不同,甚至道义相悖,而且追求的境界也大相径庭。道家的道是清心寡欲、自然无为,求的是逍遥,顺应天理。而道教更偏向于对神秘神仙世界十分向往,且具有一定科学研究探索能力的追求者为代表的神秘组织。道教的神秘色彩由来久远,有远古时期巫蛊之术的影子和牛鬼蛇神画符震邪之说,并有岐黄药理的依托,让道教的求仙之道得以权威化。

说起道教,不得不说起"神仙"了,相比舶来的佛教,道教就有更加系统、完整的神组织。神仙们不仅个个神通广大、普度众生,而且形象生动、贴近百姓。神话事迹也是多如牛毛、千奇百怪,被世人津津乐道。外加说书人、编辑者将故事编撰得妙趣横生,这就无处不彰显鲁迅先生所说的那句——中国根在于道教,虽说这句话鲁迅是站在批判的角度去抨击道教对中国负面影响根深蒂固,难以一朝瓦解。但是从另一个角度来说,这句话也承认了道教对中国影响的深远,不是任何一个教派可以轻易取代的。

道教热衷于求仙问道,追求长生不老。因道教的得道升仙之说以及贴近百姓的生活亲民逸事一定程度上满足了古时普遍大众对长命成仙、法力无边的愿望的寄托。而佛教中西方诸佛讲的是高深佛法经文,普通的百姓很难系统全面的识习佛法。所以,佛法的传播相比道教就格外需要统治阶级在政治经济文化等多方面的造势。而道教的信徒多平民阶级且是对生活现状不太满意,希望获得神仙法力相助满足欲望的人。这就导致道教更加具有广阔的民众基础。可是道教的长生之说无疑正中了古代有权有势又有钱的皇帝们的心声。从秦始皇到汉武帝再到唐朝以道为尊,魏晋南北朝的道教全盛,元朝全真教、武当派兴旺,无不体现着帝皇们对道教的狂烈支持和追求。

02

老子曾讲过:功名存于心,创焦虑之情生,利欲留于心,创烦恼之情增。大道无情，生老病死本是世间常事，功名利禄红尘万丈皆是浮云。道教子弟对于物质生活并不看重，对于追寻个人私利更是视为大忌。巫婆神汉出于对私利的追逐捏造乃至虚构篡改道教知识使人相信鬼神怪力之说收敛钱财。打着除魔卫道的旗号却干着坑蒙拐骗之事，言行不一。道教信仰有它一系列的清规戒律，主张遵守国家法律，爱国、护民、敬祖、礼神，他们对生命、自然有一种天然的尊重，相信自然世界有它自然的法则、自然的规律。

道教信仰注重对个人素质的修炼、重视养生。惩恶扬善、匡正扶贫，行的当是正义之道，替天除不义之事，做人当忠义两全。见素抱朴，保持一颗纯真无伪的心在俗世中。在我看来，修仙与其说是追求力量和长生，更不如说修的是心。玄幻中的炼道难的不是力量的积累而是个人对生命、天道的顿悟，心魔生则理性沉睡，执着不如放下。既要有对生命自然逝去的淡然，也要有对苍生的悲悯。

人有生老病死，人生于自然死于自然，既然看淡了生死是不是遇到疾病、贫穷困苦、伤害就视而不见呢？生命是珍贵的，每一个生灵都尽自己的努力证明自己曾经存在过，我们敬畏生命因为他们在尽自己的努力，以自己的方式活着。大道无情亦有情，大道无情因为它不会因为个人的改变而改变自己的规则，大道有情因为它给了每个生灵存在的机会。我们可以躲过疾病躲过灾难却躲不过死亡，我们尽自己的可能让自己的人生丰富多彩，因为人生短暂，就好比人总归于要死的，但若叫我们白白地早点死，我们更愿意选择的是生。

我看到过这样一个故事，一个科学家一生都把自己的事业奉献给了科学，临死前他悲叹如果把那些荒废度日的人的时间给我多好，这样我可以继续我的研究造福人类，那些把时间给我的人就是在为人类的事业奉献。有的人这样活着，有的人那样活着，或许我们可以不赞同他人生活的方式，但只要他不违背社会法律的准则我们就不能剥夺他的生命权。若我们随意剥夺他人时间与谋财害命无异。

有情，故人间相互温暖。人与人交往当遵循的准则，以情相待、以真心换真心。巫婆神汉被民众推崇、加以信任，但他们回报给的是迷信，是愚昧，是伤害。生病了不去看医生而是去请巫婆神汉，不仅耽误病情还有可能造成病人死亡，病人死亡非但不以为错还胡编借口不承担过失，这与拿人钱财还杀人无异。

03

道教起源于春秋战国时期，至今经历的朝代无数，江山代有才人出，各领风骚数百年。许许多多的杰出人物被奉为道教的代表人物。比如说老子李耳，王重阳和全真七子，八仙吕洞宾，等等，道教把杰出的常人神化了。道教作为一种宗教，它也是一种思想文化，是一种上层建筑，况且道教历史悠久，影响深远，几乎囊括了各个领域的杰出人才。这就决定了它对我们现代社会的各种领域有着基础性的作用。

道教在中国的美术领域有着导向作用，道教为了宣扬道教教义和神仙思想，常绘制和雕刻各种神仙壁画等。随着时代发展，道教的美术发展迅速，甚至于各个时代都有画作大家成一家之风，乃至现代社会的美术都受其影响。

在政治领域方面，道教受到很多皇帝天子的尊崇，甚至将道教奉为一个王朝的国教。道教以"德"为主要思想，对现代社会主义核心价值观、社会主义理论体系有着重要的作用。以"德"为先思想使得上层建筑更加稳固，使得社会更加进步稳定。

04

在中国，道教养生文化真可谓是博大精深，源远流长。英国著名学者李约瑟在《中国科学技术史》一书中指出，道家思想从一开始就有长生不死的概念。道教的养生术与中国的神仙思想有着密切联系，历代帝王都在追求长生不老之术，希望自己可以羽化登仙。

葛洪认为，神仙都是由凡人经过修炼而成的，而神仙能长生不老。他认为需要借助一些养生保健的方法来祛病健身，从而达到肉身的长生不死。

道教的养生方法有：（1）主张清净养生观，也就是要求我们做到少思、少欲、少事、少语、少愁、少怒等。在我们这个日渐复杂的社会中，我国的GDP一直在持续增长，我国的经济正在高速发展，人民的生活水平提高了，可为什么我们的身体健康指数却下降了？为什么我们居民的幸福指数不高？归根结底还是我们的欲望太强，我们生活在一个高压的环境下，我们得为了一系列的家庭琐事和工作中的竞争而烦恼。我们生活在一个快节奏的环境中，早晨你是否注意到为了上班、上学匆匆赶路的行人；中午一下课一大波的人群涌向食堂，一旦下课晚了，想找个座位坐下来吃饭都成问题，就连打个饭菜还得有足够大的力气，我们就这样忙碌的过了一天，我们过得并不幸福。如果我们能很好地运用清净养生观，也就不会为了一顿饭和人家挤来挤去，如果我们少点欲望，满足于自己现在的所得，或许我们就不会有那么多的烦心事，也就更有利于我们的养生。在我们的闲暇之余，把盏一杯香茗，让其味超尘脱俗。这又何尝不是一种很好的养生之道呢？

（2）主张运动养生观。华佗曾说："人体欲得劳动，但不当使极耳。"

也就是说，人要坚持运动但也不能过于疲劳。我们当代大学生的体质

是越来越糟糕,每当接到要体质测试的通知时,大家都一脸的愁容。我刚进大学那会儿经常去操场锻炼身体,没事的时候和朋友打打羽毛球,总的来说,运动量还是挺大的;但坚持了一个学期之后,整个人就变懒惰了,运动量少得可怜,结果体质越来越糟糕,喝了好几个月的中药才把身体调理好。我们大多数同学在冬天的时候基本上都不出门,连吃饭都是叫外卖送到寝室。机器搁久了没用都会生锈,更何况是我们人的身体呢。但运动量过大也伤身,就像我们同宿舍的学姐,大晚上的还做两套减肥操,从而影响了她自己的睡眠质量。试问,在你忙碌了一天后,在该睡觉的时候还不好好休息,你的身体超负荷了还能正常运行吗?我觉得华佗说的对,只有适当的运动才能养生,过犹不及。

(3) 主张服用长生不老丹药。中国封建社会的第一位皇帝秦始皇嬴政对仙丹尤为痴迷。据《资治通鉴》记载:唐宪宗李纯,"上服金丹,多躁怒";唐穆宗李恒,"上饵其金石之药";唐武宗李炎,"上饵方士金丹,性加躁急,喜怒不常";唐宣宗李忱,"时上饵方士药,已觉躁渴",这些都是中毒症状。据科学家揭秘,道教所炼制的那些"仙丹"即所谓的"长生不老药"中含有汞、硫、碳、锡、铅、铜、金、银等元素,人体肯定承受不了这些重金属元素的折腾。

道教养生文化是我们的传统文化,我们应该做到取其精华去其糟粕,推陈出新,革故鼎新。道教所主张的清静养生观和运动养生观都值得我们去采纳和借鉴,但其以为的执着于服用丹药的方法不值得我们借鉴;我们

可以通过服用少量的保健品来增强体魄，但不可依赖于药物。我们应该清心寡欲，应该学会知足，应该经常锻炼，还要丰富我们的精神世界，才是真正的养生之道。

05

我国文学巨擘鲁迅先生曾说：中国文化的根柢全在道教。他还说："以此读史，许多问题迎刃而解。"道教的地位可见一斑。道教作为中华民族土生土长的宗教，对我国社会产生了巨大并且全面的影响，这种影响体现在政治、思想、文学艺术、军事、科技、医药养生等各领域。我们接触较多的应该是对文学艺术方面的影响。

在我们年龄尚小的时候，最经常看的就是电视剧《西游记》了，电视里那些神仙的神秘以及妖魔鬼怪的千变万化都使我们感到好奇，我想那就应该是我们这一代最早接触的有关于道教的东西了。《西游记》虽说讲述的是唐僧师徒四人西天取经的故事，看起来是佛教的作品，可是仔细想来，这里面还是有很多情节涉及道教的理论，它构建了一个以玉皇大帝为中心的道教神学系统，神仙的长生不老，以及太上老君的炼丹炉，还有蟠桃会等。读小说原著《西游记》也许更能够体会到道教气息的浓重，小说的第一回"灵根孕育源流出，心性修持大道生"，单看回目就有一种道教气息扑面而来。《西游记》是我国四大名著之一，如此具有代表性的著作都受道教的影响如此之大，其他小说如《搜神记》《聊斋志异》《太平广记》等更是如此。

除小说之外，我国许多诗歌也深受道教的影响。远在战国时代，伟大诗人屈原便遗有遐想神仙的抒怀散文诗《远游》，发出"遗真人之休德兮，美往世之登仙"的赞叹。诗仙李白的作品受道教影响很大，例如"桃花潭水深千尺，不及汪伦送我情"，"思君若汶水，浩荡寄南征"，都体现了道家"天人合一"的思想。晋代陶渊明的作品《桃花源记》中期望建立一个宁静、平等、安乐的世外桃源，也体现出了道教思想。

元朝戏剧文学发达，以演述神仙飞升故事为内容的戏剧十分突出。据钟嗣成《录鬼簿》记载，属于道教神仙题材的有《青松记》《岳阳楼》《黄粱梦》《八仙庆寿》《蓝采和》等，内容非常丰富。

鉴于道教对我国文化领域影响如此之大，说道教是我国文化的根柢也不为过了。

07

道教的历史非常悠久，和宗教之间也有着不可分割的关系。当然，道教无论是过去还是现在都发挥了巨大的作用，涉及的领域非常的广泛，有经济的、政治的、文化的还有科技方面的。就道教在文化方面的应用及作用也很深远。例如：动画片西游记中的唐僧取经，历经劫难方才取得成功，可以以正面的例子更好地教育我们的孩子，让他们懂得只有克服重重困难才能取得胜利，要始终保持着对生活乐观的心。现在我们许多农村地区还保留着土地庙、龙王庙等与道教有关的庙宇。一些庄稼人仍然会常常去祭拜庙宇祈求土地丰收，所以说道教并没有消失，仍然还是一部分人的宗教信仰。另外道教讲究机缘，有一些事情也不可以强求，功名利禄也看淡了一些，人也不会急于求成，急功近利，让世人保持正确看待名利的心；道教的炼丹实验也为中国科技的创新做出了巨大的贡献，使中国最早发明了火药；道教也追求天、地、人之间的和谐，这对我们今天讲究人与自然平衡发展和绿色生态的要求相一致。综上所述，道教对我们的文化有着举足轻重的作用。

08

道教不同于道家，道家是一种思想文化流派、哲学体系，而道教是一种宗教团体。道教的产生有着深厚的历史渊源，它吸收了部分的巫术神仙思想，但与之又有着本质的区别，同样其又继承了老庄哲学与黄老之学的部分精华，并使之加以宗教化，使其成为独具一格的道教思想文化。

鲁迅曾说：中国的根柢在于道教，并以此揭示出了道教与中国文化的密切联系。在此我想就围绕道教与中国在科技领域方面谈谈二者之间的联系，虽说对于道教修炼丹药的目的就是为了寻求长生不老之药这一点我是比较反感的，生老病死是自然规律，人无法改变，贪欲过强并非好事。秦始皇的事例给了我们最好的教训，我们不该重蹈覆辙。但不可否认的是，道教的炼药术以及修炼养生术对我们中国古代的化学、药物学及人体科学都做出了巨大的贡献。特别是对中国古代四大发明之一的火药技术起到了引导作用，使中国当时科技领先于西方世界。火药也成为古时中国的骄傲，此间道教功不可没。同样的，修炼养生术在如今的中国也颇有体现，许多医学方面的专家提出种类繁多的养生术，诸如道教养神养形养气修身之说满足了对当今人们力求身体健康、祛病延寿的要求。人们追求身体健康无可厚非，道教提出的长生修炼方法虽说不符合现实，但对于养生来说却恰到好处，比如草木药饵、屈伸导引、宝精行气等。养生之术，补药必不可少，此重在养身；屈伸导引较好的做法是太极，活络身体经脉，不失为养生之妙；宝精行气在我看来瑜伽是非常适合的。

我比较欣赏道教的一些基本信仰，建立在爱国、护民、敬祖、礼民四大原则基础之上的道教信仰很是令人尊崇。道教并不是类似于民间封建巫师术士之类的封建迷信团体，此二者根本不能混为一谈，道教它有自己的崇高信仰，坚定的原则，对中国的发展起到了积极的作用。人们常常将民间的巫师术士的坑蒙拐骗看作道教的行为，实则是对道教文化的侮辱，我们对道教的认识过于浅薄，深入地去发掘才会看到道教的闪光点。

10

道教是真正属于中国本土的宗教文化，而且在古代武侠片的电视剧中有很多有关道教文化的，从电视上可以了解到，江湖上分为很多门派，而且很多的门派都与道教的文化有相关的联系，而且中国的电视剧有很多是关于神话的，主要是讲什么神仙，什么拥有长生不老的身躯，活了几千年。最具有代表的一部著作是《西游记》。这部著作虽然讲述的是去西天取经，但是有很多的环节体现了中国的道教文化。

师徒四人去西天取经的路上会遇到那么多的妖魔鬼怪，主要就是因为听说吃了唐僧的肉，能够长生不老，而长生不老就是道教追求的宗旨，人都有生老病死，而在中国的神话中，有神仙一说，而神仙却能长生不老，而且能活很久很久，几千年、几万年，这就体现了道教的思想。在这部著作中，还体现出道教文化的是，有天庭，还有很多的神，太阳神、二郎神、食神、月老，仙丹、炼丹以及玉皇大帝，这些都体现了道教中的文化。

正因为有了这些神话，所以在古代很多皇帝都想要通过炼灵丹妙药，使自己能够长生不老，但是事实证明这是不存在的，没有人是能够永远活在世界上的，都有生老病死，这是任何人都不能逃避的事情。因为没有人可以成功的证明过自己能够长生不老，神话只可能是神话，不会是人想一想就能变成真的。

12

中华的文化可以说是起源于道教的，道教也是中国土生土长的宗教。道教的基本含义是追求长生不死，追求修道成仙。道教在科技领域上起到很大的推动作用。追求长生不死的道路上，很多道士修炼仙丹，炼丹的过程中无意间发现了火药，这对后来的化学、生物学起到很大的借鉴和推动作用。当然，道教在文学、美术领域的作用也是不可忽视的。道教所提的修道成仙，人们有着美好的愿望，而且这种文化用小说、书画的形式体现出来，到现代，这些小说被人们拍成电影电视，道教丰富了我国的文学艺术，推动了我国电视电影产业的发展。道教提倡行善积德才能修道成仙，行恶事便会受到神灵的惩罚，行善事则会积累功德，功德圆满之后就会得道成仙，这样也就让人们有了信仰，规范了人们的日常行为。这也有利于稳定社会秩序，推动社会的发展。在政治领域，道教也是提倡和平，反对战争的，这在当今仍有很大的借鉴作用。中国的处境也是岌岌可危，很多国家都对中国虎视眈眈，希望中国用武力去解决各种国际争端。但是中国深受道教的影响，爱好和平，尽量不用武力解决问题，主张走独立自主和平发展的道路，我觉得这都是可取的。中国的文化深受道教的影响，我们不能一味地认为道教就是封建迷信的，是不可取的，然后就是全盘否定它，我们要用辩证的观点看待它，用联系的发展的观点看问题。

13

道教，是一个与儒教，佛教三足鼎立的原生宗教。主要宗旨是追求长生不死，得道成仙，济世救人。道教在中国文化中占有重要的地位，产生了深远的影响。然而，大家会把跳大神、巫婆、神汉这些诸如此类的词误以为是关于道教的。我就想论述一下自己的观点。我认为道教与民间的跳大神、神汉之流存在诸多不同。它们最大的不同是自身的信仰问题。道家的信仰是"道"，"道"先于天地而生，独立而不改，周行而不殆，可以称为宇宙本原，但其本质仍然属于"物"。而且，道教除信仰"道"这个最高存在外，同样信仰"人"。《道德经》里写到，"故道大，天大，地大，人亦大，域中有四大，而人居其一焉"，域中四大，人也亦居其中，也就是将人的高度与天、地、道相等同。而且道家也追求各人得道而获得无限自由，各人逍遥超脱物外，以达到"上善若水"之境，对人的信仰达到了相当的高度。而民间的巫婆、神汉之流，他们所信仰的是"神"，是超脱万物的存在，不是"物"，而且，他们对"神"无限虔诚，对"人"却视为草芥般的存在，只为一己之私。两者在信仰上相差甚远。总的来说，道教所传播的是一种先进理念，而跳大神等则是一种糟粕，我们应抵制它，取缔它。

14

道教是一种宗教，也是一种哲学，是传统中国文化体系中不可忽视的重要组成部分，是世界文化之林中的瑰宝。道教作为中国土生土长的宗教，自然受到中国经济文化的影响，同时它又反哺着中国的文化。鲁迅先生就曾说过：中国的文化根柢在于道教。

在当今物欲横流的社会，由于市场经济的快速发展，人们变得越来越功利和世俗，功利思维与浮躁心态泛滥，导致人们的信仰缺失，道德滑坡。老人摔倒，路人好心扶起却反遭讹钱惹来一身麻烦。2009年发生的小悦悦事件，如果事发后抢救及时，可能小悦悦就还有一线生还的机会，可当十几个路人经过时却无一人施以援手，都是冷漠加默然地走开，以致小悦悦错过最佳抢救机会。是的，中国近几十年由于改革开放经济飞速发展，人们的生活水平提高了，物资条件也改善了。可是，人们的道德却在走下坡路，信仰也在缺失。这就强烈呼吁道教思想精髓复出，社会应该推崇人们学习道教清心寡欲，崇尚自然的精神，让人们追逐和忙碌的心得享一份宁静，停下脚步享受最自然和最纯真的生活，同时重拾起人类心中最美好的道德和信仰。

道教的清心寡欲，崇尚自然和返璞归真的思想对今天那些被功名利禄和金钱困扰的人无疑是一剂良药，新松恨不高千尺，恶竹顺应斩万杆，其可以提升社会道德水准，抑制人性中贪婪的一面。

15

道教的起源地是中国，是我国土生土长的宗教，有着上千年的历史。有些人说道教和封建迷信没什么区别，我认为二者是不能混为一谈的。那么它们到底有什么区别呢？

道教是以集体利益为主，重视道义。而封建迷信是以个人利益为主，重视个人的私欲。例如，如今有些人买房子都会请"风水大仙"来判断房子位置是否好，风水环境是否能为家里招财进宝，从而追求家代的繁荣。考察人居住的自然地理环境，从而保证人的身体健康和心理满足，获取大自然的庇护，是以个人利益为出发点，迷信风水以自家世代的传承，后代的繁衍，而道教信奉的是苍生不死，得道成仙，传道度人。

道教有自己的教义教规，有正确的理论学说作为支撑。信仰道教的人，都会守道教的戒律，并且有正式的组织形式和活动场所。而封建迷信没有自己的正规活动场所，也没有自己的理论学说，而是借用道教浅显、粗略的知识来坑蒙拐骗群众。在我们村就有这样一件事，村里有一位老人久病不起，于是他的家人就请了所谓的神婆来家里作法，在楼房的四周都贴着符。神婆还告诉他的家人每天烧一道纸符放到鸡汤里给老人喝，这样病自然就会好。结果，老人的病不但没好，反而更严重。这些都属于封建迷信活动，严重破坏社会秩序、扰乱人心、损害群众身体健康。信仰道教的人会在国家法律允许的基础上进行宗教活动，绝对不会做违反法律的活动。而封建迷信为了达到自己的目的，不择手段，甚至无视法律，做一些违法害人的事。因此，道教和封建迷信是不能混为一谈的。

17

道教作为中国本土的宗教，是一个成熟的宗教，蕴含丰富的思想文化，对中国社会的影响是巨大和深远的。

道教在当今人与人之间的交往中有绝对指导作用。老子说："人生于世，有情有智。有情，故人伦和谐而相温相暖；有智，故明理通达而理事不乱。"就拿最近一则新闻来说，"孕妇高速公路上临产，民警警车上为其接生"，当孕妇即将生产，无奈之下求助高速交警时，民警徐春鹏，当机立断，伸出温暖之手，帮助即将临盆的孕妇，使母子平安。因为有情，让我们看到了民警善良的一面，因为有智，让我们看到了民警临危不乱，当机立断的一面，使社会正能量再一次传递，使我们不禁为我们的好交警点赞。"情者，智之附也，智者，情之主也，以情统智，则人昏庸而事易颠倒；以智统情，则人聪慧而事合度。"在人际交往中，面对他人的指责、批判，我们不能一味地感情用事，而是应以智来回应，就如同我们敬爱的周总理一样。一次周恩来总理和欧洲同学聚会，可能酒喝多了，一位德国同学站起来讽刺说："你们中国人都是属马啊、羊啊，不像我们，都是金牛座、狮子座，真不知道你们的祖先怎么想的？"当时这些贵族同学听完后哈哈大笑，还互相碰杯。按理说，人家在骂你祖先了，你即使没话说，起码可以掀桌子啊，此时，周总理站起来平和地告诉在场所有外宾："中国人的祖先是很实在的，我们的十二生肖两两相对、六道轮回，体现了我们祖先对中国全部的期望和要求，第一组老鼠和牛，老鼠代表智慧，牛代表勤奋。智慧和勤奋紧紧结合在一起，如果光有智慧不勤奋，那就变成小聪明；而光是勤奋，不动脑筋，那就变成愚蠢。第二组，老虎和兔子，老虎代表勇猛，兔子代表谨慎，勇猛和谨慎要紧紧结合在一起，才能做到所谓的胆大心细，如果勇猛离开了谨慎就变成了鲁莽，而没有勇猛，一味地谨慎，谨慎就变成胆怯。接着周总理说了第三组，第四、五、六组。说完后，周总理说：不知道你们那些射手座、水瓶座啊体现了你们祖先哪些期望和要求呢？也希望不吝赐教，结果全场鸦雀无声。周总理以智统情，有理有据地回应了外宾的批判，其思想正是道教文化的体现——以智统情，人聪慧而事合度。

再者，道教思想在当今我们构建社会主义和谐社会中发挥巨大的政治影响，历代农民起义与道教有关：黄巾起义不必说，魏晋南北朝时期的李特李雄起义，道教也。依古推今，在当前全面推进和谐社会的进程中，我们完全有必要时刻铭记社会主义和谐社会的本质所在。道教经典《道德经》曰:"道常无为,而无不为,侯王若能守,而万物将自化。"这就是说,道是无为的,无为即是一种有为。因此在全面落实依法治国方略时胡锦涛主席曾说过,要做到"治大国若烹小鲜",保持大政方针的相对稳定性,避免人民因政策的变来变去而难以适应,感到烦闷。而对于从政者们则要做到道教所主张的"既入大道,身为得道;虽为得道,为化众生",即不论我们自己的修行有多高,都要用到实践中去,不能服务于人民大众,那么也不能算是得道。如果我们每个人都能尽全力去"为化众生",那么充满活力的和谐社会定会生机勃勃映入我们的眼帘,我想这正是如今我们的社会所需要的。

21

道教是我国土生土长的宗教,道教的最核心的教义是道,道教的宗旨是追求长生不死,得道成仙,济世救人,道教在中华传统文化中占据着重要的位置。

在道教文化中,道教的思想渊源有神仙思想,神仙方士之说,"长生不死,神通广大",还有"八仙过海,各显神通"的传奇。据说八仙也是道教中度化众生的仙人。再有,让人很回味的,最具童趣经典的著作——《西游记》,直到现在,都不被人忘记。它是让我们在具有神幻意识的世界中成长,《西游记》的经典是除妖魔鬼怪,保唐僧西天取经,最让人联想的不就是神仙们如何用自己的神力去惩治收服妖魔鬼怪,剧中人物下到地狱的阎罗王,上到天界、神界的玉皇大帝、菩萨、佛祖,这些传奇人物在我们的世界中活灵活现。道教中修炼丹药的目的就是为了长生不死成为神仙,神仙中太上老君就是一位天尊,专炼丹药,修身养性;还有玉皇大帝总管天道,等等,这些神仙思想中追求清静、至高境界的思想意识为现实的文学想象自由提供了不可或缺的重要素材,现实多了不同的精神生活的追求。我们不敢想象,如果没有神仙的存在,这个世界又会少了多少对美好生活的梦想?还有多少文学家会再次执笔对神幻世界的想象?

谈到道教文化,就浮想到道教戒律:恪守社会公德,修身养性等,这是一种规范。在科学发展进步的新时代,道教的炼丹术,修炼养生术,对中国古代的化学、药物学、人体科学等做出了重要贡献,到现在也在促进科学的发展。然而，也有不少的麻烦，科学应用技术的发展，在遭遇"十面霾伏"时，民众只能"自强不吸"；以前我们会说"快出门呼吸新鲜空气"，现在是"快关门关窗，呼吸新鲜空气"；以前"出门锻炼，生命在于运动"，现在变成"宅在家里，生命在于静止"。这是雾霾的罪恶，看过柴静的雾霾调查——《穹顶之下》，让人看到了死的结局，便觉得道教信仰人士绝大多数在其言行方面能遵守法纪，自觉遵守社会公德那是很伟大的事。但是，中国的产业发展中却也是避免不了坏心眼的企业家的暴利。我们不敢想象，一些常违法，行为难受约束的言行的盛行，这个世界会多了多少对罪恶行为的恐惧？若是真的有神仙存在，就不再惧怕死的存在，何必再为粉饰未来而去伤害呢！再有，世界的发展是无限的，人的认识却是有限的，时有新事物的诞生，诸如新的疾病，抑或是新的医学的发展，我们应该循序渐进，时刻遵守发展的规律，掌握自己的未来命运。

道教文化在我们的人情世俗中潜移默化，它的修炼思想，让我们学会修身养性，淡然的面对生活，正确运用道教理论精华。

22

在经济全球化、世界多极化、文化多元化趋势日益明显的现代社会中，我们的物质生活水平在飞速提高，但是我们的精神文化水平是否也在同步提高呢？我们的处世之道是否得当呢？值得我们所有人深思。在物欲横流、利益为重、道德缺失的现代社会中，人与人、人与社会的相处原则似乎是以利益为首选。在这样的社会生活中，我们古代的道教文化也许可以发挥一些积极引导的作用。我们可以将道教的一些积极精神、道教的智慧贯彻到生活中，影响我们的生活，在生活中修道、行道、悟道。

第一，道教提倡"济世利人、度己度人"的助人之道。现代社会助人精神越来越淡薄，倒在路边的老人无人扶，出了车祸的小孩无人救。由于人们为了一己之利无所不用其极，伤害了大家的助人之心，吓没了人们的行善行为。人与人之间信任缺失，人们害怕惹事、害怕连累到自己、害怕不是真正需要帮助的人，我们在行善时有太多太多的害怕。我们在犹豫徘徊当中可能更倾向于保护自己，"与其被敲诈不如不帮，反正不帮又不犯法"，这样的心态使人们更加冷漠。我们每个人在社会中生活，在本质上无法单独存在，必定是相互依存相互联系的。所以我们在帮助别人的同时也是在帮助自己。要有济世关怀精神，你在关怀着别人，也许有一天当你需要关怀的时候就会得到同样的关怀。世界虽然有些冰冷，但是只要我们每个人都可以献出一点真情，一定可以温暖彼此，守住人们善良纯朴的本性。

第二，道教主张"清心寡欲、清静恬淡"的心境。现代社会喧嚣，人们太过浮躁。幸福感不强，总是被欲望、名利、权势、金钱所羁绊，活的很累。所以我们需要学习道教的心态，少思寡欲、知足常乐的去享受生活。用平静正确的心态去对待人事，不以物喜，不以己悲，淡泊名利，不过分在乎得失，不因成功或富有而得意忘形，也不因失败或贫穷而忧伤自卑，保持心态平衡，正确对待生活中的得失，不强求不堕落。每个人都可以有自己的一点欲望，但是我们要把握好尺度，不能让欲望控制了我们。

第三，道教奉行"崇俭抑奢"的消费观。现在人们的物质生活条件越来越好，但是人们的消费观念好像进入了一个误区，以奢侈消费为一种身份和地位的显现，有关数据显示中国是奢侈品的主要消费国，这个数据应该引起我们每个人的思考。人们似乎不知道如何去显示自己的富裕程度，只能靠名牌靠奢侈品的数量去炫富。还有很多人不以自己能力为标准，虚荣、盲目跟风、攀比。有的人甚至以损害他人来谋取不正当的利益，从而满足自己的消费，我们应该做到君子爱财，取之有道。由此可见，道教崇尚俭朴、反对奢侈浪费的传统美德对我们当代的人有重要意义，我们需要发扬和传承。

道教文化对我们现代社会生活和人生追求有指导作用，可以引导我们以正确的方式为人处世，弘扬道教的优良传统，是我们每个人的义务。

23

道教与儒教、佛教合称为中国的三大教，其思想对中国有重大影响，尤其是对于政治方面影响非常大。

道教主张无为而治，崇尚小国寡民，主张顺其自然。在现今社会民主意识越来越强，国家政策也在不断进步，随着经济全球化的不断发展，要想回到真正的小国寡民几乎是不可能的，但是国家在一定程度上坚持无为而治还是有一定的道理的。

社会主义市场经济就是一种无为而治的表现。国家放手让市场自由发挥作用，市场的自由性发展对整个国家的经济有很大的推动作用。虽然市场经济存在一些弊端，但是总体来说它是符合中国国情的一种制度。同时无为而治可以减少社会矛盾，中国现在实行的民族区域自治制度也是无为而治的体现，放手让少数民族自己管理自己的事情，更有利于符合本地区的发展，有利于缓解民族矛盾，促进经济发展。顺其自然运用在现在就是保护环境，要遵循动植物的生长规律，不要因为人类的发展而破坏生态平衡。

现在的人们生活在快节奏的社会中，人的欲望不断高涨，常常让人感觉到生活没有乐趣，只有疲惫。大家只有不断加紧步伐不断追求才能获得想要的东西。其实回过头来想想，大家完全可以放慢脚步，仔细欣赏生活中的美好，让生活也顺其自然。虽然无法达到高层次的物质追求，但是可以享受生命的美好。

现今社会很多家长要求孩子在很小的时候要学习很多的东西，虽然他们是抱着对孩子以后生活得好的心态，但是在很多情况下他们剥夺了孩子美好的童年时代。童年对于一个人来说是很重要的阶段，很多美好的回忆是童年时代留下的，但是现在的孩子童年都是在沉重的学习压力下度过的，整天奔波于各种补课班，各种特长班，失去了玩耍的时间。原本应该有的快乐都被各种考试取代。这种教育方式在中国很是流行，父母的主张违背了孩子的自由成长。他们并不快乐。其实让孩子自由成长，享受童年的美好也是一种不错的选择。

道教的主张在现今社会还是有一定的作用的，它对经济发展、政治稳定、人的发展都有积极的作用。符合社会发展要求的思想我们都应积极地继承下去。

26

老子"道法自然"的思想对中国传统文学艺术影响颇大，中国文学艺术由此引申出了崇尚自然、长生不老、羽化成仙的价值观念。

所以，在这种精神的影响下，中国的隐逸之士广泛显现并进一步发展。隐逸是中国传统文化的独特现象，在这种现象的影响下，老庄道家思想成为中国文人人生观的一个重要部分，铸造了中国艺术家风流倜傥的独立人格，也熔铸了中国文艺自然隽永的艺术风范。在陶渊明、李白的诗歌，苏轼的文词，甚至许多文学著作中，我们都能清晰地看到老子及道家的艺术精神。

以《西游记》为例，《西游记》构筑了一个以玉皇大帝为中心的道教神权系统，其中穿插了不少道教修炼方法、神仙法术、宗教仪式等描写。并且《西游记》中的长生不老观念，正是道教神仙观念的反映。我就简要指出几处。首先，在开篇的孙悟空破石而出的描写中就隐约可以窥见道家的身影。孙悟空是吸收天地日月精华长成的灵猴，实际上就是自然造化，与道家的"道法自然"相符合。在原著中，更是简明直接地使用了"灵根""大道""灵元"等道家丹道学的名词术语。而且孙悟空第一次拜师就是拜在菩提祖师门下，学习的是道家法术，为的是追求长生不老，这就是道教的长生观念。然后，令人印象颇深的还有孙悟空大闹凌霄宝殿后潜入太上老君的兜率宫，偷吃了太上老君的所有丹药。而据我们所知，炼丹术最早就是道教提出的，以药养身，以术数延命。为了追求长生不死、得道成仙，道家积极研制完善炼丹术，虽然并没有达到原本的目的，但不可否认的是，当时的丹药还是起到了强身健体的作用的，并且推动了中国医药学的发展。另外，师徒四人在车迟国与三清道观鹿、羊、虎三妖斗法，与虎妖比登台祈雨，虎妖祈雨时的一系列动作，无一不是遵循道教的仪式，香炉焚烟、黄纸符箓、桃木宝剑以及咒语一一呈现，进一步表现了道家艺术精神对文学写作的影响。

由此可以看出，道家文化对文人的影响不可谓不深，而文人又通过文学著作的描写使道教文化更广泛传播，并且由于道教文化通俗易懂，满足了广大民众的精神需求，更容易为大众接受。所以，道教文化在某些程度上与古代文学艺术是相互促进的。

27

道教与佛教、基督教有所不同，它是我国土生土长的宗教。道教是从古代原始宗教的巫术和战国秦汉以来的神仙方术等发展而来的一种宗教。

道教自东汉形成以来，就与社会的众多领域有着密切的联系。

道教在政治领域，往往成为农民的组织形式或社会改良思潮的旗帜，比如，早在东汉末年著名的"黄巾起义"。在汉灵帝时，朝廷腐败、宦官外戚争斗不止、边疆战事不断，兵役徭役赋税繁重，再加上全国大旱，民不聊生，百姓苦不堪言。"穷则思变"，百姓都希望能改变这种现状。而在那个时代封建迷信盛行，百姓都有宗教信仰，在天时地利人和的情况下，农民张角利用道教率先发动起义，在张角的号召下农民纷纷揭竿而起，他们头扎黄巾，高喊"苍天已死，黄天当立，岁在甲子，天下大吉"。起义风行一时，给当时的封建官僚地主以沉重打击。又如在义和团运动时，参加义和团运动的人，都相信自己喝了所谓宗教的符水后能有一个金刚不坏之身，刀枪不入。所以在战斗时个个奋勇向前，冲锋陷阵。虽然现在我们知道这种做法不科学，纯属无稽之谈，但我们不妨去了解这种做法背后更深层次的意义。它是不是也在一定程度上给了人们一种敬畏之心和勇气？对神仙的敬畏之心和对抗不公正、不公平待遇的勇气，让人们在做任何事之前都能三思而后行，而不是不计后果的鲁莽行事。在当今中国，反腐是那样的坚决不留情，可还是有站在风口浪尖顶风作案的人，全然不顾政府和社会各界对腐败问题的零容忍态度，依然我行我素，认为不会牵扯到自己身上。"法网恢恢，疏而不漏"，结果只能是作茧自缚，自食恶果。倘若他们对法律和反腐问题能有所敬畏，那又怎会终陷囹圄，不得善始善终呢？

道教在文化领域则表现为，为世人创造了神仙，树立修仙可成的信仰。道教为一代又一代的孩子们创造了一个个栩栩如生、惟妙惟肖的神仙形象，给了孩子们一个有趣的童年，使童年不再单调乏味，而是充满着神秘和向往。比如家喻户晓的神怪小说《聊斋志异》，在那里有善良、正直、惩恶扬善的神仙，有奸诈狡猾阴险的妖怪，有懵懂无知的人类。通常是懵懂无知的人类惹怒妖怪，祸从己出，经过一番曲折，终得神仙搭救，渡过难关，从此向善。又如妇孺皆知的神话小说《西游记》，将一心向善有时是非不分的唐僧、足智多谋变化多端的孙悟空、憨厚贪吃好色的猪八戒、任劳任怨勤劳的沙僧描绘得淋漓尽致。更有师徒四人历经九九八十一难（每一难都各有特点，每一个妖怪都各有本领、各有法宝），最终到达西天取得真经的精彩故事。这正是因为有了道教，才让我们的童年如此有滋有味。

最后我觉得无论你信不信奉道教，我们都应该客观公正地看待道教，因为它存在就有它的合理性，何况在道教里也有优秀的文化，值得我们学习。

28

道教是我国土生土长的宗教，主要是追求长生不老，得道成仙。古代很多皇帝为了长生不老，经常叫道士帮助其炼丹，火药就是这样一不小心炼出来的。包括我们从小看的《西游记》里面就有很多道观，与道教息息相关，我们最熟悉的太上老君，出现的场景都是在炼丹，孙悟空的火眼金睛还是在太上老君的炼丹炉里面炼出来的呢。天宫灵霄宝殿中玉皇大帝、佛教护法、四大元帅、天兵天将、原始天尊、上清宝、太清太上老君都属于道教范畴。

道教的创始人老子讲权术，重理智，确乎不动感情，主张无为而治，道法自然。庄子表面讲了许多超冷酷的话，实际上却深深透露出对人生、生命、感情的眷恋和爱护。《逍遥游》就可以看出庄子的追求，渴望得到自由，没有任何束缚。孙悟空三打白骨精体现了唐僧对生命的眷顾和对孙悟空的爱护，虽然很多人认为唐僧十分无能，没有一点辨别能力还错怪悟空，但他主要目的是希望悟空不要滥杀无辜，珍爱他人性命，还以把悟空逐出师门为惩罚警告悟空。

道教作为本土宗教，很容易被国人接受，所以我们应该努力将道教发扬光大，取其精华，去其糟粕，使其更好地为社会做贡献。

30

在中国人民的思想里，与佛教同样重要的是道教，相对于外来的佛教，道教是土生土长的中国宗教。与佛教教父统一而又单一光头的和尚形象不同的是，道教教父的外形更加的多彩和多元化，也更贴近大众。不管是青衣道袍的太上老君，还是各带风情的八仙。因此他们也更深入人心，他们的影视形象更加丰富。

但是，道教对于我们现在的生活，它的思想体系能否进一步地融入我们的生活尚不得而知。与马克思理论相比，它们有什么共同之处？它能否与马克思主义一样指导我们的生产生活呢？

首先，周易的阴阳相汇说，这与马克思的辩证法有着相通之处。在开始学马克思主义时，我们就是在道家的阴阳两道，以及祸福相依的引导下，对马克思主义辩证法有了更深的理解。

对于"人"，道教非常注重人文关怀。同样，马克思主义的最高命题是"确定有个性的人"，从而实现人的全面发展。

在社会道德方面，道教思想与马克思也有共同之处，道教的思想是建立在爱国、护民、敬祖、礼民的四大原则之上的，有真正道教信仰的人士，都是自觉遵守社会法律法规与社会公德的。而马克思说过："人们奋斗所争取的一切，都同他们的利益有关。"但这利益不是为个人的，而应该是符合群众的利益。因此，在这点上他们同样是有共同之处的。

而道家与马克思主义最主要的区别就是，马克思主义是资本主义发展到一定程度的产物，而道教是具有中华民族文化特色的本土宗教，是中国人的根蒂，是历史的产物。

既然道教与马克思有着这么多的相同之处，那么作为中华民族的思想结晶，道教的存在就一定有其更重要的意义。我们要做的就是发扬道教中的优秀成分，让它同马克思主义一样，成为我们生活中不可缺少的部分。

31

道家的神明体系中有一个名叫大道冥系神祇，里面全部都是掌管冥界的仙人，人们耳熟能详的有十殿阎王、包公、钟馗天师，东南西北中鬼帝以及首席判官崔府君、黑白无常、牛头马面。这些冥系的神明掌管着阴间的种种事物。传说，人们死后都会到阴曹地府等候判决，阎王会根据其生前的表现判定该人是升天堂或是下地狱。冥界如何进行判决呢？

人们来到冥界后，善人寿终，接引超升；功过两半者，仍投入世间，男转为女，女转为男。恶多善少者，押赴殿右高台，名曰孽镜台，令之一望，照见在世之心好坏。凡在阳间伤人肢体、奸盗杀生者；凡阳世忤逆尊长，教唆兴讼者；凡世人抗粮赖租，交易欺诈者；凡解到此殿者；凡忤逆不孝者；凡世人怨天尤地，对北溺便涕泣者；凡阳世取骸合药、离人至戚者；凡盗窃、诬告、敲诈、谋财害命者；凡在世不孝，使父母翁姑愁闷烦恼者；凡阳世杀人放火、斩绞正法者；凡有作孽极恶者。阎王根据罪行的轻重对其判决其该受的刑罚，包括：倒吊、挖眼、刮骨、钩出其心、掷与蛇食、铡其身首、铁锤打、火烧舌、下油锅等各种罪行。

不难看出，这些刑罚和社会里的风俗良序法律法规有异曲同工之妙。由于人们在现实生活中能力的限制，有些罪人可能在犯事后逃之夭夭，没能被绳之以法。为防止这些侥幸心理，保证社会秩序，统治者需要一些能够维持社会稳定的措施，道教的这种学说恰恰很好地符合统治者的需要。于是在道教成为社会主流信仰之后，这种学说给社会带来很大的影响。通过穿插因果报应的思想，来规范人们的行为，在很长一段时间内对社会的稳定起到积极的作用，推动了中国传统道德伦理的形成。直至今日，也常在人们嘴里听说，莫作恶，小心死后下油锅。虽然死后有没有地狱我们无从而知，但这种人在做天在看，不是不报，时候未到的警示，确实可以让人在迷茫冲动时给人警示，从而达到规范自己行为的作用，推动社会秩序的建立。

33

我听过这样一句俗语："百里不同风，千里不同俗。"这就是说民间习俗极其广泛又比较繁多。其内容涉及衣食住行、婚丧嫁娶、娱乐节庆等各个方面。一般来说，道教主要与民间信仰习俗关系密切，通过与信仰习俗的联系，从而进一步影响到其他习俗。

我们都知道，道教所尊崇的神灵是虚幻的产物，然而又与中国民间文化传统紧密相连。很多比较有名的道教神灵，追究其根底，都是起源于民间。像道教神仙如雷公、风伯、门神、灶神、城隍、土地、瘟神、财神等，原本都是流传于民间的，后被道教逐渐吸收成为道教神祇，并被冠上各种名号。这既是道教不断扩大影响的一种方式，也是它吸引群众的一个重要手段。也就是说，道教把民间俗神集中到自己的信仰中来，成为道教神仙体系的一个组成部分；反过来，道教又利用自己的优势使这些经过道教化的神灵返回到民间，更深、更广地影响着民间的神灵祭祀活动。像城隍、土地、灶神，一般的民众对他们都是无比敬畏的，对这些神灵的崇拜祭祷，实际上也就成了一种民俗。

道教的一些法术也深入到了民间，常常与民间的巫术结合而对民众生活发挥重大作用。道教法术有相当部分源于民间巫术，经过道教的改造发展，使之更加系统化。道教法术内容也是很多的，如祈雨、疗病、延生、送死、超度、祈梦、求签等道术都与民间巫术结合在一起，使得道教借助民俗而普及，这一点是民间风俗与道教相联系的重要环节。

民间的各种按固定时间进行的民俗活动，道教也深入到了其间，如春节这个中国民间最盛大的节日，道教的影子就随处可见，有的风俗沿袭至今。每年春节都要贴对联，比如门神、灶神、土地神之类的，都是民众非常敬畏的神灵。每月初一、十五都要摆好斋饭，放在大厅的桌子上祭神。这些活动，都是道教的影响所在。还有一些道教神仙诞辰的庆典活动，在民间也极有影响。如玉皇大帝、王母娘娘、吕洞宾、太上老君等诞辰日，很多地方的民众要到道观烧香礼拜。而且，道教的这些庆典、节日，也掺杂了许多民间娱乐方式，变得非常世俗化。这时，有关的宫观就成了民间娱乐的中心，大家所熟知的"庙会"就是此种情形的表现。

从很多民俗我们都可以看到，道教对我们生活的影响无处不在。不仅仅是在民间习俗方面的影响，更多地在于中国的文化，还有中国的建筑、医学、小说、音乐等，都有道教的踪影。总而言之，道教对中国的影响是极其大的。

40

道，为中华哲学独有的思想，对哲学理念、社会政治文化军事等各个领域影响甚巨。道的哲学含义丰富而复杂，在不同情况下所说的道含义往往不同。道字的最初意义是道路，后来引申为做事的途径、方法、本源、本体、规律、原理、境界、终极真理和原则等。老子在《道德经》开篇就说："道可道，非常道；名可名，非常名。无名天地之始，有名万物之母。"

大意是说：道，可以说，可以名，但不是我们所说的一般有名有象事物，因为那不是永恒的道。大道产生于天地之先，是开辟天地之始；大道产生于万物之前，是生育万物之母。所以这个"道"，难以彻底讲述出来，只可以直观体验。同时也说明，"道"不是口头上的空谈，而是实际的存在。

道是宇宙的本原，万物的始基。它是永恒、绝对的形而上存在；既超越主客观的差别，又超越时间、空间、运动和因果等经验范畴；是不可见、不可闻、不可说、不可思议的一种绝对实在。道本身是不可描述的、没有任何属性的抽象实体，但是，人们在说它时给它附上了各种属性，如全智、全能等。由此，便产生两种道：一个是无属性、无差别、无制限的道，称为不可说"道"，这种道只可直观体现与体悟；一个是有属性、有差别、有限制的道，称为可说的"道"。恒道是绝对的实在，是万物的本原和规律；而非恒道则是经过人主观化了的恒道，是一种现象或经验的东西。"道"即是道体，是一形而上意义的实体，道体并不是孤悬独存，与世间截然分离的，"道"是超越时空等一切的无限本体，它生于天地万物之间，而又无所不包，无所不在，表现在一切事物之中。道体本身所蕴含的性质，正是世人进行自我修养的依据。道家诸子特别强调"体道"，指的却是一种实践修养的功夫，要求践履者对道体有一切身的体悟，并就此体悟加以贯彻力行，务求通过践履的功夫令践履者把握道体的特质，且将这特质透显出来。"道"是什么？这是理解道家思想的关键所在，只有在准确理解"道"的基础上，慢慢体会，才能悟"道"。

"道"是《老子》的核心概念。"道"是老子哲学的专用名词和中心范畴，在不同场合有不同含义，主要有三种意思：一是指形而上的实存者，即构成宇宙万物的最初本原，可感而不可道和不可见；二是指宇宙万物发生、存在、发展、运动的规律；三是指人类社会的一种准则、标准。

"道"代表"究竟真实"，最后、最终、真正唯一、绝对的，就是究竟。

"道"的概念代表两种性质：第一叫作内存性；第二叫作超越性。"道"的内存性，是指没有任何东西可以离开"道"而存在，世界离开"道"，任何事物都不会存在，更不要说维持了，因为"道生万物"，无一例外；另一方面，万物再如何变化，或消失或增加，"道"全不变，不会受到影响，这就是"道"的超越性。

45

在我查找的资料当中，道教就是以黄、老道家思想为理论依据，承袭战国以来的神仙方术演化形成的。道教为我们塑造了自然和谐、国家太平、社会安定、家庭和睦的宗教意识。道教的文化至今对我们还有许多影响。

在我不断地了解过程中，我明白了道教是需要我们接受世间存在着鬼神之说的，在接受鬼神之说的过程中，自觉地遵纪守法，以此来降低犯罪行为的发生，维护我们的社会秩序。在承认鬼神之说的过程当中，道教和民间的封建迷信是不同的。民间的封建迷信只讲究个人主义，以获利为目的，从而进行迷信宣传，对人们没有益处，只有害处。就比如，因封建迷信影响盗尸给死去的人配阴婚最后被公安机关抓获并被判刑。但是道教却很不一样，道教的宣传是为了规范人们的行为，构建良好的社会风气，树立正确的宗教信仰意识。所以说，民间的封建迷信和道教是不能一概而论的。

我之前认为道教和道家是一样的，所以把道家的"无为而治"当成道教的内容还加以评价了一番，后来明白，道教是宗教流派，道家是哲学流派，这两者是不同的。在学习道教的过程中，不仅要学会区分道教和封建迷信的区别，还要注意区分道教和道家的区别，才能更好地掌握道教的思想。

第十章　领略基督教的信仰

基督教（Christianity），是信仰耶稣为救世主的一神论宗教，包括新教、东正教、天主教。公元1世纪，耶稣与其十二门徒在巴勒斯坦、小亚细亚一带教诲世人知识、救治百姓各种病症、同时传播天国福音、从事宗教活动。犹太公会裁定认为，耶稣和他的弟子练习魔法与巫术，引导犹太人崇拜偶像，受外邦人资助想推翻犹太人的信仰，所以将耶稣转交到罗马帝国政府，被钉死在十字架上。耶稣之死意义在于揭示，人类需要赎罪才能获得拯救。三天后，耶稣门徒和信众据称看到了耶稣复活和升天，并借此在耶路撒冷组织宗教团体耶路撒冷教会。公元2世纪前后，天主教会建制。公元4世纪，罗马帝国皇帝君士坦丁一世和李锡尼颁布米兰赦令，宣布基督教信仰合法。后来狄奥多西一世定基督教为国家宗教并认罗马教廷为中心，基督教成为欧洲中世纪最大的宗教。

基督教谨遵摩西十诫，相信耶稣宣传的天国福音。摩西十诫基本内容：除耶和华外，不可有别的神；不能雕刻和崇拜偶像；不可妄称耶和华名；当守安息日；当孝敬父母；不可杀人；不可奸淫；不可偷盗；不可作假证陷害人；不可贪恋他人所有。《福音书》所载耶稣基本学说要点：上帝是天上的父，人们是兄弟；欲施于己者必施于别人；宽恕和爱自己的仇敌，以善报恶；自我克制；谴责虚伪和贪婪；反对把仪式看作宗教的要素，世界末日即将来临；复活和天国的建立。

《圣经》是基督教经典，是一部充满血泪辛酸和洋溢奋斗精神的圣书。早期基督教宣扬因人有罪，信仰上帝，虔诚悔罪的人才能得救，否则只有下地狱。救世主不久重临，拯救世人进入千年王国。穷人易升天国，富人却不易。还主张财产应献公社，一起过共产生活，不主张暴力革命。基督教义从开始反抗倾向转变为容忍色彩，即从主张平等博爱、财产公有、互助合作到倡导劝人驯服、爱仇如己、忍受现实苦难。

01

基督教有一本书叫《希伯来圣经》，是犹太教和基督教最初的圣经原版。可能中国人无法理解它在西方人心中的地位。一定程度而言，没有基督教的《希伯来圣经》就没有西方文明。所以它一直以来都是西方最关键的基础性文件之一。大家都知道基督教是由犹太教发展而来，但是这两个教派都在互相伤害，抨击和否定他人对于圣经的理解。可是无法阅读熟识圣经的真正内容就无法了解犹太人和基督教人。所以我们从三个方面了解基督教的前世今生。一是了解《希伯来圣经》，二是犹太教，三是基督教。

《希伯来圣经》只有24卷而它没有新约的内容，也就是犹太教没有新约。而基督教的教义分为两大部分，一是《希伯来圣经》，二是《哈勃柯林斯圣经》，也就是所谓的《新约》有39卷。与后期的基督教相比，犹太教更加注重的是对新约的理解和遵守。所以，在《希伯来圣经》中是无法找到《马太福音》书的内容而《哈勃柯林斯圣经》中却可以并且注释翔实。

《希伯来圣经》将犹太教的教义分为三部分：一是摩西五经。它是犹太教和基督教的共同开篇，可理解却大相径庭，基督教将它视为律法书，而犹太教视其为教导，比律法更加模糊的概念。二是先知书（预言书）。可能大家都以字面意思理解这一部分它在预知未来了，但是它却在那叙事说故事，记录从《创世记》一直到《烈王记》。也就是我们熟悉的上帝创世，伊甸园，亚当夏娃，蛇和一些以以色列人为主角的行走路线加之与路上的王朝更替律法条文。如果你认为先知没有提及那你就错了，在先知书中，有十二先知且个个富有文采，善于诗词歌赋，他们的诗歌散落在《圣经》的个个角落，所以导致《希伯来圣经》即优美如同莎士比亚的诗集又文辞艰涩难懂。三是圣录，简称万金油，就像大杂烩一样就是普通基督教徒们在教堂中朗诵研究的那一部分。

如果你是一个犹太教徒，那么你就必须满足一个条件，就是相信存在，虔诚的相信上帝，相信摩西，相信神的存在。在犹太人的声明中就秉承这样三个大传统：上帝，摩西五经（律法），以色列。

就算编写《圣经》的作者，信徒也没见过上帝，确定上帝的存在，却依旧坚定不移的信仰上帝。其中，著名的迈蒙尼德参照基督教和伊斯兰教编写的十三条原则中的前五点：①上帝是存在的；②上帝是一个整体；③上帝无形；④上帝永生；⑤上帝是唯一可以崇拜的神。认为这不是信仰上帝而是相信，而这一观点无疑对当时信仰崇拜严格遵守的犹太教是一种莫大的冲击。可是，他赢了，得到广大后世基督教犹太教信徒的遵从。说话分量举足轻重，原因不外乎于他的天才智慧，以及绝乎仅有的社会地位。他是犹太律法的专家，曾编写过犹太的百科全书。对于一个注重律法地位的教派，显然犹太教十分相信这一观点，而犹太的律法是通过犹太人的社会风俗、生活习惯等方面修订的，所以从某些方面可以看出犹太教是反映着犹太人的方方面面的。

摩西五经，英文名 Torah，意为律法，戒律。其中最有名的就是"摩西十诫"。可是，五经远比律法更加宽阔。它以叙事的形式讲述，并在其中嵌入律法。摩西五经共 613 条。所以，在某种程度上说，Torah 更像是一部法典，而不是一本教派的指路书。Torah，除了点明教派信仰以外，它的戒律主要围绕人性所要遵循的基本道德出发，规范人们的言行举止，行为处事，传统礼节。

08

信仰基督教的人都认为人生而有罪，人类的始祖亚当和夏娃因偷食禁果而犯了罪，耶稣之所以会被钉在十字架上是因为他替我们承受了罪，替我们救赎，所以我们才能够得到永生。在这里，耶稣的救赎是对人类爱的一种表现，不愿人类承受世代相传的罪而舍弃自己的生命。

在关于救赎理论中，有两种理论较为突出，一是普世救赎论，二是善功救赎论。所谓"普世"就是说耶稣的救赎是每个人都可以得到的，这是无条件的，并不是因为人们后天做了努力而获得的，主要是因为耶稣对人的恩宠和慈悲。而"善功救赎论"则是有条件的，需要人类通过后天的努力和补救，并得到上帝的认同才可以得到救赎。

我个人倾向于善功救赎论，所以我姑且去相信人生而有罪，我要去赎罪，而这种赎罪的方式是通过善功来得以实现，那么对于生活上的一些挫折就不妨将其视作是上帝对我的考验，我越过一道坎，就离赎罪又近了一步，我越不过的话，原因有两种，一是自己不够努力，没有得到上帝的认同，二是因为我走错了方向，我应该换个方向去尝试。这样去想问题的话，那么生活中很多难题我都不用去钻牛角尖了。人生有数不清的为什么，为什么要吃饭？因为要生存，那为什么要生存？因为要体验人生，那为什么要体验人生呢？总有无数个为什么向你袭来，或许得到救赎可以成为那无数个为什么的答案，至少我认为自己可以这样子去想。可能有很多人都说自己是个无神论者，但是当你真的走投无路时，你的心里会不会出现祈求，会不会出现祷告，只有自己知道，口不对心的话人人都会说，但人活着总要有目标，有方向，碌碌无为的生活是悲哀的，没有方向的生活是不值得过的，在这里精神支撑很重要，心里安慰很重要。

12

说起基督教，我想大家已经不会怎么陌生了吧！因为我们身边有很多信仰基督教的人，相应地也建立了很多基督教堂。在我们学校周围也是有基督教堂和基督教会团契，我去年也跟着室友去参加过基督教会的各种活动。我第一次去也是怀着紧张又好奇的心去的，因为我想知道基督教除了信仰耶稣，弄个十字架之外还有什么不同，为什么我室友总是会忙着基督教的事情。再者，我是一个无神论者，我怕我受到耶稣的感染，自己也会信仰基督教，成为基督教徒。其实不然，我们开始进去，跟着他们一起做祷告，表现得十分真诚，低头还要低声说感谢我们的主，感谢我们的上帝，让我们来自五湖四海的兄弟姐妹相聚在这里——阿们！祷告完之后又学基督教歌，读《圣经》，玩游戏，我觉得这种气氛特别好，它会让我们很好地团结在一起，然后善待他人。耶稣也说过，"宽恕自己和爱我们的仇敌"，我很赞成这种观点。

14

很多时候可能一提到基督教，别人就会想到这是西方人的宗教，确实基督教在欧洲发展很好，并且欧洲普遍盛行基督教。特别是中世纪的欧洲，整个欧洲都在基督教的笼罩之下，教权凌驾于皇权之上。人们都前仆后继地向上帝忏悔，救赎自己，把自己所受的困难向上帝倾诉，从而让自己的灵魂得到解脱。但是在中国，基督教也得到了很大的发展，第一次是在唐贞观九年的时候，称为景教。后来因为唐武宗灭佛，基督教被殃及就消失了。第二次是在元朝时期，但后来随着元朝的衰亡基督教也消失了。第三次是在明清之际，但后来由于引发了中国礼仪之争而被康熙禁止了。第四次是在鸦片战争之后，基督教凭借着不平等条约在中国有了很大的发展，并且成立了中国基督教。改革开放后，中国基督教的发展加入了一些时代的要求，更加具有先进性。

在今天中国社会转型的时期，一些中国人已感到其激情耗尽的疲惫，更有人因几经拼搏后面临贫富中差距的加大而灰心失望，社会的贫富差距越来越大，有钱的人挥金如土，享受着高端奢华的生活，贫苦的人却还天天想着如何解决温饱问题，等等。

15

基督教之所以可以成为世界三大宗教之一，肯定是能给人们的精神世界带来积极向上的影响，它才会受到如此大的追捧，教徒数量才会发展得如此迅猛。学习了基督教的知识后，我主要是想谈谈基督教十诫里的孝敬父母。在我们国家，越来越多的老人被送到养老院，明明有儿女，但是大家都不想照顾老人。于是把自己的父母送到养老院，这样的行为给老人的身心健康带来极大的伤害，让老人感到很失望。为什么小时候我们再怎么调皮再怎么难带，父母都没有嫌弃我们，当父母一把屎一把尿把我们拉扯大之后，我们却用如此无情的方式去对待生养我们的父母呢？我认为基督教十诫里的孝敬父母提得十分好，连自己的父母都不爱的人，还能指望他去爱他人，舍己为人吗？所以我非常赞同基督教提出的孝敬父母。

18

基督教产生于公元 1 世纪初前后，它是一种信仰上帝和上帝之子即

"救世主"的宗教，英文中我们把它称作 Christianity，它包括罗马公教（即天主教）、东正教、新教（即路德教、加尔文教、英格兰国教）三大教派及其他一些小教派，与佛教、伊斯兰教并称为世界三大宗教。相传，基督教的创立者是上帝之子耶稣，其使命则是要拯救世人。

研究任何一种宗教，首先应该从它产生的初衷出发。基督教的前身是古希伯来人（我们把它称为智者）的宗教，即犹太教，又称摩西教。其中最著名的当属《出埃及记》的"摩西十诫"：①除了上帝，没有别神；②不要制造任何偶像；③不要妄称神圣上帝的名字；④记住安息日为圣日；⑤孝敬父母；⑥不许杀人；⑦不许奸淫；⑧不许偷盗；⑨不许做假证；⑩不许贪恋别人的妻女和财产。这充分体现了上帝是人们唯一的救世主，每个人都应该爱世人、爱人类。那么，基督教最初到底是怎样产生的呢？上面我们已经谈到，基督教脱胎于犹太教，所以在这里，我总结了两条其产生的原因，如下：

第一，从其历史背景来看，最著名的就是"巴比伦之囚"。我们知道，犹太民族历来是一个多灾多难的民族，早在公元前586年，新巴比伦国王尼布甲尼撒二世就占领了巴勒斯坦地区，并将当地富裕的犹太人掠到巴比伦，这就是历史上著名的"巴比伦之囚"。后来，犹太人还先后被波斯帝国、马其顿王国、托勒密王国、罗马帝国等侵略和占领。虽然犹太人民进行过起义来反抗外来侵略，但均以失败而告终。于是当他们在生活中感到绝望时就转而把希望寄托于宗教，希望在思想上得到安慰以获得精神上的解放。

第二，从思想根源来看，圣经包含了《旧约》和《新约》。这里的"约"就是犹太人在《旧约全书》中记载的上帝与世人所立的"契约"，并把自己视为"上帝的选民"。关于人类始祖亚当和夏娃在伊甸园因偷食禁果而犯了罪，被罚下人间世代受罪，即"原罪说"，人类先天就带有"原罪"，这也就成为人类罪恶的根源。人类既有"原罪"又有"本罪"，于是上帝派上帝之子耶稣降世为人，代人受过，被钉死在十字架上，以使人类得到救赎，人们因信基督而罪得赦免，由此得永生。从这边可以看出，早期基督教的"原罪说""救赎说""宿命论"等观点皆来自犹太教。

基督教最初产生于犹太下层人民，是下层人民的组织，所以它必然关心和同情穷人和无权者。但是随着教权和王权之间产生的激烈争夺，教皇成为"基督的代理人"，最初的基督教初始教义就开始变质了，教义也就成为教权和王权之间争夺的牺牲品。最典型的就是欧洲中世纪时期的"十字军东征"。从1096年到1261年，十字军先后以耶路撒冷为目的地进行武装朝圣共进行了7次东征。事实上我很怀疑这些骑士进行东征的目的，或者更确切更合理的说是，教皇进行东征的目的，难道真的是缘于对宗教的狂热吗？我的答案是否定的，这只是教皇玩的一个把戏罢了，同异教徒作战只是一个幌子，其实质上已经从一场关乎宗教战争发展成了一场持续时间较长的侵略战争。这些骑士可以离开自己的妻子儿女，放弃自己的财产，在没有任何报酬的情况下去攻城略地，对于他们这样的做法，实在令人难以理解。所以我个人认为，只要你信仰上帝，相信耶稣，无论你在哪个地方，耶路撒冷也好，罗马也好，地域根本就不是问题。

著名的神学家托马斯·阿奎那在《神学大全》中指出："人世间以理性为基础的伦理道德有助于人们获得尘世的幸福，这一幸福的完满和完成还必须等待人们身后获得上帝的拯救，而获得拯救者不仅需要遵守符合自然的道德，还必须有基督教的信仰，必须爱上帝和爱世人。"基督是人性和神性的完美融合，人类需要人性，也需要相应的神性，或者说是一种理性，人的活动必须以信、望、爱为依托，脱离了理性，人的行动就具有随意性，而宗教也会发生变质，宗教不成其为宗教，而成为人们谋取私利的工具和手段。

28

基督教是一种世界性的大宗教，我们知道它的前身是一个聪明的民族——犹太人的宗教。他的创始人是耶稣，据说耶稣用六天就创造出整个世界。因为身边没有信仰基督教的，因此不是特别理解它。基督教传入中国，对中国有什么影响呢？我们又该如何对待基督教？

每一个宗教能够存在这么久总是有一定的意义和基础的。基督教能够传入中国说明它还是具有一定生命力，还在一直发展着。基督教宣传信仰上帝，认为上帝是万能的，同学们的口头禅"oh my god"大概也来源于此。基督教传教士给人们带来了一些先进的文化知识，在中国兴办教育，出版书籍；创办报刊，兴办慈善事业，使思想发生激烈碰撞。此外，我们还应看到，很多传教士也以实际行动来证明信仰上帝之人的仁慈，他们经常帮助弱者，让上帝的光芒照耀全世界。基督教在中国历史上发挥了重要的作用，它在一定程度上推动历史前进，直至现在，基督教正潜移默化地渗透进我们的生活。

基督教是世界范围内有较大影响的宗教。我们应该吸收基督在人的信仰方面的思想优势，更好地建设社会主义国家，尊重它作为文化的本身意义，尊重基督徒的宗教生活方式。当然，我们也要加强自己的文化软实力，防止文化霸权主义，识破某些国家借传播文化达到政治扩张和民族扩张的目的。

29

基督教是一种世界性的大宗教，它是指信奉耶稣基督教为救世主的所有教派。

基督教信奉上帝创世说，有三种叫法，分别是耶和华、耶稣、圣灵。讲到上帝，让我想到曾经看过的一部电影《天作音》，这部电影中有一个镜头让我记忆犹新。这个镜头主要就是讲信奉上帝。那里面讲的是一个男主人公为了即将来到自己生命中的一个人折了一个"神奇的盒子"，这个盒子之所以神奇，是因为你可以把自己生命中所有不高兴的事情写成纸条然后放进盒子里面，交给上帝去解决。这个盒子最后在医院里成为一个传递神的爱的工具，但是人们会不会真的就坚信在放了纸条后，上帝已经接单这件事情呢？这令我感到十分疑惑。然而当我在《福音书》所载耶稣基本要点中看到了"上帝是天上的父，人们是兄弟"以及"宽恕自己的仇人"，让我顿悟了许多。

从这个镜头，我们可以这样认为，医院的人将不开心的事情交给上帝处理，也就是说，人们将不开心的事情投入盒子里面，接着就不会再去想那件让自己不开心的事情了。换种角度来看，就是不管那些不开心的人或者事甚至是仇人，因为他们十分的信仰上帝了。

我觉得人们既然宽恕了那些使他们不开心的人或者是事，那么此时的宽恕可以说是一种博爱了吧。可见爱是从上帝而来的，我们有些人可能会否认：自己怎么就没有爱的能力呢？不是很多不信仰基督教的夫妻都恩爱到老了吗？事实上，我们人是具备爱的能力的，但是这种"爱的能力"是有缺陷的。我们不信仰基督教的人可以专注于爱一个人，可以给他们最好的时间，最好的礼物，甚至可以为一个爱人放弃生命。但是我们的这种爱存在两个问题：一是爱的强度不够。比如我们可以爱一个自己"爱"的人，但是我们不能爱一个自己不爱的人；二是我们爱人的方式不正确，比如我们有些父母，对孩子是溺爱，有些恋人的爱是极度的占有。

在我们现在的社会，能够做到像基督教那样的博爱，那是很难的，但还是存在这样博爱的人，我们十分钦佩这样的人。

32

本人作为一名农村家庭的独生子女，父母每天忙于工作，早出晚归，早已习惯了一个人的世界，也享受一个人的自由。不久前看课外书时，偶然间发现基督教有个制度叫隐修制，它也是追求一个人的自由，一种保障精神上自由的肉体自由。下面我就隐修制是什么、隐修制怎么样简单谈谈我的看法。

一　隐修制是什么？

隐，即退隐；修，即修炼，所以隐修制就是指基督教信徒为了心中的一份信念避世苦修的一种主张和制度。这种制度源于公元3世纪，当时许多基督徒正是采取了这种生活方式躲避罗马帝国的迫害，逃离了令人不满和厌倦的世俗生活。这种制度的思想渊源是基督教的禁欲、苦修及神秘主义等思想，其实施全靠自觉。

二　隐修制怎么样？

马克思主义要求我们用辩证的观点看问题，当然这个隐修制也不能例外。隐修制的推行是一把双刃剑。一方面，隐修制作为一种制度，它在一定程度上丰富了我们的文化生活，同时，隐修是为了更好地保存原有的基督教思想，不让它被别的思想所吞噬，同时在原有的基础上将其发展，所以隐修制有利于基督教思想的保留和发展。但另一方面，由于隐修制主张基督教信徒避世苦修，而且多数情况下是"离世独修"，所以它对于基督教思想的传承又是不利的。

俗话说："金无足赤，人无完人。"制度也不可能是完美的，所以对于隐修制，我还是蛮看好的。我也觉得我们当今的这个世界正需要这样一种制度，让人们不至于沉迷于这物欲横流的社会之中。

33

以前从来都不相信基督教之类的一些宗教，总是觉得那是迷信，虚无缥缈的东西，会让人盲目地去崇拜，去做一些不符合实际的事情，因为看到过身边有这样的事情发生。堂弟的外公外婆信奉基督教，在他外婆病重的时候，居然没有去医院看病，而是在家向上帝和耶稣祈祷，做祷告，让病痛远离。可是这样并没有减轻病情，反而更加严重了。还好家里子女及时送去医院接受医生治疗，才得以治愈。虽然在中国信奉宗教自由，信仰自由，但是我们不能盲目地、迷信地去追求，有病就应该去医院看医生，而不是用迷信来把病治好，这样是没有作用的，会害人。这样也并不是说我们不能去信奉宗教，我个人觉得人必须要有信仰，没有信仰的人是很可怕的，他们不相信有地狱与天堂，不相信有鬼神，不相信有灵魂的审判，所以他们觉得只有今生。没有灵魂的审判，那么今生就可以尽量为所欲为了；坏人认为只要不犯法，其他恶干再多也没关系，更坏的人，连今生也不顾，铤而走险去犯罪！

我以前也是完全不相信宗教这类东西的，但在大学生活中却逐渐改变了我对基督教的看法。寝室里有个室友是信奉基督教的，刚开始知道她信奉基督教，我还觉得有点奇怪，总以为这些信仰宗教的都是老年人，像我们这样年纪的人，应该都是无神论者。后来才知道我们学校是有一大批基督教徒的，他们有一个聚集的小组织叫团契，每天都差不多会有基督教活动。有时候会跟室友一起过去玩，才发现其实他们团契是很有爱的。比如说早上读经，做祷告，星期天做礼拜，而且他们团契会给每一个团契里的人举办生日会，大家一起过生日，以神的名义，送给他们爱。慢慢发现团契确实是一个很有爱的小家庭，教会每一个人去爱身边的人。而且《圣经》教会他们更多，就像这一段：爱是恒久忍耐，又有恩慈；爱是不嫉妒，爱是不自夸，不张狂，不做害羞的事，不求自己的益处，不轻易发怒，不计算人的恶，不喜欢不义，只喜欢真理；凡事包容，凡事相信，凡事盼望，凡事忍耐。爱是永不止息。《圣经》里的经文教会他们怎样做人处事，怎样对待他人，要孝敬父母，等等，这些是在很多地方学不到的，至少在我看来，这些是每个人都需要去学习的东西，而《圣经》确实值得我们去看。

我们并不是不能去信奉宗教，就像基督教，《圣经》里的很多经文我们可以慢慢去解读，可以让自己学到很多东西。其实基督教对生活的影响还是很大的。我认为，人真的还是要有信仰，那样的生活才更加有意义，而且在我们信仰宗教的时候，我们不能把它当作迷信，而是要当作我们内心所信奉的东西，不是盲目的，是清醒的。

35

中国基督徒中的绝大多数，都是在人生道路上受到了重大挫折，中途改变信仰，由原先信仰儒教，而改信基督教的。在中国有一个特点，去教堂做礼拜的基督徒大多数是穷人，即使不是穷人，在同类人群中，经济上也是属于不行的。

为什么他们会信仰基督教呢？其实也就相当于问为什么人们信仰宗教一样。以前听我邻居偶尔聊天说过，她信仰基督教的原因是因为她的丈夫近些年身体不好，然后听别人说去信基督教，每个星期去做礼拜，这样她的丈夫就会慢慢好起来。我当时听了心里觉得很可笑，是真的，我从来不信这个，尤其是对于我们多少读过书的人来说，这种理由真的难以说服人。但并不是说信仰基督教是错的。我认为他们去信基督教，最起码心理上会得到安慰，通过这样的方式来减轻心理上的压力，减少心中的恐惧，过上幸福快乐的生活。

但是，现实生活中，尤其是在农村，很少人是真正意义上的信仰耶稣，信仰基督教的教义，我觉得大多数人是受拜金主义的影响。他们甚至在做礼拜的时候，心里想的都是如何升官发财，如何挣更多的钱，那我觉得就已经违背了基督教的基本教义了。

当然，信仰这个东西都是因人而异，也没有对与不对，我觉得唯一的评判标准就是，在不违背社会道德标准的情况下，不通过损害他人的正当利益而满足自身的利益，这样的信仰才会得到大多数人的认可，才能算是信仰。

36

基督教作为外来宗教的确在现在的中国产生着极大的影响，有着许许多多的信奉者。特别是在广大的乡村，许多上了年纪的老人，以女性为主，都信奉着基督教。每个周末都会看到一个特别的现象，一群老太太背着布包，布包里面装着《圣经》。无论是炎炎烈日，还是狂风暴雨，她们都一如既往地去敬拜。基督教教徒信奉不杀生，博爱的思想在现在社会还是有着一定的积极作用的，这有利于促进社会的和谐与稳定，增进人与人之间的情感。

基督教道德的核心内容，是"十诫"和"信、望、爱"。

在当今社会，"爱"的具体表现为：爱自己的国家，爱自己所处的社会，爱自己的人民，爱自己的本职工作，积极投身于国家的经济建设，为祖国的繁荣富强做出应有的贡献。基督教的爱对于现在社会的发展和人与人之间的交往起着一定的积极作用。

任何的宗教都要辩证地看待，对待宗教不能一味地推崇也不能一味地批判。凡事都不是绝对的，对待宗教就只有让我们自己去发现。

38

基督教是一个世界性的大宗教，其一整套完备的理论体系与学说影响了无数人对世界的认识。在上帝的存在深深的植根于每一个信众的头脑中时，随之而来的是信众对于上帝绝对权威的畏惧与崇拜。信奉基督的人从来都是向往生活在上帝为他们构造的所谓的"天堂"中的，上帝告诉他的信众："要想进入这一天堂，你们就必须洗尽身上的罪恶。"因为人生来就是有罪的，上帝把这一罪称为"原罪"。而由于这一原罪的存在则造就了西方人心中几个世纪以来的对自身罪感的反思与负疚，也正由于这一原因，西方文化中也就形成了一种特有的文化即罪感文化。然而在世界的东方则不同，东方的人们甚至在近代以前都不知道上帝是谁，他们信奉的从来都是拥有实际尘世权利与力量的人物，东方的人们按照自己尘世的等级体系构造他们的天国世界。在东方的神话中，神仙是有三六九等的，凡人是可以通过修炼到达天国世界的。应运而生的是影响东方世界几千年的儒家文化，儒家从来都不确认自身力量的罪恶，儒家崇尚积极进取的人生，儒士对封建特权的向往致使儒学在东方封建社会沦为封建特权的统治工具。那么这两种文化到底有何不同，它们对东西方社会又产生了怎样的影响呢？

一是罪感文化带来自身行为的反思，儒家文化带来对特权力量的盲目崇拜。

由于信奉上帝的人们上帝告诉他们："他们是生而有罪的，今生好好赎罪，来世才能往生天国。"所以，他们行事都带着一种最为原始的对罪恶的恐惧与对善良的虔诚，做一件坏事会担心加重自己的罪恶，做一件好事会减轻一份由于原罪所带来的负疚。每一个信仰上帝的人都是上帝的孩子，他们生而平等。这也就为西方道德生活的向善提供了原始的动力和奠定了自由平等的道德基础。然而，在东方则不同，由于封建特权的存在，皇帝说一不二，皇帝就是尘世生活中的上帝，他的行为不受任何神权的压制与禁锢。而且皇帝拥有尘世生活的最好资源，导致人们对其权力的畏惧与盲目崇拜。儒家文化在此背景下也只能顺应皇权专制构建了一系列的君权至上、家长制、男权至上的封建道德体系。在这一体系中，皇权高于臣权，父权高于子权，男权高于女权，造成东方道德体系在最初的建构中就失去了平等自由的基石。

二是罪感文化带来西方世界思想的解放，儒家文化延缓东方世界思想的解放。

在步入近代的路上，西方人最先觉醒，他们认为信仰上帝的人应该是生来自由平等的，统治他们的力量应该是来自自己内心的信仰力量，而不是某些教权和特权的存在。所以他们奋起批判教权，皇权，倡导自由平等，掀起了文艺复兴，宗教改革，启蒙运动等一系列思想解放运动，将西方社会最先引入现代社会的道路。在这一过程中，上帝用他的手掌将西方世界的孩子推向了现代社会。但是，在世界的东方，人们还生活在封建特权的专制统治的阴霾下。儒家文化明确告诉他们，为人臣，为人子，为人妻就该恪守本分，封建特权才是他们尘世生活中唯一要遵从的力量。东方的人们就这样在儒家构建的封建文化体系中生活。当西方人用巨舰大炮敲击他们的国门时，他们才发现世界早已不是那个皇权至上的社会了，比皇权更厉害的是现代化的力量，是资本的力量。至此，东方才开始艰难的现代化的探索，一步步走向思想解放、社会进步的道路。

总结：在21世纪的今天，东方的大多数国家依然落后于西方世界。作为东方发展中大国的中国，我们更应在实现现代化的道路上奋起直追。但是，在这一过程中如何处理好西方文化与我国传统文化的关系是一个非常重要的课题。诚然，以儒家文化为代表的我国传统文化有其不足之处，但其中更不乏有助于我国现代化建设的积极成分，我们在学习西方的同时更要注意与我国传统文化的结合发展，兼容并蓄才能真正促进我国现代化的文化建设。

45

学习了基督教以后，发现很多的明星信仰基督教，有王祖蓝、张惠妹、郑秀文、范玮琪、蔡少芬、吴奇隆等人，在我们的政治领导人里也有信基督教的，如孙中山、宋庆龄、张学良等。这可以明显看出基督教对世人的影响。

那么，基督教又有什么魅力让这么多的领导者和明星信仰呢？从这个角度，我自己思考了下关于基督教之所以受人信仰的原因。世界的现状，大多数人们已经有了足够的物质条件，得到了良好的物质享受，但是不管是平民还是明星，又或者是领导人，都会有这样那样的压力和烦恼无处宣泄，担心处事不明，担心容颜易老，担心名气减弱，担心自己不受欢迎，等等，这表明他们都缺乏精神上的财富。若是想要保持良好的精神财富，除了接受正确的信仰以外，可能很难找到其他的事情来代替。而正是因为基督教的存在给了人们一个指引，所以让他们生活得更加丰富。

信徒中间已经有很多实例告诉我们，信仰基督教使他们变得更美好，过得更幸福了。很多曾经在迷茫中自杀、酗酒后发生车祸的明星们在信仰基督教以后都有所变化了。他们可能是追星者中神圣的存在，但在信主的人里面却是很谦卑的,可能正是因为基督教是信上帝的,而且基督教主张人生来有罪,需要通过耶稣的救赎来赎罪,他们可以通过对耶稣的忏悔和祷告得到心灵的救赎,心灵上得到慰藉。所以现在越来越多的人信仰基督教,这在我看来也是可以理解的。

50

一 内容的理解

第一,我是耶和华——你的上帝,曾将你从埃及地为奴之家领出来,除了我以外,你不可有别的神。这是第一点,也是最为重要的一点,这关乎信仰方向的问题,这一点是摩西十诫的基础,只有信仰了你才会有遵守下面的九诫,好比中国必须坚持中国特色社会主义一样,只有坚持社会主义本质不会发生改变,才会有接下来的围绕社会主义展开的建设。只有坚持了基督教的信仰,你才能围绕基督教展开合理的教义,这也树立了基督教的权威性,神圣而不可侵犯,将基督教置身于一切之上。这无疑是维护基督教的信仰统治,对基督教的发展有着基定基石的作用。

第二,不可为自己雕刻偶像,也不可以做什么形象仿佛上天、下地和地底下、水中的百物,不可跪拜那些像,也不可供奉他,因为我耶和华是你的上帝——忌邪的上帝,恨我的必追讨他的罪,自父及子,爱我守我诫命的,我必将向他们发慈爱直到千代。这点无疑是对第一点的补充说明,不让别人信奉别的神,而且不信奉他的也将受到惩罚,这就意味着自己是唯一的神。在当时的生产力水平低下的年代为了维护教会机构的正常运行,这是唯心主义普遍的做法,也没有什么特别之处。

第三,不可妄称耶和华之名——你的上帝的名,耶和华必不以他为无罪。这就是说,冒充耶和华之名是有罪的,这条具有很大的道德指导作用,冒充是有罪的,是会受到耶和华的惩罚的,无论冒充目的的好坏,冒充的方式如何,都是会受到责备的,鼓励人们诚实待人,而且也为会社安定做出贡献,给未来法律的制定提供雏形。

第四,耶和华六天造天造地造海和世间万物,第七天为安息日,即"圣日"。这可以算是影响至今,摩西不单要求人们要劳动,通过劳动创造价值，耶和华就是劳动模范，而且还注重人的生理和心理的发展，人的身体有一个承受度，人的心理也需要一定的放松，劳逸结合使得人们身心愉快。

第五，当孝敬父母，使你的日子在耶和华——你的上帝所赐你的土地长久。孝敬父母是社会历史长期的美德，如今社会出现大量的啃老族，自己不愿意出去找工作，逃避现实社会，不敢面对自己的堕落无能，依靠着父母的积蓄坐吃山空，这是违背社会道德的，不提赡养的义务，连自己的家庭社会责任都做不到，摩西提出这一点具有积极的意义，对于当时社会的良好风气养成有很大的促进作用。

第六，不可杀人。在当时社会治安混乱，社会法律都不完善，只有靠内心的信念来维持自己的行为，这就倡导人们加强自律，不伤害他人。

第七，不可奸淫。这和中国的三纲五常有相像的地方，要求人们克制欲望，不能因为欲望而去做有害他人、违背社会道德的行为，尤其是对于一些物质财富比较富裕、社会地位比较显赫的人来说，通过权威力量规定着他们不能做违背伦理道德的事情。

第八，不可偷盗。显而易见，盗窃从任何角度来说都是违背人类和社会的。

第九，不可作假见证诬陷人。如今社会这已经是属于法律的范围了，将遭到严厉的惩罚。

第十，不可贪恋他人的房屋，也不可贪恋他人的妻子、奴婢、牛马和一切东西。这也是要求人们克制欲望，不可做出伤害他人的行为。欲望每个人都会有，遵守规则不是每个人都能做到的，摩西提倡为善。

二 意义的理解

第一，法律层面。从第四到第十诫都属于法律的层面，都已经记入在法律的内容里了，违背是有相对应的惩罚的，而且根据不同伤害程度以及对社会的影响，有不同的惩罚程度，对于当时法律的建立提供了参考，这不容怀疑的是十诫是宗教的法典。

第二，道德层面。第三条、第五条、第十条都是属于道德层面的，可以违反但有一定的度，超过这个度就上升到了法律的层面，所以对于人们的道德形成很大的推动作用。

所以说摩西十诫具有非常重要的意义，无论是法律的制定还是道德的形成，社会良好风气的形成，虽然存在一定的局限性，毕竟是时代的产物。我们要结合时代的背景去评论，总的来说是积极的意义占主要的。

第十一章　领略基督教的演变与教义

在西罗马范围内，天主教会教廷在罗马，在东罗马范围内，教廷在君士坦丁堡，东西双方相继在首席主教权、基督教礼拜仪式的差异化发展、圣灵圣父圣子关系、神职人员是否可以结婚争议等方面产生了分歧，于是1054年，天主教会的罗马主教利奥九世与君士坦丁堡大主教米恰尔互相开除教籍，断绝关系，基督教正式分成天主教和东正教两派。15世纪，西方基督教在文艺复兴倡导的政教分离与人道主义主流思想影响下，产生了针对旧教的新教理论，但教会的腐朽问题没有得到根本解决。16世纪初，德国马丁·路德以教会贩卖赎罪券为中心，开始了一系列从宗教问题到政治问题的改革运动，使基督教得以快速发展。

基督教传入中国，最早是在唐贞观九年（635年），史称景教。845年，唐武宗灭佛，顺带把基督教也灭了。直到元代，基督教再次传入，称"也里可温教"，也称"十字教"，但流传不广，随着元朝灭亡又告中断。明代万历年间，意大利传教士利玛窦通过学习中国文化，逐渐渗透基督教思想，奠定了基督教在华传播的基业。利玛窦能在中国取得成功，因其注重中国本民族的文化传统，取消西方宗教仪式中强制推行的习俗，从而使基督教中国化。在清代鸦片战争前后，基督新教乘虚大规模传入，中西文化真正迎来了大碰撞的历史时期。

基督教义认为，上帝是万有的创造者，宇宙的管理者，罪恶的审判者，选民的拯救者与真理的启示者。人因为原罪而隔离了上帝，生命被罪恶捆绑，人因此成为被奴役者。人自犯原罪以来，不能自行有正义的行为，成为正义的人。人想要获得拯救，只有相信上帝。因此，信基督称义，不因行律法称义。人在忏悔中，即蒙上帝恩赦成为义人。因信仰上帝才有希望，沐浴在上帝大爱的光辉之下才能获得解放。

基督新教的主要节日：12月25日庆祝耶稣诞生圣诞节，每年春分后第一个圆月后的第一个星期日纪念耶稣复活节；复活节前两天星期五纪念耶稣受难节；11月第四个星期四清教徒庆祝丰收感恩节。基督教主要仪式有礼拜、祷告、受洗、颂歌等。

01

基督教是由犹太教发展而来，且超越原有的犹太教，跃然发展为世界三大宗教之一。而基督教的发扬与传播能普遍被西方国家所接受，尤其是美国，必定是有它成功的原因。其一，就是基督教与各国的政治挂钩。在西方封建时期，教会与教皇的权利就凌驾于皇权之上，皇权普遍受教会的制约。教皇威望多半高于国家统治集团带头人。其二，在历史的发展过程中，只有基督教的宗教改革才会对整个欧洲乃至整个世界产生如此的影响，信仰不再受阶级条件、经济水平、出生、种族所限，且君权也得到了提高，同时君主改革教派使其受用于己，一定程度也扩大了新教对国民的影响。其三，教义的兼容性。基督教也会与其他国家的本土文化相交融。使得在信仰基督教的教徒都有他们的信仰，虔诚的认为信仰上帝就会被救赎。于是上帝就成为众信徒的救世主，信仰与希望。其四，基督教在各国各地的传播都存在了各国各地的特色，就像马克思在中国的传播就具有中国化，及中国特色。而基督教也在传播中承载了各国特色，其中最明显的就是美国了。美国人不仅自己信仰基督教，也把基督教作为传播本国核心价值观的工具。往往，基督教也会在其中得到双赢的结局。

而在世界文化相互交融，共同发展的今天，为什么基督教相对其他的教派能够得到这么多知识分子的青睐？尤其在发展最为强盛的美利坚。首先，从美国人的个性来说，他们追求自由、民主、平等。家庭、人伦相对淡薄，金钱关系更加重要，导致了他们更加容易内心孤独，缺乏安全感。但是物欲横流，社会的高速化发展，容不得他们有足够的时间去了解自己、发泄自己、放纵自己。于是，基督教就像是一剂良药，如强效针一样让他们不需要思考、抑郁，直接相信上帝，便得到了救赎。高歌一句阿里路亚就是解脱了。基督教在美国民众的心中之所以能够得到如此崇高的地位，不外乎基督教如麦当劳一样把美国人的心灵快速的治愈，给他们饥肠辘辘的心灵灌入快餐式的"基督教牌心灵鸡汤"。大多人不愿意思考，而在美国，无论你犯了多大的错误，只要你找间教堂，坐在牧师面前来一次忏悔，向他们倾诉自己的罪过和苦楚，那你的心灵就会得到有效的治愈。既然你在基督上帝这儿得到了救赎，就代表你又可以满血复活，继续到社会生产无尽的工作当中。所以，无论你有无知识，只要你曾经有过苦痛、孤寂，那你就适合信仰基督教，因为上帝会救你。

02

我家曾经是信基督教的，对于基督教还是有点喜欢的，因为比较人性化。比如会设小教室给信徒的孩子休息和学习，他们会教圣歌、让我们玩游戏，还会准备一些零食和小礼物，圣诞节的话还会选一些小孩子做表演、分派礼物什么的。不过因为那会儿年纪小，大部分情节都记不清了，大概还记得祷告的手势和结尾语。基本上每个礼拜都要去做礼拜，称信徒都是兄弟姐妹，是一个挺和谐的大集体。

基督教在中国发展比较广泛，比如在我们那个小县城就有属于自己的教堂，为了方便乡镇的信徒还在各个村镇成立了小据点，每周五晚上请牧师过来给信徒讲《圣经》。当然中国的基督教相比西方的还是有所区别，它带着很明显的中国色彩。我看了一下书，上面也说新中国成立后中国的基督教就和西方教会切断了联系，发起了自治、自养、自传的三自革新运动，发展了中国本土化的基督教。

关于信教这个问题上每个人都有自己的选择权利，虽然我是一个无神论者，但我觉得如果正派的教义或者教派能够带来心灵的安慰与希望，就有它存在的合理性。当然一些不信教的人总是会对一些教派存在着这样或那样的偏见，比如我有时候觉得佛教的存在类似传销的存在，现代中国确实有这样的趋向，寺庙商业化、僧侣职业化等。比如我们那边不信基督的一般会认为，村镇级别的小据点是违法犯罪甚至会拐卖小孩。其实要无神论者相信这些信仰还是有点儿困难的。牛顿老年的时候陷入信教的误区，曾一度反驳早年的理论，后期的研究基本上是伪科学。当然也有因为信仰从而引导自己的梦想道路一路向前的，比如爱因斯坦。我觉得对于合法信仰应保持中立的态度，对于他人的合法信仰应以尊重的态度。

基督教信崇原罪论，对于这点我持反对的观点。该观点认为，人生而有罪，信仰基督才能得到救赎，原罪则是指亚当夏娃偷食禁果。我觉得不能单纯地把亚当和夏娃的过错归结到后代人类的身上，而且懂得男女羞耻之事有羞恶之心这不是人类文明的象征吗？并不是任何人生下来就是恶的，有性格的因素，有环境的因素，教育的因素，自身的因素等，单纯地把人性定性为恶我觉得都是不科学的。另外并不只有信仰上帝我们才能获得灵魂的拯救，我觉得这个观点过于绝对化了，它否认了我们自我向善的能力以及自我良知的存在。而且如果大家都认为因为我们是恶人所以我们要历经苦难，所以我们过得比别人差，这样的观点否认了人的主观能动性，或者说有把阶层固化、为资产阶级申辩的嫌疑。所以对于原罪论我持否定态度，人是要有敢于认错敢于改错的勇气，但是对于不存在的或者并不是我们带来的错误或者罪孽我觉得就没有必要承认。我承认人性存在着一些劣根性，比如自私，但我觉得因为这样就觉得自己有罪是很不合理的。因为大部分人还是存在着良知，还有自我反省的能力，社会也并不仅仅只有丑陋的一面，我们应该发扬的是良性的一面善的一面。

03

基督教的教义中有原罪说和救赎说。原罪说是指人类本性是有罪的，人类在尘世间的职责就是向上帝赎罪。救赎说指整个人类都具有与生俱来的"原罪"，是无法自救的。所以上帝派遣其子耶稣来到人世替人类受难，以自身流血来赎信徒之罪。在学习基督教知识中提到，耶稣为了替人类赎罪选择流血来洗去"原罪"。那么在这里我就有自己的看法。

首先，我不认同赎罪＝流血。基督教"原罪"指的是傲慢、嫉妒、暴怒、懒惰、贪婪、色欲、暴食。每个时期指的原罪不同，但是大致是这些。那么我要说人在这个世界上生活，就算是圣人也会有犯错的时候。人总会犯错，我不赞同犯错要流血来赎罪，更何况耶稣死亡还可以复活，而我们真正的人类生命就只有一次，不能用生命去赎罪。而且用生命去赎罪才是下下等的，如果你犯下了罪，应该用你诚恳的心，用你诚恳的行为去救赎自己，弥补自己犯下的错。

其次，我不认同自己犯罪要让他人来替自己赎罪，这就像是替罪羊一样，不是自己赎罪的，赎罪又有什么意义呢？做错了事之后最主要的是自己认错并且去弥补，而不是找人来替自己流血，替自己赎罪以求自己的心安。

再次，基督教的原罪说和赎罪说相矛盾。基督教原罪说认为，人类本性有罪，人一生下来就带有原罪，人类在尘世的职责是向上帝赎罪。基督教的赎罪说认为，整个人类都具有与生俱来的"原罪"，是无法自救的，所以上帝才会派耶稣来拯救人类。那么，耶稣替人类流血赎罪就是替人类履行了人类在尘世间的赎罪职能。人类在世间的职能已经完成了，他们就可以上到天堂回到上帝身边，再也不需要来到尘世来赎罪了，然而并没有那样，还是有源源不断的人类在出生。

最后，基督教宣扬要爱自己的仇敌，我想，以德报怨，何以报德？所以我支持儒家以直报怨。仇敌之所以称为仇敌，就是有仇有怨有恨。如果对仇敌报以爱，仇敌对你也报以爱，那么就不叫仇敌了，索性就叫爱人罢了。况且这符合理但并不符合情。而且仇敌之所以被称为仇敌，定是他辱你欺你骂你，而你还爱你的仇敌，那么我也只能说，此乃圣人也。那又说你爱仇敌，仇敌爱你，这样他也不会辱你欺你骂你，岂不皆大欢喜？不，那就不能称为仇敌了，又岂能说爱你的仇敌呢？

这也许是我对基督教的了解太过片面了，不合理之处当然也有，望请斧正。

05

基督教教义认为，上帝是选民的拯救者与真理的启示者，人是有原罪的，人想要获得拯救，只有相信上帝。自基督教传入我国以来，我国的基督教徒不断增加，到现在就连农村都有基督教的教堂，有许多人去做礼拜。我在2013年暑假在苏州打暑假工，有一个阿姨是基督教徒，我出于好奇，在一个周末跟着阿姨一起去了基督教堂做礼拜。阿姨在早上六点多就催我走了，说人很多，去晚了没有位置，我觉得有点夸张。六点半到教堂，第一次走进教堂，教堂还是很大的，可以容纳300多人，仪式九点才开始，才六点半座位就被占了一大半，我很震惊。找了个位置坐下，我打量着周围的人，发现各个年龄阶段的都有，有的人坐在椅子上低头沉思，有的在翻看《圣经》；有的闭着眼睛嘴里却在不断地说着话，似是在忏悔。后来人越来越多了，到仪式开始的时候，整个教堂已经挤满了人，甚至几条过道上都挤满了人，站在过道上等着仪式开始。

九点钟，仪式正式开始。先是由牧师向大家问好，领导大家唱赞美主的赞美诗，唱完后全体静默，诗班唱诗。静默完了大家一起祈祷，祈祷完毕，牧师带领大家一起学习《圣经》里的内容，并教大家新的颂歌。欢迎新人，祝福大家，最后再唱诗，念主祷文。整个过程就是围绕唱赞美诗，祷告，牧师讲课，念主祷文几个事项展开的。其中，在祷告时给我的震撼是最大的，在祷告中，有的人比较平静，只是低着头闭上眼睛；有的人嘴里念念有词；而有的人情绪就很激动，嘴里一边念念有词，还在一边掉眼泪，仿佛在经历着什么难以忍受的痛苦。

可能是我并没有那种强烈的宗教信仰，所以我比较难以理解为什么那些基督教徒会有那样强烈的情绪表达。我认为有些事情做错了就认错，再努力去补救，争取把错误降低到最小，毕竟事在人为，信仰上帝向上帝忏悔祷告是解决不了任何问题的。如果总是依赖神灵的力量，人的惰性就会越来越大，只有相信自己的能力，依靠自己的能力，人才会努力不断提高自己。而只有人不断在提升，社会才能不断前进发展。

06

基督教作为世界三大宗教之一，有着丰富的思想内涵。比如说，原罪说，创世说，摩西十诫等。我在这里主要论述的是基督教创立发展的艰苦过程中所体现的坚定信念，坚持不懈的精神。

基督教还没有从犹太教中分离出来时，犹太教经历了许多的战争，几经王朝的覆灭，沦为其他国家的附属，受到了各种势力的残害。但是，它依然顽强地发展着，后来，基督教从犹太教中分流出来。虽然，也受到了各种残害，但它凭借着自身顽强的意志和坚定的信念，不断延续发展着。后来，基督教终于成为罗马帝国的官方信仰。

电视剧《士兵突击》中许三多给人们留下了非常深刻的影响，也许有人认为许三多是一根筋，特别的傻。但是许三多身上有很多值得人学习的地方。首先就是他那不抛弃、不放弃的精神。就是他那不抛弃、不放弃的精神让他有了最后的成就。许三多对人生，是抱着投资的态度而不是投机的态度。投资才有可能成功，投机绝对不会长久的成功的。许三多曾经说过："信念这玩意不是说出来的，是做出来的。光荣在于平淡，艰巨在于漫长。"我们每天的工作其实做久了都枯燥，长路无轻物，所以，坚韧才是体现一个真正职业人士精神的所在。能不断重复做好每一件事，才是真正的职业人士。成功就是简单的事情不断重复地做，这说来简单，做起来不易。

我觉得当代大学生其实还挺缺乏坚持不懈的精神的，其实在做事遇到了困难和挫折的时候，大多数人因为这样或者那样的原因都会放弃，还有就是，现在三天打鱼两天晒网的现象也是非常常见的。我觉得我们还是应该学习下许三多的那股韧劲，用坚定的信念作支撑，把我们想要做的事情，坚持下去，并且做到最好。

07

看到了《更丰盛的人生》这段视频之后，我对里面的教授说的"忙、盲、茫走向死亡"这样一句话产生了深思，我个人不怎么赞同这个观点。我觉得忙碌的经历使我们的人生变得更加的丰富多彩，有时做事盲目说明我们还徘徊在探索的道路上，一时的迷茫困顿是因为我们的思想还处在混沌时期。无论是忙，还是盲，抑或是茫，都仅仅只是我们人生一个阶段的表现，有了它们，我们个人才能变得更加的完整，社会也会因此有了发展的动力。也许我们忙碌，是为了生活与名利，只有不违背道德与法律，又有何不可呢？更何况只有每个人都忙碌着，我们的社会才会有推动力。

在视频中教授一直在强调人生的意义，我认为每个人都有自己存在的人生意义。要是人人都像那些基督教徒一样看破红尘、满足于现状，社会与国家又怎么去发展进步，而且基督教本身就是社会进步的产物。因此我觉得人是有分工的，根据我们对基督教的信仰程度，我们可以把人分为俗人、半个基督教徒、完整的基督教徒。基督教徒通过信仰活出生命的真正意义，而俗人则是在"忙、盲、茫"中找寻生命的真正意义，实现自身的价值。只有各司其职，才不会出现"忙、盲、茫走向死亡"。

10

《上帝之子》讲述耶稣从出生到担负救世主的使命，在追随他的信仰者中，多数都是犯过错的人，他不是为了好人而是为了罪人，给他们重新做人的机会，他让人们相信主。既然相信了主，就要往他的身边走，不要回头再看自己走过的路，那都是过去了，即便是犯过错，他所给你的赎罪就是从相信他开始，相信自己的信仰。只要好好的信靠神，不要软弱，有罪就要悔改，神会宽恕我们，从电影中可以看出耶稣挑选出十二个性格不同的人，追随他就是通过救赎他们的灵魂，提升信仰。

迈向十字架之路，在罗马的统治者看来，耶稣藐视法律，只有神才有权力赦免别人的罪，所以他为世人的罪钉上十架，他流出宝血，因此罪恶得以被赦免，他死了之后就埋葬了，并且第三天的时候耶稣又复活了。主耶稣用他的生命将爱恩赐给我们，主耶稣将这份美好的礼物白白的赐给我们，只要你愿意相信愿意接受，你就可以成为上帝的孩子。他让人们时常自我审视，在不脱离现实的情况下坚定着自己的信念，怀着感恩的心，积极向上，他用爱征服人类，也拯救了人类的灵魂。

11

传教士在中国内地传教合法化是在英法联军入侵之后，《天津条约》和《北京条约》强行规定了传教士的活动自由，自此中国人才开始受到传教士的影响。一开始中国人是非常抵触这些传教士的，根本无法靠近。一般人不愿接近这些人，更不用说成为它们的信徒了。基督教早在17世纪就已经传入中国，最开始传教士从达官贵族入手，但是失败了，所以转向平民，从弃婴入手。

到了19世纪末期，中国境内有近百万基督教徒，传教士对中华文明的进步产生了一定的有益的影响，对贫穷封建落后的中国起了促进作用。例如基督教徒秉承人人都是上帝子民的平等信念，提升了妇女地位，重视弃婴，但是也不乏一些人利用治外法权在中国作威作福。也正是因为基督教信念与我们中国传统信念有很大的差别。所以导致后来两者的摩擦愈演愈烈。例如：我们中国信奉"君君臣臣，父父子子"，而基督教徒信奉"无父无君"。还有古代封建的妇女是没有任何尊严与地位的，但是基督教却努力提升妇女的地位，等等。

中国人"以偏概全"的思维模式也极大地歪曲了传教士的形象。传教士在一定程度上推动了中华民族的文明进步，其作用和影响主要是正面的。可在对传教士怀有根深蒂固偏见的中国人心目中却不是这样。他们只看到少数传教士为非作歹和部分中国教徒仗势欺人，而对绝大多数传教士抛弃在外国舒适的生活，"不远万里来到中国"，安于贫困，无怨无悔地在中国传道一生，为中国的教育和农村妇女地位的提高做出毕生努力的行为视而不见。所以自基督教传入中国到基督教在中国传开并产生影响隔了很长的时间。任何事情有两方面，我们也要吸取好的方面，摒弃不好的。

13

基督教是以信仰耶稣为救世主的——神论宗教。它的信仰核心是耶稣，认为人不可试探神，只能拜一神，侍奉一神，对神应以心灵来崇拜。若亵渎神灵，则永世都不可得到赦免。耶稣强调了最重要的一点，"上帝是天上的父，人们是别人"。对待上帝，要尽心，尽性，尽意，尽力。其次他还强调，"欲施于己者，必施于别人"。要我们应爱人如己的对待其他人，这两条是基督教最根本的宗教价值观。耶稣的十字架事件给我们传播了正能量，让我们有勇气面对人生。但我今天想探讨一下人应该寄希望于自己还是上帝。

我承认，基督教作为一种宗教，在很多方面都给我们带来了积极的影响，但我个人不信仰任何宗教，宗教在给我们带来了满满的正能量时，何曾它就没有一些负面的影响。基督教发展到如今，信教规模越发壮观，信徒数量大大增加。其中确有一部分人整天沉溺于教堂，无所事事，天天满口上帝；而内心脆弱的人，越发不肯自我奋斗，把所有的精力都用在拜上帝上，得失全归功于上帝。这样，人们也不再奋斗，社会如何得到发展。我曾经读过这样一段故事。苏东坡有一次和佛印禅师到了一座寺庙，看着观音菩萨手中带了念珠，苏东坡不禁起了疑心，问佛印禅师，观音菩萨已经是佛了，为什么还要带着念珠，她在念着谁呢？佛印说，她在念观世音菩萨的名字。苏东坡又问，她自己不就是观世音菩萨吗？佛印禅师回答说，求人不如求己呀。于是苏东坡陷入了沉思。这段故事告诉我们，求人不如求己。我们去寺庙，去教堂，初衷何尝不是去祈求神的庇佑。想到佛印大师说的话，也是在启示我们，求人不如求己呀！生活中酸甜苦辣咸，样样俱全。生老病死我们也更改不得，神也不能保证我们身无一病，长命百岁。所以我们应正确的看待基督教，对待他，发挥其正能量，抵制其负面影响。人因为蒙蔽了自己的内心，就把基督教，把上帝当作了自己心中的避雷针。所以人应该勇于面对，正视自己的内心，把自己当作神，去奋斗，从而成功。相信那句话——"我命由我不由天！"

18

现代社会是一个理性化的，"除魅"的世界，已不复有任何宗教先知立足的余地。

韦伯在《新教伦理与资本主义精神》一书中论述到，资本主义精神是建立在新教伦理的基础之上的，在一定程度上，新教精神就是资本主义精神，而资本主义精神在资本主义产生之前就已经存在。那么，何为资本主义精神呢？资本主义精神在现代又有何科学价值？

提及资本主义，我们往往把其定义为：贪婪、虚伪、崇尚享乐、追求财富、以个人为中心的利己主义……英国哲学家霍布斯在《论公民》中也曾论述到：在自然状态下，"一切人反对一切人的战争"。人与人之间的关系在某种意义上就是狼与狼的关系，每个人都追求使自身利益得到最大化，在资本主义社会下，什么都能成为商品，包括良心、名誉。然而，事实上，资本主义精神的实质却与资本主义大相径庭。

在此，韦伯在《新教伦理与资本主义精神》一书中，借用富兰克林的一段话来对资本主义精神作出了相关解释，如下：

"切记，时间就是金钱。切记，信用就是金钱。切记，金钱具有孳生、繁衍的本性。切记，善于付钱者是别人钱袋的主人……"

富兰克林上述所说的，虽然尚未给资本主义精神下一个概念性的定义，但却真正地体现了资本主义精神的核心和实质。如"时间就是金钱"

"信用就是金钱""金钱具有孳生、繁衍的本性""勤奋、诚信、正直等条件是成功不可或缺的条件"。毫无疑问,这些品质正可为当下信仰缺失、道德沦丧、是非不分、金钱至上的现代社会补课!

诚然,韦伯在当时的时代背景下,能看到资本主义精神即"职业的伦理"对资本主义的产生和发展的推动作用是难能可贵的。他把它叫作"合理的长时间存在的企业、合理的簿记、合理的技术、合理的法律,与合理的精神态度、生活态度和合理的经济道德"。这一点确实值得我们肯定。但是,另一方面,基于韦伯的上述观点,我们又不可否认其观点有失偏颇,韦伯正是由于过于看重这种"职业的伦理"即文化因素、思想道德因素对资本主义产生的作用,以至于认为资本主义之所以实现并非出于物质的或者说是经济条件。而我们知道,一切脱离了经济基础的社会制度只能是"乌托邦"!

19

因行称义是指教徒只有通过自己的行动才能得救,比如说向教会捐款、参加教会的各种活动等,也就是说只有依靠教会才能得救,得救与否实际上还是由教会说了算。甚至到了后期,教会都成为教皇等人员谋取钱财的手段,完全失去了基督教的教义本质。在15世纪,马丁·路德坚决抗议罗马天主教会发动了一场宗教改革运动,其思想核心是"因信称义",它主张每一个基督教徒的灵魂得救只需靠自己虔诚的信仰,即使没有赎罪券也同样可以被赦罪或免罪。

针对这两种观点,对于当时来讲,无疑因信称义更具有实际意义。但对于我们当今社会来讲,我认为它并没有很实际的意义,"因信称义"主张的是信仰得救,其实在我看来,它就是人们对于现实的无奈而寄托于宗教,期望宗教能够带给他们解脱,可能在一定程度上它能够缓解人们的精神压力,但它实际上真的能解决问题吗?答案是否定的,解决问题只能靠我们自己的努力,一切的寄托与期望都是无用的。所以在新的时代,我认为我们应该赋予因行称义新的内涵,这里的"行"不再是当初的捐赠钱财行为等,而是指有意义的行动,面对一切问题我们都应该去积极寻找方法解决而不是逃避或寄托于他人。所以,在当今社会,我们可以将"因信称义"与"因行称义"相结合，我们既可以寻找一种信仰，使我们在失落的时候能够有心灵上的寄托，缓解压力，在心灵上能有一片净土带给我们力量；同时也要积极地去行动起来，面对一切障碍勇于解决。这样我们才能寻找真正的解脱与快乐。

20

摩西十诫强调了对上帝的服从和忠诚，以及对犹太社会成员的正直礼义行为。

摩西十诫中第二条是你们不要制造任何偶像，强调了不能雕刻和崇拜任何偶像，宣称人人平等。这种带有人人平等意识的律法，显然带有理性的光辉，在摩西十诫中体现出来是比较难得的。与之相对的，在中国古代，有着森严的等级制度，看重高低贵贱，连婚姻也讲究门当户对。而在当代，我们也讲求法律面前、人人平等，注重平等二字，平等之下，法治观念才能深入人心。

摩西十诫中第五条孝敬父母。以律法的形式要求人们孝敬父母是好的，但是这种伦理道德的问题用律法去约束可能未必有明显的效果。现代法律很少有关孝敬父母的法律条文，只制定了赡养父母的义务等条文。关于孝敬父母可能还是得靠道德的约束，需要子女依照良心孝敬父母。如果一个人心中连父母都没有，那真的是无药可救了，毕竟父母是唯一会用生命去珍惜你的人。

摩西十诫中第六条不许杀人、第七条不许奸淫、第八条不许偷盗。这三条是比较严重的违反人性道义的行为，在摩西十诫中有写明，说明上帝要求犹太社会成员正直有礼义。这三条在当今社会的法律中有明确且细致的规定，而且惩罚力度比较大，如杀人是有可能被处以死刑立即执行的。

摩西十诫中第九条不许做假证。上帝向人们宣布不许做假证，说明当时已经存在做假证的行为，需要禁止。

摩西十诫中强调正义，尊重人性等的理性律法，值得在当代法律制定时被利用和借鉴，并吸收成为现代律法中的优秀组成部分，使其发扬光大。

21

　　基督教传入中国几千年，从最初称为"景教"到"十字教"，再到利玛窦的来华传教，一直到鸦片战争之后的传教活动。基督教给我国中华文化带来了多方面的影响。基督教与我国的和谐文明文化是有共同点的，所以这又为基督教在我国的发展提供了空间。

　　基督教的教义里，关于"创始论""原罪论""救赎论""末世论"以及因信称义的"上帝信仰"和"信""望""爱"等是耶和华上帝与人之间订的约。耶稣被钉在十字架上流血受难是为了赎罪，他的复活战胜了死亡，带来了福音，带来了和谐，把解决不了的问题交给神、上帝，得到了神的庇护，得到了爱。基督教的《圣经》说：人本来就生活在"乐园"之中，但因受到毒蛇的引诱，吃了"智慧之果"，这才从"乐园"的天国降入人间的地狱，失去了原有的幸福。就如郭象说的，一切事物，包括人在内，本来都是"独化于玄冥"。可是人在本来就是逍遥的世界中，妄加分别，认为这个好，那个坏，这个对，那个错，总不满足于自己所处的地位，不安于自己的本性，妄想做自己的才能所不能做的事情，这样，人就失去了他本来的玄冥，就不能幸福地生活（"玄冥"是《庄子》书中原有的一个术语，用以描述一种混沌不分的状态，或一种不知不觉、不分是非、不分彼此的精神境界）。到头来，还是苦难，还是陷入人生的"忙、盲、茫"。

　　基督教里有一种情怀是"上帝信仰"，感恩人的生命的诞生，因而相信，希望与仁爱。人一生都在忙碌着，忙碌中变得盲目，盲目前行时就迷茫徘徊，一生的强盛到头还是死去，但是，还是感谢有了生命的存在，有了体验生命的意义。在尘世之城，神的庇护，是遥遥不及的，神解决不了人的事。宇宙和人都是复杂的，其中的事物经常互相矛盾，情况也经常变化，人在其中，若不能灵活应变，必然要寸步难行。譬如说，现实中一个人要维持自己的生存生活，必须得吃饭、穿衣服。这就必须要残杀生命，不仅吃肉要杀生，吃素也要杀生，因为一粒米也是一个生命；不仅穿丝绸要杀生，穿布衣也要杀生，因为一朵棉花也是一个生命。禽兽与草木同是爱的，把草木拿去养禽兽又忍得；人与禽兽同是爱的，宰禽兽以养亲与供祭祀，心又忍得。神的爱是做不到不差等爱的，神的庇护不是万能，只是在矛盾中寻求和谐，上帝信仰情怀是一种感恩，而人是活在一个理性的世界。

基督教的教义契合于我国文化的发展方向，取其精华，去其糟粕，以一种包容的文化情感去感受基督教的文化，用理性的思维去思考基督教的文化发展。

22

现如今社会经济、科技高度发达，社会物质丰富、物欲横流，人们热衷于追名逐利。因此社会竞争激烈、社会压力大。所以，许多人常常会迷失自己、迷失方向，被各种社会压力打倒。情场失意、事业不顺，经常失去信心、一蹶不振，甚至放弃生命。

在这样粗糙的世界中，人们在疯狂追求物质之时常常会精神缺失。也许我们应该放慢脚步，重新审视一下自己的内心，使我们拥有一个更加强大的内心，让我们拥有一个更加正确的价值判断。也许有时候我们需要一些精神慰藉，不是自我欺骗、自欺欺人，只是在我们压力过大的时候分散一下注意力，稍微转移一点压力，让我们喘口气再奋斗。

基督教教义里面提倡"博爱、爱人、仁爱"，这正是我们现代社会所需要和所缺失的。爱上帝和爱人如己，"用爱来对待每一个人，用道德来改变恶人"，这是耶稣的基本教义，也是他的教化方式。我们应该拥有一定的胸怀包容别人，包容自己。虽然为了生存，在现代社会我们必须适当的去追求一些利益，但是，我们一定不能只顾自己的利益，在做事之时我们同样要考虑别人的感受，要在不损害他人利益的基础之上来追求自己正当的合理的利益。君子爱财，取之有道，我们可以拼尽所有，但一定不能不择手段。在我们的心里不能只有自己，我们也需要把别人放在心里，做到"爱人"。我们要保持一定的善良，我们也许能力有限，无法做惊天动地的善事，但是做自己力所能及的小事也是一种善良，我们不以恶小为之，也是一种善良。

我们应该拥有一颗包容和宽容的心，不要总去抱怨不公，在这个社会上抱怨是没有用的，那只是在浪费时间，与其抱怨还不如花你抱怨的时间去努力，去接受。不要总去嫉妒，羡慕，别人的东西你再怎么羡慕嫉妒那也不可能是你的，与其去嫉妒羡慕，不如花一些时间去学习别人是怎么样努力才获得了那样的成就，花时间去发现你自己所拥有的。我们每个人有点欲望有点野心是好事，是成功的动力，但是一定不能完全被欲望控制，有时候我们需要学会满足，俗话说得好，知足者常乐。当我们小有成就之时，我们一定要学会认清自己，不骄傲，我们永远要记住山外有山，人外有人。

对于宗教我们其实不用全盘否定，相信宗教不一定是要我们如何去迷信，我们可以选择不相信，但是其实它也有一些积极的意义，有些对我们现代社会有价值的东西，我们可以吸收其精华，来完善自己。不管世界如何发展、如何变化，希望我们每个人都能保持自己，不忘初心。

23

基督教是现代世界三大宗教之一，从公元 1 世纪到现在为止，在这长达 2000 多年的历史长河中，基督教能流传下来，并成为一些国家的国教，足以说明它本身是存在一定的科学性的，是经得起时间的考验的。

基督教不仅在世界各国广为流传，在中国也广泛的传播。很多国人也信仰基督教，全国各地也都建有基督教堂，可以说基督教在中国已经深入人心了。同时越来越多的年轻人喜欢在基督教堂由神父主持举办的婚礼，相比较中国传统婚礼的逐渐没落，这种洋式婚礼更加让年轻姑娘向往。

基督教的教义有很多是符合人类社会发展的，符合现代文明要求的。它之所以流传至今，教义是起决定性作用的。但是在现今社会，随着经济的不断发展，人们对物质生活的追求，使原本纯洁正义的教会出现了一些问题。这些问题的出现会逐渐腐蚀这座高塔，这就需要基督教徒不断地自律改进和完善了。

就中国而言，现在很多乡村地区，由于人们盲目的对基督教信仰和崇拜，已经使人们出现了迷信的现象。尤其是很多老人家把所有的希望都寄托在祷告上了。认为只要祷告就能实现自己的愿望，家人的成功或者顺利都是因为自己祷告，因为他的心诚所以才求来成功。更有的人对基督教的理解多于对马克思主义的理解。他们甚至对于马克思主义没有任何认识和理解，但是却很信任基督教。曾经听一个老师说过：他想建一个马克思主义教堂，专门传播马克思主义思想，虽然老师的目标还没有实现，但是我认为这是一个不错的想法。就现在而言，国家如果建立一些马克思教堂，广泛传播马克思主义思想，对于中华民族的伟大复兴，增强民族凝聚力，对于发扬爱国主义民族精神和改革创新的时代精神有所帮助，对于现在社会出现的道德危机也会有所改善，从而增强国家软实力。

25

"爱人如己"是基督徒的日常生活准则，讲的是人应该自我完善，应该严于律己、宽以待人，应该学会忍耐、宽恕，要爱仇敌。对于这四个字，我是抱着敬仰而又畏惧的态度的。为什么这么说呢？这四个字分量很重，重到它不仅只是一种愿望，而且是一种境界和理想，所以我敬仰他。在通往这四个字的路上，需要面对的是孤独、非议、不理解，甚至是精神上的摧毁，所以我畏惧它。

这是一种信仰，人说：不要害怕，只要你勇敢信了，也已经很成功了。现在的人，不信很多的东西，正因为如此，我们的生活失去了很多应该有的活力。因为不信努力付出会有回报，所以失去了追求理想的动力；因为不信坚持会有成功，所以失去了追求理想的信心；因为不信宽恕会带来融洽，所以失去对他人的忍耐。渐渐的，我们不明白该如何爱人，不明白如何好好地生活、如何让生活变得有意义。于是我们被遗忘，不是被他人遗忘，而是被自己遗忘。因为我们在一点点地抛弃自己的信仰，抛弃一些我们原本很珍贵的东西，最后落得个人生草草收场的结果。

对于这四个字，我会把他作为信仰，作为生命的礼物。所谓生如夏花，逝如冬雪，就是要好好地生活，做有意义的事，明白昨天永远不会回来、时间不会倒流；明白笨不是自己的错，不努力就是自己的过错；明白心中需要有一颗信念的种子，而你不仅仅要呵护、珍惜它，还有让它长成大树的义务。

"爱人如己"是一个美妙的词，承载着至高无上的精神。他就如每个人心中的神针，只要你愿意让它在你心海中沉入，它会是你一生的力量和支柱。

26

  基督教在唐朝时期传入中国，最初被称为"景教"。在封建帝制统治兴盛时期，它在中国并没有太大的发展，也没有对近千年的中华文化起到重要影响。到19世纪随着西方列强的入侵，基督教才算真正进入民众的生活。

  一方面，清末基督教教义成为农民组织起义的思想武器。农民阶层利用基督教发动农民起义，通过宗教造势，凝聚力量打破加诸于农民身上的枷锁。清朝末年，洪秀全落第之后，偶然得到几本基督教书籍，简单研读后，创立了"拜上帝教"，并公开宣称自己是上帝耶和华的次子，基督耶稣的弟弟，奉命下到人间来救世济民。在广西迅速集合了一大批信众，展开了中国历史上最大规模的农民起义战争，创立了太平天国，建立了农民政权。虽然太平天国运动最后失败了，但对中国封建制度还是造成了不小的冲击。在这一运动中，基督教只是农民起义的一面旗帜，也可以说是工具。

  另一方面，基督教被外来殖民主义和帝国主义利用，对中国进行文化渗透，企图用基督教冲击甚至取代中国传统文化，蒙蔽中国民众。对殖民主义者来说，基督教的作用主要是对殖民地半殖民地民众进行洗脑，宣传侵略者是为了传上帝的福音而来，使民众感恩戴德，不思反抗。而且，近代绝大多数传教士与当地军阀势力勾结，建立教堂，利用宗教进行种种罪恶活动。但不可否认的是，基督教的推广也传播了西方科技和文化，促进了教育的发展，也使得民主、平等、法治观念深入人心，推动了民主革命。由此可见，基督教客观上促进了国人思想的解放和中国文化的近代化。

  而在现代，自宗教信仰自由政策实行以来，信仰基督教的人数越来越多，特别是在农村地区发展极为迅速。但是许多农村教堂内的教父都不具备相应资格，甚至对基督教的基本教义都不甚了解，使得农村一些基督教活动缺乏正规性。而且许多教会都处于无登记无备案无人监管状态，让邪教组织和传销组织乘虚而入。另外，我觉得这也是文化霸权主义的另一种意义上的文化渗透和文化侵略。这一现象应该引起我们的重视，虽然实行宗教信仰自由政策，也要对其进行有效的约束和监管，使基督教的发展更规范化，正确区分正常的传教活动和非法传教，否则，对社会的和谐和发展都将会是一个很大的隐患。

27

信是指世人接受了上帝的感召，对"上帝启示"和"基督教诲"的信奉和遵从。简而言之，就是世人应该忠诚的信仰上帝，信仰耶稣，相信上帝可以拯救世人，使世人得以洗脱"原罪"，死后可以进入天堂。正如马丁·路德提出的信仰得救，世人只须信仰上帝就可以获得救赎，而不需要通过其他任何别的事物。望就是指在信仰上帝"普世救赎"的基础上，对"基督降临"和"最后审判"将所带来的新天地的渴望，对未来能够永生的期盼。也就是说，望要建立在信的基础之上，因为相信上帝存在并且认为相信上帝可以获得救赎，正是因为有了这种相信，所以人们才会有渴望，才会有期盼。就好像在黑暗中不断摸索前进的人突然看到光明一样，看到了光明就意味着，只要努力，就一定可以走出黑暗走向光明，人们带着这种期盼就必然会"山重水复疑无路，柳暗花明又一村"。爱是基督教最基本的教义，也是最伟大最无私的爱即博爱。这里的爱既指上帝对人们无差别的爱，也指人在信仰中表现出来的"对上帝之爱"和"对他人之爱"。这种爱与儒家的那种有亲疏远近的爱不同，儒家的爱有差别，人们要先爱自己的父母兄弟，再有余力去爱他人。而基督教所说的爱则是人人生来就是平等的，不管是上帝对世人的爱、世人对上帝的爱还是世人与世人之间的爱都应该是一样的爱，没有谁优谁劣，更没有谁亲谁疏。

因为信仰上帝可以获救，所以期盼上帝可以解救芸芸众生，才会采取实际行动无差别的爱自己爱别人。这样才能获得上帝的拯救，才可以获得永生。

28

基督教的救赎论是指人因为犯错而有罪，只有信仰上帝才可以获得救赎。对于我这种不信基督教的人看来，这种教义是没有任何用处的。如果一个人犯了大错,比如杀人、抢劫什么的,对别人的安全及财产构成威胁,然后通过信仰上帝就可以得到救赎,那么还要警察、监狱和法官干嘛。如果犯的是小错,比如作业做错了,工作出了点小错误,那又何必要去信仰上帝呢?这些通过自己的努力就可以改正了,上帝又不会帮你解决,你该挨骂的地方还是要挨骂。要是心情得到解脱的方法有很多种,没有非要通过上帝才得到救赎。像老师说的研究生跳楼那个例子,如果他信仰上帝可能就不会死,我完全不赞同。他这么点压力就选择了轻生,以后进入复杂多变的社会肯定会更脆弱,上帝可以使他心情放松,那么人也可以,个人觉得心理辅导师更有作用,完全可以让他帮助你走出困境,所以信不信上帝又有什么关系。

以上就是我对救赎论的看法,如果自己意识到自己犯错了,可以通过自己的努力改正,如果没意识到自己犯错了,那么祷告也没用,一切都靠自己,只有自己才可以使自己真正得到解脱。

30

基督教是一种信仰神和天国的宗教,发源于中东地区。中东的巴勒斯坦是它的前身犹太教的起源地。历经几千年,它为何如此的经久不衰呢?

一种宗教想要发展的话,最重要的就是它的教义了,它就像是宗教的灵魂,决定着宗教的生死存亡。基督教已存在几千年。但不管怎么发展,它教义的主要核心仍旧是不变的,在它的前身犹太教的时候,它的教义主要强调了两个方面:一是强调了对上帝的服从和忠诚;二是对于犹太教社会成员的正直行为。

在这点上,它与中国的道教有相似也有不同,相似是在社会道德方面有着严格的要求,不同之处便是道教的信仰并不讲究统一性,人们对于不同的要求,有着不同的神,并没有要求对某一个神忠诚的唯一的信仰。道教的信仰具有强烈的民族色彩,对于外国人他们在不了解中国文化的情况下,很难理解中国人为什么会信仰龙王、雷公、电母、灶神、土地神等独具中国特色的道教的神。似乎从这点我们就能理解道教为什么没有像基督教一样传播的那么广泛及深远了,毕竟一种宗教想要持续的很好的传承,能向外传播也是很重要的。

在后来的发展中，耶稣出现后，基督教也同样强调信仰的唯一，这就是后来的"三位一体"。上帝是唯一的真神，但它有三个位格，即圣父、圣子、圣灵。而在16世纪的宗教改革中，马丁·路德也同样强调了要信仰唯一的上帝。

除了教义之外还有什么呢？就是紧跟时代的步伐，基督教从犹太教发展以来，在教义上，随着时代的发展还有"信原罪""信救赎""信天国和永生""信地狱和永罚""信末世""因信称义"等。后来的教义是根据不同的时代，基督教徒对于基督教进一步的发展，让基督教可以更好地发展，对其内涵不断地丰富。于是后面就有了天主教、东正教、新教。

34

《圣经》里讲，人生下来就是有罪的，只有信奉上帝才会得救，那么干了坏事信奉上帝也会得救吗？

上帝创造了人，赋予人自由意志，而人却误用乱用自由意志，在原罪的基础上又增加了罪恶，使自己本身成为"戴罪"之人。如果一个人没有犯罪，他的内心会很平静、很踏实、很自由、没有空虚感，生活不颓废。随便过日子，对人产生恶意，心就不会有喜乐，内心就会最直接地判断你有没有犯罪。亚当夏娃犯了偷吃禁果的罪，撒旦犯了骄傲的罪……上帝因为爱世人而为人预备了唯一的救赎的机会，也就是基督教所说的救赎论，救赎的缘由并非因为后天的努力，而是由于上帝的恩赐和上帝对众人的爱。人只要信仰上帝，就可以得到救赎，在上帝面前，人人都是平等的，只要符合条件的人都可以得到救赎。耶稣是唯一不犯罪的人，但是路是非常艰难的，因为世界有很多诱惑、嘲笑，但他可以做到，耶稣为了完成救赎世人的工作而舍弃了自己的生命，人有原罪，唯一得到真正的自由就是跟随耶稣的带领，因此人借由耶稣基督的救赎而从罪的压迫中释放出来，是自己的罪恶得到赦免，从而使自身成为无罪之人，让自己获得新生。

在今天，人干了坏事或违反了法律，只要信奉上帝，还会得到救赎吗？显然是不可能的，如果触犯了法律，必须受到法律的制裁，在法律面前人人平等，而不是基督教所说的在上帝面前人人平等。当然在遵守法律的同时，也可以信奉上帝，并不是为了得到上帝的救赎而去信仰它。

37

这是一个关于人性论的问题。所谓人性，指的是人的本质属性，即个人的、本体的、先于价值判断的，也就是在人的种种属性中，使人成其为人或使人有别于其他的那些属性。它涉及人的地位问题，基督教与中国文化对此皆有深刻的认识。

儒家的性善论思想最早由孟子提出，他的性善论是以心为性本，认为人性的善本质存在和发生于人心。"仁义礼智信"这些人性善的表现是发端于人人皆有的恻隐之心、羞恶之心和是非之心。这种以人心本有善而认为人性本善的思想，经后继儒家的发展成为中国传统文化的主流，并且成为中国文化传统认为人可以因自力达到天人合一境界的依据。

原罪说，即基督宗教中认为任何人天生即有罪的，他们的罪先天地来自其祖先——亚当与夏娃。他们偷食了智慧之果，懂得了男女羞耻之事。基督教原罪的观点在西方近代宗教改革的新教领袖——路德、加尔文那里更是获得了极端的发挥，他们索性指明，任何人生来即是恶人，只有笃信上帝（天主），才可能获得灵魂的拯救。这种人生来有罪的说法，奠定了基督教的思想理论基础。它是基督教教义的出发点和核心。正因为人们生而有罪，才有了基督教要求人们向善、赎罪一说，影响了整个欧洲人的文化史。

基督教原罪说与儒家的性善论表面上看起来似乎不相通，但通过仔细的分析之后可以表明，基督教神学家关于原罪的解释并没有否认人性中"善"的一面。他们通过对恶的原因的分析，强调的是趋善避恶的艰巨和道德抉择的严峻。另外，儒家也从不回避人的堕落的可能性和恶的现实性，他们从天人关系的高度，论证了道德自律的思想。基督教原罪说中关于意志自由的思想和儒家性善论中关于道德自律的思想是人类道德的两条普遍原则，这两种学说不是针锋相对的，而是可以取长补短的。

通过对基督教的"原罪"教义与中国主流文化中的"性善论"的比较探讨，可知二者的"对立"只是一种外在的现象，其内在本质是相通的。二者站在不同的角度对"善"与"恶"进行概念界定，并在各自的文化背景下认识人性的内涵。中国文化传统特别是儒家传统在"性善论"中传递的是"生生不息"的向善与修养之"诚"，而基督教的"原罪说"向世人展示出了人类生存现实的复杂。造成两种文化思想差异的根源是二者对于"人"的不同理解，两种人论背后的不同文化传统和精神理念的支撑，决定了对人性问题的不同看法。无论是基督教的信仰伦理，或者是中国传统的道德教化，都可以吸收在中国现代文化之中，并能适应中国现代文化对神圣文化的需要。

39

基督教自从传入中国，人们从怀疑到接受经历了很长的一段时间，每个人对基督教都有不同的看法，有信仰基督教的，也有唯恐避之不及的，总之，在中国社会掀起了一场信教与不信教的风波。而我作为一个无神论者，谈谈部分中国人对基督教有所排斥的几个原因。

首先，基督教的基本教义违背了中国人的思考习惯。这突出的表现在基督教坚持"一个神"的说法，并且把其他不同于自己的神明称为"邪神"。在中国传统看法中，神灵并不是只能生而为神的，高超的道德和行为可以让一个普通人成为神灵。这是中国作为"道德至上国度"的基本特色。而根据基督教的说法，如果一个人不信仰基督教，那么不管他有多少善行，做多大的好事也一样要下地狱。这种说法让"道德至上"的中国人尤其不能忍受。

其次，基督教习俗违背了中国传统风俗。中国传统风俗有纪念祖宗的儒家思想，也有信仰"万物有灵"膜拜神明的道家思想，以及民间神话传说思想根深蒂固。而基督教进入中国后，却要求信徒不能祭拜祖宗，不能膜拜神灵，而且把这些习俗都称为"膜拜邪神"，这严重违背了中国的习俗，触动了中国人内心里最不可触碰的部分，理所当然的遭到了激烈的反对和抵制。

最后，中国政府对基督教的态度。中国自古以来，都是政府占有绝对权威的国家。不论什么宗教，都不可能超越政府的政权。在中国政府没有明显地表明态度之前，人们也不敢违背政府的意愿。而现今中国政府提倡最多的还是科学与马克思主义，无神论者也是最多的，这明显跟宗教的有神论相矛盾，这样出现排斥的声音也就不足为奇了。

40

基督教是一种世界性的大宗教。它包括天主、东正教、新教三大派及其他小派。与佛教、伊斯兰教并称世界三大宗教，但较之佛教、伊斯兰教，它在世界各地分布更广，占人口比例更高，影响也更大。其教义可分为以下几个方面：①创世论，②三位一体论，③原罪论，④救赎论，⑤末世论，⑥因信称义，⑦信望爱。

从基督教的发展来看，其影响力不可忽视。咱们来举个例子，如果基督教的《圣经》里有规定说教徒不能吸烟，那么你想想看有多少人会戒烟，先不说会有多少人戒烟，但是受其影响的会有多少。放眼观察佛教、伊斯兰教，它们的戒律比基督教更加严格，也更加清晰，可能是因为基督教众太多的缘故吧。在思想上的一种"统治"比其他各方面的统治更加的可怕，从古代来看，各个国家的统治者莫不是从思想上统治民众，而且每次推翻政权也大多都是从思想开始。作为一个世界性质的大宗教，它的发展轨迹，它的教义，它的影响等，牵连了太多太多方面。我不信仰宗教，也不反对其他人信仰宗教，可是我要说的一点就是可以信仰，但别迷信；可以信仰，但别迷惑；可以信仰，但别蛊惑。基于这三点，宗教便可更加为大众所接受，但是有时候就是一厢情愿罢了。它是宗教，必不可少的就是带有神话色彩。且不论怎样，最为重要的就是请不要危害人们的思想，这就足够了。

41

对基督教的了解，一直都是耳闻或者是通过电视等媒体略有印象，从来都未真正了解过它。只知道，它很强大，就像中国的封建制度一样，对人能够产生特别大的影响，甚至许多人为这么一种叫作信仰的抽象东西不惜付出生命。在我的印象与想象中，这样的东西就像古代的皇帝一样，与我这种平凡人是没有什么关系的，而自己也从来没有去想过自己与基督教要有什么联系。直到在学习宗教学知识中的基督教时，让我想起了自己与基督教的一些东西。

　　上大学后，我有个室友是基督教教徒，他经常会在周六下午出去和其他一些信奉基督教的人一起去离学校不远的一个地方做礼拜。后来才知道他们这种信奉基督教的团体叫作团契，就像一个基督教的大家庭一样。有次他带回来一本厚厚的比字典还厚的书，出于好奇我拿在手上仔细看了看，发现这就是传说中的全世界发行量最大的图书《圣经》，翻开看看，里面都是一些关于耶稣以及基督徒和普通大众的小故事，那些故事很短，却充满趣味，蕴含哲理，像一则则朴实的小寓言故事，此后，每次在宿舍没事干我都会抱来翻翻，趣味良多，也加深了我对基督教的了解。发现基督教挺接地气的，也不像我们想的那样离我们生活好远。

　　在去年平安夜那天，应室友邀请参加了他们团契的一个晚会，小小的屋子里，竟然来了有上百人，节目有合唱，圣经故事改编来的小品，互动游戏等。大家都玩得特别开心特别融洽，整个屋子的人仿佛都是许久未见的老朋友重逢一样，欢歌笑语的快乐填满了每个人的心间。基督教在此，作为一种联系你我的媒介，拉近了人与人的距离。

　　信仰也好，宗教也好，是人们对美好生活的一种向往，一种寄托，以及对生命深处的一种不懈探究。往大了说就是一种整体的约定俗成的宗教观念及其仪式，往小了说就是关注我们生活中的点点滴滴，将生活过好的艺术。这是我心中认为的理想宗教的任务与目标，我想基督教也好，佛教以及其他宗教也好，其目的都是让世人有个人生的心灵去处，以便有个过好这一生的理由和动力。

43

　　《圣经》说："死是众人的结局，活人也必将这事放在心上。"但偏偏我们无法将其放下，面对死亡却又无可奈何。那么我们的灵魂得到拯救了，是不是释然看待死亡了呢？

　　那么有什么力量让我们不惧死亡呢？有的人说强烈的精神信仰与精神麻痹，像宗教信仰和药物麻痹，也有人说爱情可以为他生他死。也有人相信轮回，佛教说人死后四十九天就会去轮回成为天神、人、阿修罗、畜生、饿鬼或到地狱中。

那么基督教是如何解决死这个问题的呢？基督教认为，死既是从罪来的，解决罪就能解决死了。神解决罪的方法是叫他的儿子耶稣来担当全人类的罪，为我们死在十字架上，这样他就有地位叫"一切信仰他（指耶稣）的，不至灭亡，反得永远的生命"。但我们只是普通人，不是耶稣，不是上帝。我们才解决罪的方法可能就是我们在日常生活中及时行乐，多种善因，相信善有善报恶有恶报。我们不需要当什么救世主，不需要拯救世界，我们只要保证在现实主义与功利主义横行下，还有一定道德基础的灵魂自救就够了。

其实对于死，每个人想的不一样，年轻健康的时候我们也不怎么会想到死亡，只有我们看到或经历了生老病死，我们才开始自我恐惧。可能到我老了的时候，真的就相信宗教了或者一些好像很离奇的东西，反正现在是半信半疑。不过现在我知道，人生没有迈不过去的坎坎坷坷，无惧死亡不代表就需要选择它，被自己击败的人是最悲哀的！做什么事情的时候，还是要三思而后行！

44

"春天来了，花儿都开了，叶儿都舒展了，浅绿深红，争妍斗艳的，各自发扬他的鲜明。——然而假若世界上没有光明来照耀他，反映到世人的眼里，任他怎样的鲜明，也看不出了，和枯花败叶，也没有分别了。"冰心如是说。

基督说："我是世界的光。"还说："你们当趁着光，信从这光，使你们成为光明之子。"使徒约翰又说："那是真光，照亮凡生在世上的人。"上帝是世界的光，给人们带来福音，给人以爱和光明。

《圣经》里说："盗贼来，无非是偷盗，杀害，毁坏；我来了，是叫羊得生命，并且得的更丰盛。"耶稣警告我们要谨防盗贼，因为他们会窃取神原本要赐给我们的福分，耶稣要我们享受更丰富的生命。盗贼们窃取了我们的幸福生活，上帝来是赐予我们爱与希望。视频里的牧师说希特勒、斯大林、列宁、毛泽东他们都是盗贼，他们是来窃取神原本要赐给我们的福分的。可是他忘记了吗，人们是怎样在战火中饱受煎熬,被残害被杀害。那时上帝又在哪儿呢,他看到他的子民的苦痛了吗?他听到那些悲哀呼喊的声音了吗?看到这被鲜血染红的尘世了吗?他又是如何拯救他的子民们的呢?生命都已不在,他怎样让他的子民享受更丰富的生命呢?我想如果真的有上帝,那上帝大概是睡着了吧,大概真的沉入了梦乡,任凭万物互相残害,在自己遭受苦难的同时也为同类制造苦难。

如果没有斗争,没有反抗,那就是默许了施暴者的暴行。《圣经》上却说,如果一个人打了你的左脸,那你就伸出右脸让他打。这是一种多么宽容的爱,可你伸上右脸就能够让施暴者停止施暴吗?那些痛斥这些盗贼痛斥斗争的人声称所谓的爱的时候,你可曾看见战争时,真正在敌人炮火前冲锋的是谁,战场上前赴后继的义勇军是谁,从前为了胜利解放献出生命的又是谁,那些人挥洒的热血又是为了谁。为了饥寒,起来奋斗,为了解放和拯救那些苦难中的人们,生死全不放在眼里。那时上帝听到他挚爱的子民的祷告了吗,他对他的子民伸出援手了吗?我想他大概是展开他的怀抱在等待迎接他的子民到那所谓的天堂吧。人们总说信仰上帝,死后上帝就会接你到天堂,那里没有痛苦没有伤害只有爱和一切的美好,可是把握不了生前为什么要把一切寄托给死后呢。在你的生命中上帝不过是个冷眼旁观者,真正掌握命运的人是你自己,如果你把一切都交给上帝,那么能改变些什么呢?也许只是一时的心理安慰罢了,生活还在继续,苦难也还在继续。

46

我看了一部由小说改编的电影,电影主要讲的是耶稣,他是一个患有偏头痛的木匠,因为经常被偏头痛所折磨,导致他听到上帝的呼唤,他认为自己是一名救世主,要遵循上帝的旨意,于是为了寻找心中的答案,他踏上了漫长的旅途,最后基督找到了自己的信仰。不同的是,这部电影所描绘的耶稣是一个有情有欲之人,完全颠覆了耶稣以前的形象。重要的是,这部电影还曾被宗教界封杀,因为其电影中的内容完全不符合宗教的原则。但不管怎么说,我认为,这部电影还是值得一看。

我认为，这部电影里的基督经受了各种各样的考验，既战胜了自我，又帮助了他人做了好事。我认为，基督还是值得人们推崇的，至少他带领人们走向了光明，找到了信仰的方向。

看到这部电影，让我想到了基督教的基本教义。每个人都会经历生老病死，每个人的生命都是有限的。电影的结尾处有这样一个画面，就是基督让信徒打开埋人的洞口，基督在那人面前说了祈祷的话，随后从洞口拉出那人的同时嘴里还说着不要死去的话，最后那人看了他一眼就死了。从这里可以看出，基督是想那个人活着，可是他却无能为力。的确，耶稣他不是万能的，只能做最简单的事情来拯救人类，比如，他让一个盲人重见了光明。我想：生命那么珍贵，我们应该好好珍惜和爱护它，用自己心中的信仰和爱来感化每一个人，因为生命是独一无二的。世界上真正能做到的人太少太少，每天都会有生命消逝，但愿他们在天堂都能过得很好，也希望有越来越多的人用自己的爱去感化需要关爱的人，愿世界变得更加美好。

48

世界上三大宗教：基督教、伊斯兰教、佛教。

上帝看到创造的人类受的苦难太多，就派他的儿子——救世主耶稣到人间，把人类从苦海中救出，引导人们要忍受世间的一切苦难，争取死后进入幸福快乐的天堂。耶稣圣洁的降生，却无辜地被钉死在十字架上，耶稣之死是为人类赎罪，使人类有了希望，耶稣的复活，是神赐给我们永生的盼望。因此，基督的复活是基督教信仰的核心之一。基督教认为，没有基督的复活，也就没有基督教。今天参加"主日礼拜"的那些基督教徒，他们都会在周日那天到殿堂祷告，这不仅是向耶稣祷告，还有另一层意思，就是让人们工作之余有点休息的时间，可以放松下，要是没有星期天这么一天，那么人就可能得天天都去工作了，那么人就会陷入每天工作的苦难之中。基督教基本的教义就是信上帝：信仰圣父、圣子、圣神三位一体的上帝。基督教认为上帝创造了宇宙万物，包括人类的始祖。还有就是基督救赎，灵魂永生，众生平等。从这些我们可以看出，基督宗教是一个一神论的宗教，他们相信这个神——上帝，相信耶稣是上帝之子，是受上帝委托救世的唯一的主。

基督教与佛教不同的是，基督教的创始人是上帝，是神不是人，而佛教创始人释迦牟尼是人，他不是那些自称是来自天上的或者别的神秘地方，也不是那些所谓上帝派来的使者，来向人类说教。所以，佛教乃是人间觉悟的教化，并未假托神的启示。这种理智的彻悟，解脱的自由在人间，在人心，而不在天上。佛性即是人性的净化究竟，是平淡现实中的崇高的超脱。

在我国的话，一般绝大多数还是信佛教的，修建的佛寺也比较多，通常都是烧香祭拜的形式，这种信仰我个人还是觉得你信则有，不信则无，完全取决于个人的心中所想。但有一点，我觉得对于这种东西你可以不信它，但你不可以不敬它。纵观所知，那些去佛寺烧香祭拜的人，谁敢在佛寺里大声宣扬？像西方一些国家的话，一般绝大多数人都是信基督教的，信上帝得永生。但不管是佛教还是基督教，它们的基本理念都是一样的，都是使人向善。只不过是各自信仰的对象和内容不同。总之，这都是人的一种信仰，人有点信仰也是一种好事，有信仰的人也不会坏到哪里去，因为我觉得要有信仰的话，就会有约束。

49

大学时，室友曾经带我一起去过一次基督教的礼拜，只是那时候的我对基督教不是很了解，连带着什么是礼拜我也不知道，就是怕在寝室太无聊，然后就和她一起去了。去了之后看大家一起唱歌，听别人讲解《圣经》。我看他们因为同一个信仰而聚集在一起做同一件事情，还是觉得很温馨。

后来我才对基督教有了更深的了解，知道了什么是礼拜。做礼拜的那一天仆人、伙夫以及寄居在城里的旅客都可以不用工作，因为上帝创造世间万物用了六天的时间，上帝望着自己的杰作，感到非常满意，就给自己放了一天假，休息去了，这第七天上帝赐名为圣日，也称为安息日。

以上帝为信仰的最重要的责任之一就是要做礼拜，礼拜也可以称为崇拜，它是发自内心对上帝的崇敬，并通过跪拜等仪式表现出来。旧约时期对上帝的崇拜主要表现在献祭上，然而到了新约时代，则从仪式转向了灵性读《圣经》的礼拜，以心灵的诚实来敬拜上帝。信徒在做礼拜之前要摒除心中的杂念，保持一颗平静虔诚的心，并且对穿着打扮都有要求。而那时的自己，不是一个信徒却参加了这样一个有意义的活动，只是因为什么都不懂，所以觉得羞愧，很多要求自己并没有做到。

礼拜也并不是简单的礼拜，它有许多的程序，而我认为的唱歌以及听别人讲解《圣经》都是其中的一个程序。礼拜大致的程序也有19项，首先就是序乐，就是让所有人安静下来，准备开始做礼拜，然后就是入堂式，宣召、唱诗、祷告等，其中让我印象最深的就是祷告和证道了。

祷告一般是先祝福并歌颂"主"。祷告就是信徒向神说话，承认他的伟大以及向他寻求帮助，感谢他的诸多恩赐。而我并不知道这是祷告，所以只是照本宣读的跟着，然后看着他们虔诚的对于生活的恩赐的感谢，让我有一些说不出来的感受。另一个印象深刻的莫过于证道，这一个程序要花费很长的时间宣讲讲义的内容，讲述《圣经》。对于什么都不懂的我而言是一个枯燥的过程。许多人把祷告比作属灵的呼吸，而读经则是属灵的粮食，这两者都是灵命中不可缺少的要素。

其实后来才明白，原来基督教讲究还是很多的，而且每个宗教的信仰和习俗还有他们的节日，并都有所不同，我也是抱着好奇心和朋友去过基督教的礼拜，才知道原来基督教有这么多讲究，现在对他们的了解加深之后，对信仰宗教的人有了不一样的认识。

礼拜以及了解礼拜之后，让我有很多的感受，我只是有点难过这两个过程我是弄反了，我应该了解一切之后再去参与这个活动，那我就会有完全不一样的感受。但那时的我虽然不了解，看他们虔诚的表情，我也不觉得后悔参加了。

50

基督教对于大家来说不是什么稀奇的事情，就我们身边来说就有许许多多的基督教徒，下面叙述我身边的那些基督教徒。

我所见的基督教徒有两个群体，一个是中老年人，一个是较为年轻的同辈人。首先说说我身边的中老年基督教徒以及对此的看法。就在我所在的村庄就有许多中年基督教徒，他们的主要特征就是每个礼拜要去教堂听课，每天要唱歌，不吃猪肉，而且还要求自己的家属也不许吃。许多家庭矛盾由此产生，有什么喜事或丧事教会有专门的乐队前来，而且还有一个重要特征就是他们会主动劝说身边的人入教。这些人有一个共同的特征就是，大多是从封建社会走过来的人，他们的思想有很浓厚的封建色彩，对于生活或者实践中的很多难以理解的事情赋予神学的色彩，起初是对于图腾的崇拜，无法解释的事情在图腾那里可以得到解释，无法解决的事情在图腾那里可以得到解决，图腾作为人们的精神寄托，人们将期望给予图腾，图腾就像是他们的守护神，然而图腾的表现形式是多样性的，例如神庙等。对于这些神庙之类没有形式化，基督教作为一种有着形式化的宗教，加重了庄严感，于是人们开始将种种寄托转向基督教，那些人甚至对于基督教本身的理解可能都模模糊糊，很多只是遵守教规，觉得上帝会保佑受苦受难的人，大家都信我也就信了，很多都是从众信教，因此这里的基督教更多的是一种对生活无奈祈求寄托的乐园。

　　另一个就是我们的同辈人，他是整个家族信基督教，他除了以上的基本基督教规以外，他的行为更加形式化，吃饭前都要祷告，晚上经常俯卧着忏悔。他相信基督的存在，认为人是有罪的。他会反省自己的行为，每天看《圣经》，行为更具有自觉性，他不会主动的强加自己的教义于别人，经常性的参加宗教活动，除了在做礼拜会唱诗歌，平时比较少的在大家面前唱。平时和我们相处非常的融洽，甚至不了解的人都不知道他信仰基督。与上面的相比，我觉得他不但把基督作为一种精神的寄托，而且更加深层次地理解了基督，真正地把基督作为一种信仰。

　　在我看来，对于基督教甚至所有的宗教都不能抱有全盘否定的态度，或者把宗教比作传销之类的。对于别人的信仰我们必须抱有宽容的态度，理解别人的生活习惯，宗教很大的一部分作用在于规范人的行为，使之符合一些伦理道德；另一部分在于寄托，使自己的心理得到寄托，缓解痛苦。可对于自己信仰的问题，我是不赞同信仰基督教的。缓解压力的方式有很多种，我不认为为了消除痛苦去信仰一种宗教，然后服从各种制度礼俗，心理有问题可以去找心理医生，有压力可以去运动，可以去发泄，再者打着宗教口号的邪门歪道比比皆是，自身辨别能力不强很容易被误导。所以对于别人的信仰要给予宽容，对于自己，不信便是最好。

第十二章　领略伊斯兰教的信仰

伊斯兰教是由先知穆罕默德于610年在麦加创立，信仰唯一的神真主安拉，经典是《古兰经》。伊斯兰教认为信仰伊斯兰教则可以使人通往永恒天堂之门、免受地狱火之苦、获得真正快乐与内心平静、宽恕以前所有的罪行。伊斯兰教主张从实现个人和平、家庭和平到全社会、全人类和平，在和平的气氛中达到融洽相处、以此接近真主，基本宗旨是希望人类团结，实现"穆斯林四海皆兄弟"。伊斯兰教崇尚科学，认为愚昧是最卑贱的贫穷；智慧是最宝贵的财富；骄傲是最令人难受的孤独。正如先知的教诲：人生应当自摇篮学习到坟墓，求知是每一位穆斯林男女应尽的责任。

伊斯兰教的信仰主要包括理论和实践两个部分。理论部分指六大信仰（伊玛尼），即：信安拉、信天使、信经典、信先知、信后世、信前定。实践部分指伊斯兰教徒必须遵行的善功，涉及念"清真言"、礼拜、斋戒、天课、朝觐五项宗教功课。伊斯兰教有三大节日，分别是开斋节、圣纪节、宰牲节。有三大圣地，分别是宗教中心麦加，政治中心麦地那，宗教与政治文化中心耶路撒冷。在日常习俗方面，伊斯兰教徒礼拜与饮食极注重洁净，不吃自死动物、血液、猪肉；妇女须戴面纱、盖头；在敬茶、端饭、握手均用右手，用左手被视为不礼貌等。

01

谈及伊斯兰教，最贴近我生活的不是穆斯林信徒们的服饰、教义、风俗，而是清真食物。只要食品上但凡标明了清真二字，就在广大的伊斯教徒心中代表了品质保障，因为伊斯兰教（清真教）是一个有着极度洁癖的教派。因为洁癖，干净，以及一定的民族特色使得在中国这一吃货居多的大国，到处散落着兰州拉面馆，就像是沃尔玛超市遍布全球一样。在伊斯兰教的拉面馆中，你是绝对找不到猪肉的。这也是因为伊斯兰信徒认为，猪是很脏的动物。所以，千万别在他面前说来碗猪肉拉面，否则，你会被虔诚的老板打一顿。

佛教信仰如来，基督教信仰上帝，而伊斯兰教信仰真主安拉。创始人是穆罕默德，经典是《古兰经》。伊斯兰教的教徒信仰门槛很低。只要你信仰安拉是唯一的神，并忠于安拉就好。但是作为一个合格的信徒却很难，首先，这十分考验人的耐力，用古话说就是持之以恒。其次，伊斯兰教十分保守，但又要十分的虔诚。伊斯兰教有八大禁忌：①饮食禁忌，不吃猪肉，不吃自死物，禁止饮酒，禁止吸食毒品。②服饰禁忌，尤其是对于女性，不能抛头露面。③卫生禁忌和性禁忌。④婚姻禁忌，不能与外教人结婚。⑤丧葬禁忌。⑥商业禁忌。⑦人际交往禁忌。⑧精神生活禁忌。因为伊斯兰教的禁忌十分严苛，所以使得它的传播和发扬过程中产生了许多的冲突。再则，就是要吾日三省吾身（时常做礼拜）。而因为伊斯兰教主要分布在中东地区，人民生活水平相对落后，宗教种类复杂易诱发宗教矛盾，导致个别极端分子横行，且与西方的霸权主义相悖。所以，伊斯兰教经常被颇有居心的人定义为邪教，伊斯兰教徒被认为恐怖分子。但我认为，这是一种对不同文化、不同习俗、不同宗教的一种误读和伤害。这会更加激发出不同民族不同文化之间的矛盾，使得原本全世界人民共同期望的和谐世界、和平发展受到冲击。所以，我们应该满怀一颗包容之心看待不同，看待差异。海纳百川，有容乃大，博采众长才能得以进步。

02

伊斯兰教关于前定论的认识主要有两大流派：一个流派是被迫论者，强调安拉创造一切、预定一切，人类的行为是受制被动的，人类无须对自己的行为负责；另一流派是能动论者，认为人类在总的前定范围内有选择自己行为的自由，人类对自己的言行负责，先尽人事而后听天命。

被迫论者的观点认为，人的行为是受制被迫的，我们从事何种职业、是贫穷是富裕、是健康是疾病等都被天神预定，那么社会上的人往往会因此各司其职不逾矩。从这一方面来说有利于社会稳固与社会和谐，能够让广大民众保持平常心，不过分争名逐利。但是这一观点否认了人的自由意志和自由行为，禁锢了人的思想和行动。同时人类无须对自己行为负责的观点，为违法犯罪的行为提供借口和开脱的理由，助长某些不利于社会安定分子的恶劣行为。该观点也可能使得穷困的人安于现状，富裕的人享受生活，不思进取，容易产生一种惰性的社会心理，认为命运已经决定了，人生便无须奋斗也无法反抗，不利于社会的进步和发展。既然命定，在等级社会中，使得无权的人甘愿肆意被上层人操控，有权的人肆意操纵下层民众，这样的阶级或者等级观念会更加地束缚下层的民众，而上层的阶级则更加剥削压迫下层民众，这样就算得到了社会的安定与和谐，也只是表面的，平等也无从谈起。

能动论者主张听天命，尽人事，首先肯定了人的主观能动性，为更好的生活提供可能实现的能动力。相信人有行为自由便是承认人的主观能动性，要求人们发挥这种主观能动性，凡属有益之事要尽自己的努力求得预期的结果。这为人们改变部分命运、改善生活提供了信仰支持。该流派认为，人类可以运用安拉给予自己的理智判断善恶，选择正道，每个人都要对自己的言行负责。即鼓励大家判断善恶，选择正道，同时对自己的言行负责，行善有赏，做恶受罚。这里我觉得该观点有利于信徒们树立正确的善恶观和对自己言行负责的价值观。当然听天命，尽人事是存在前提的，既不能完全听天命也不能罔顾天命。若过分强调人的自由意志则会忽略客观条件的阻碍以及对其他事物发展造成阻碍，没有绝对的自由也没有无自由的绝对命定。

这两大流派我比较赞同的是能动论者的观点，正如巴金所说的：得之我幸，不得我命。我努力过了，得不到也不留遗憾。既明白有些是与生俱来无法改变的，又相信在命定或前定的前提下我们存在着自由意志自由行动，可以改变自己的部分人生。前定论和马克思主义的部分观点存在类似的地方。我们的世界是客观存在的，但并不意味着我们对客观世界无能为力，我们可以通过实践运用人的主观能动性去改造世界，在改造世界的过程中我们仍然受到客观规律的制约，同时我们也会因为自己不当的行为受到客观世界的惩罚。

对于命这一说，信则有不信则无，我相信冥冥之中自有定数，人生就像岔路口，每个人的道路不同，得到的结局也不尽相同，道路相同结局也不一定相同，这里的不同取决于环境、性格、自我选择等各种因素，是各种因缘际会的产物。我们无法改变我们的出身、相貌、生死等，但我们对于自己善恶观、自己的言行都有意志自由的选择。人总有一死，努力让自己的生命有价值有意义。我们无法改变要面对的灾难挫折，但我们可以改变我们的心态，乐观以待。当在顺利和取得意外成功时相信此乃安拉之默默预定，不致使人得意忘形，忘乎所以，踏踏实实地走好自己人生的每一步路，宠辱偕忘，处变不惊。

03

伊斯兰教有八大禁忌，我这里谈谈对其中几个的看法。

第一，饮食方面的禁忌。严禁吃自死物，这符合人们日常生活积累的经验，可以防止食物中毒。还有禽畜身上自带的细菌病毒，这有害人的身体健康。禁止饮酒，酒有坏处，自然也有益处，适量地饮酒可以预防心血管疾病，消除疲劳和紧张等，所以不能一味地禁止。

第二，服饰禁忌。禁止妇女显露面貌和妆饰，防止男的见色起意，但这禁锢了妇女思想，妇女要保守矜持。但是，我觉得作为新时代的女性，女人也能顶半边天，为什么不能解放这种思想呢？更何况穿得这么严实，夏天不会中暑吗？

第三，丧葬禁忌。严禁妇女参加殡礼，殡礼是伊斯兰教特有的殡葬仪礼。亲人去世，都会悲痛欲绝，都会想去送已逝亲人入土为安。可是，禁止妇女参加殡礼，这有违人性吧。禁止自杀，这可以有效地制止信仰者随意放弃自己的生命，对珍爱生命，积极向上的人生态度起支持作用。

伊斯兰教的八大禁忌，有合理的地方，可以使人类更好的生活。但是也有不合理的地方，也许有他们的理由，但是，我无法认同。

06

学习了这么久的宗教学，发现宗教都很重视对前世今生及后世的研究。三大宗教都有这方面的学说，佛教注重因果报应，认为前世的因造就今世的果，今世的因造就来世的果；基督教讲究的是原罪论，认为人们都是有罪的，来到今生就是为了赎罪的；伊斯兰教认为前世今生有必然联系，提倡两世并重。这三种理论中我比较尊崇伊斯兰教的两世论。

两世论认为今世是通往后世的桥梁，与后世有必然的联系。要求人们在今世积极进取，努力生活，建设安定和谐的生活。反对迷恋今世的浮华的享受，严禁因今世的苦难，失败而堕落甚至自杀，鼓励人们积极地面对今世的生活。这比佛教的出家禁欲苦行，比基督教的赎罪要更显人性，尊重人的自由发展而且更有利于社会的发展。

我觉得我们当今社会就挺适合两世论的，虽然我不信有后世，但是我们至少要努力的过好现在，要积极努力的生活，积极创造物质和精神财富，让人生过的有意义。在现实生活中，也有好多人因为生活的挫折和困难就选择自杀的，两世论是明令禁止自杀行为的。除去后世说，两世论对人自身的心理承受能力的提高，提高人的综合素质，培养人的积极向上的精神等方面有着积极的促进作用。这对当今社会和谐发展和社会经济文化等各个方面的建设发展都是有极大的促进作用的。

07

前定论与中国儒家的性善论，性恶论既有区别又有共同之处。前定论认为人的一切都是上天注定的，不是人的意志可以转移的。无论是国家社会的兴衰还是个人的荣辱乃至自然界的发展变化，都是遵循真主的安排。我们个人无法提前预知，不能改变，只能听天由命。不过这点是既有积极意义也有一些负面的影响。在青海曾发生了一场车祸，逝者及其家属都是忠实的伊斯兰教徒，当时死者家属什么都没说也什么都没做，只称死者是被安拉带走了，丝毫不提追究肇事者的责任，而是认为这是死者的命。我觉得这是对罪犯的一种纵容，是对法律的不尊重。如果到时候人人都这样做的话，那将法律与规则置于何地？而前定论与中国儒学中的"性善论""性恶论"有着相似之处。即人的善恶是由上天决定的，而不是在后天由学校、家长以及自身对品格的重视才培育起来的。孟子的"性善论"、荀子的"性恶论"同样认为人的品行是天生注定的，后天即使再多的努力也无法去弥补和改变，这与我们的伊斯兰教的前定论有异曲同工之处。孟子认为人生来就应该是善良的，而荀子恰恰相反，他认为人生来就是邪恶的。但不管怎样，他们都同样承认人的品行天生注定，人生来就是善良或者邪恶的，这是人一出生就注定的。这表明儒者内心深处是信奉宗教的，他们也相信上帝是存在的，他们对人的性格会产生决定性的影响，但同时儒家学派的学者又坚持努力，奋发图强，在与命运做着斗争。前定论与中国儒家思想的不同之处在于，前定论包含的范围更大。前定论不仅决定人的善恶，还包含人的贫富贵贱、生老病死、凶吉祸福、美丑胖瘦、高低贵贱，甚至于我们在生活的一言一行、一点一滴，这都是由安拉决定的。所以可以说，我们人的行为是被动的、不受控制的。许多人因此也说人的犯罪也属于前定，不必由自己去负责，这就是谬论。综合上述原因，我更支持相对前定，每个人都应该对自己的行为负责，做好事有奖、做坏事可以惩罚。不管什么，太绝对总是不好。相比较而言，我更欣赏中国儒家的中庸，不强势、不软弱，让人产生一种油然而生的平和感。

11

前定就是：安拉在万象未显之前预定了万事万物的有，并预定这些事物在一定时间、以一定形式、按一定数量而发生。人类的意志无法改变，当自身发生了一些自己没有预料到的事情时，人们往往会说是命中注定，难以逃避，所以往往自暴自弃，听天命，而没有选择尽人事。

每个人要对自己的言行负责，对自己做的事负责。我们在学习的道路上会碰到很多自己无法解决的问题，可能对自己不懂的知识无能为力，口中都会说：我不是读书的料，反正我是考不上大学的，努力有什么用呢，当你做出这些决定后，就意味着你可能将来要为你在外打工辛苦的生活而负责，当我们说不努力不读书不学习，也可能将来要为自己辛苦的奋斗而负责，没有哪一种东西可以免费得来，轻易得来的东西也容易失去。所以尽人事，听天命，只有自己努力过了才可以说你尽力了，剩下就不由自己主宰了。

12

我们都知道伊斯兰教是世界三大宗教之一，具有悠久的历史。伊斯兰教的创始人是穆罕默德，伊斯兰教基本信条为"万物非主，唯有真主，穆罕默德是安拉的使者"。就是告诉我们要信任真主安拉，信任穆罕默德，相信使者。关于伊斯兰教的有名著作当然要属《古兰经》了，《古兰经》提到伊斯兰教的前定论，也就是认为安拉创造世间的一切，预定好了人的一生，人的富贵生死、凶吉祸福、美丑善恶，人的一切都要受到真主安拉的控制，也可以认为人类犯罪也是前定，人们便可以不必对自己的罪行负责。我非常反对这种"被迫论"，因为要是当今还存在这种说法或者心里的话，社会就不是我们现在所见的这么美好了，世间将随时出现杀戮，社会会处于一片白色的恐慌状态。我赞同一种"能动论"，是指真主安拉创造人类的意志，又给予意志自由，也就代表人类犯罪是自己导致的，人类要对自己的行为负责。正如当今各国各地区都有相对应的法律制度规章来规范人们的行为，警示人们不要得意忘形，忘乎所以，人类应该懂得对自己的行为负责。其实，人们相信行为自由那便是相信人的主观能动性，我们人类应该在无法改变的客观事物面前，充分发挥主观能动性，什么事都要先尽自己努力之后去得到自己想要的东西，不能一味地听从上天安排，不能听天命。正如学生读书一样，没有谁天生就是天才，就是读书的料，每次都考得很好，成绩差点同学可以充分发挥主观能动性，努力学习，找到正确的学习方法，那也是可以提高成绩的。生活中还有很多发挥我们人类主观能动性来求得我们预期的效果的例子，我相信事在人为！

13

宿命论认为人的一切，包括富贵贫贱，生死存亡，凶吉祸福，美丑善恶，甚至人的一言一行，一切都是注定的。宛若空中漂浮的羽毛一样，无法掌控自己的方向。宿命论彻底否认人的主观能动性，忽视人的尊严，让人感到悲观绝望，无情地否定和打击个人奋斗的价值，消解个人自由意志的意义，最终使人消极沉沦，对生活失去进取的热情。而前定论则认为，安拉在万象未显之前预定了万事万物的有，并预定这些事物在一定时间，一定条件下，按一定数量而发生。并相信这是由安拉意志决定的必然，人类的意志无法改变。但绝不会像宿命论一样，绝对否定个人。伊斯兰教认为，它的前定论建立在安拉独一、永恒、全能和绝对意志的属性之上，是对人的命运及世界诸事的公正的合理的认识。它认为在人意志之外的东西就要服从安拉前定。但其并不否认人的意志，认为人可以在自己的能力范围以内发挥自己的主观能动性，努力去完善自己，发展自己。伊斯兰教认为，信仰前定并不否认人类意志的自由。认为人们可以按照安拉给予的前定理智去判断善恶与美丑，并从而做出自己的选择。概而言之，就是安拉前定是绝对的，人的自由是相对的。认为安拉的前定和人的自由的关系，就比如那田地本身和在上面种庄稼的人一样。就田地是安拉给予的，而人们可以根据土壤的性质和气候的变化还有自己的喜好来选择种什么。又比如书上阐述的，前定如大海，自由如小舟。人们的自由就像大海里的船只，虽在大海里自由的航行，但是却不能冲出大海，冲破不了前定。总之，我认为，信仰安拉的前定论，在我们的日常生活中有着重要的意义。比如我们在日常生活中遇到挫折而必须放弃的时候，我们可以保持一颗平常心，为我们的失败找到借口，从而不会感到悲观绝望，继续保持我们的信心，继而在别的方面取得成功。这启示我们，在遇到困难的时候，我们应先尽人事，发挥自己的主观能动性，失败了再听天命，从而不会太过于沮丧。总而言之，我认为宿命论和前定论两者是完全不同的关系，不可相提并论。宿命论完全否定人的主观能动性，不给人创造的机会，不利于社会的发展。而伊斯兰教则要人们在不违背安拉的前定下，发挥主观能动性，尽自己最大的努力去创造幸福，从而促进社会的发展。

14

　　伊斯兰教的前定论认为世间万物都受到前定法则的支配，它包括自然界和人类社会变化发展的规律，也就是世间万物的变化发展都在前定法则的范围内。例如历史的发展，朝代的更迭，一年四季的往复，昼夜的交替，人的生老病死富贵贫贱等等都是在真主的前定范围内发展的。前定法则就是真主在造化万物以前，就已经规定了它们的实质、性质、范围、数量、时间、寿命以及与周围其他事物的联系，对其他事物产生的影响等。在前定的范围内，人类有选择自己行为的自由，那就是人类在真主前定的自然法则下，有运用理智选择善恶、好坏的权利，也有行动的自由。因此，可以说好与坏的结局与个人的选择有直接关系，所以个人要负责任。举例来说，前定与自由的关系，如田地是真主的被造物，人类无法变更它，但人们可以根据田地的性质和气候条件等选择种什么作物，还可以通过灌溉，施肥等各种手段改良土壤。再如自由就是船舶，前定是海洋，人们可以根据自己的想法选择自己想去的方向。前定是基本的，不可改变，人的行为则是实现前定的因由。

很喜欢一部叫《虎妈猫爸》的电视剧里女主角常说的一句话：没有做不成的事，只有做不成事的人。因为真主创造的环境和条件对每个人来说都是一样的，关键在于每个人怎么运用它，有的人能很好地通过自己的理智和智慧就做成了，而有的人可能就不行。这就是在前定的范围内，每个人选择自己行为的不同。希特勒拥有超强的军队和强大的军事实力，他本可以选择好好的发展自己的国家和维护世界的和平与稳定，可是他却选择了侵略他国和发起了第二次世界大战，导致世界人民都处在战争和炮火之中。这是他的选择，同时也是他对世界人民所犯下的罪行。因为人类在真主前定的自然法则下，有运用理智选择善恶的权利，也有行动的自由。所以这样的结局与希特勒个人的选择有直接关系，即希特勒个人要承担起他的责任。

前定论教会我们平静淡然地面对人生中的喜怒哀乐大是大非，教会我们正确地看待人与人的差距。因为每个人的每件事的结局都是在前定的范围内自己的选择，就像为什么有的人活得那么有成就和富有，其实那可能是因为他在你选择安逸的时候，他选择的是奋斗和拼搏。

17

前定说认为，在万象未显之前万事万物就已预定，这些事物在一定时间，以一定形式，按一定数量而发生，人类的意志无法改变。诚然这种前定说能使人在受挫折或不幸时自我慰藉，相信一切都是命中注定，而不致暴戾或气馁，有助于渡过难关。然而也为人们犯罪或犯错提供了借口，信仰前定论者，犯了错甚至犯了罪都不用感到悔恨，认为一切都是命中注定，理所当然，我想这应该是前定说最大的缺陷。

  前定说与我国古代荀子的"天行有常，不为尧存，不为桀亡"的观点有着相似之处，即世界万物有其自然运转的规律，不受人的主观意志约束。但两者又有区别，前定论相信万事万物的运转发生是由安拉意志决定的必然，安拉是唯一的神，这是一种客观唯心主义。而荀子的观点则是一种客观唯物主义，并不认为有神的存在，事物的发生是有其自然规律的。前定论强调人的一切，包括富贵贫贱、生死存亡、凶吉祸福、美丑善恶、甚至人的一言一行皆不出安拉的预定，这就是说人无任何自由可言，人真的没有任何自由吗？所谓的先知穆罕默德他也是人，他所宣扬的这一套教义，世界万物无一不是安拉的意志所决定，只不过是为了给他那个人们多神崇拜、动荡不安、仇杀叠起、劫夺不断的部落社会带去信仰，有利于部落社会的统一，巩固统一人们的信仰，从而维护社会的稳定。其次，人是有主观能动性的，也就是有行为自由、意志自由，不能完全听天由命。人通过自己的主观能动性可以掌控自己的命运，如果一味的信奉安拉这个唯一神的存在，一切事物的发生皆不出安拉预定的结果，那么人的思维则已然被这种前定观禁锢了，毫无自由可言。最后，随着社会的进步发展，以及达尔文进化论学说的完善，我们可以很明显的知道，未来人类的思想将会越来越自由，越来越强大，人类即是这个世界的最高主宰，在这个客观世界中，万事万物都在按照一定的客观规律运转着，而人则可以充分发挥主观能动性，改变自己和改变世界。

20

  刚开始就看到结局的生活，是值得过的吗？——题记
  《红楼梦》第一回中提到了绛珠仙草，它长在西方灵河岸上三生石畔，神瑛侍者每天以甘露浇灌，使之能够长时生长，之后修成女体。后因

神瑛侍者下凡造历幻缘，便跟随他下世为人，用一生泪水还他，以报答恩情。还泪之说，象征黛玉是带着宿根、宿情来到人世的，这是不是一种宿命呢？

宿命论者（绝对前定论者）强调安拉创造一切，预定一切的内容，认为人的一切，包括富贵贫贱、生死存亡、凶吉祸福、美丑善恶，甚至人的一言一行，皆出于安拉的预定，因此说人类的行为是受制被动的，无任何自由可言，就连人类犯罪也属前定，不必由自己负责。宿命论者的观点，不会对人们造成很大的压力，要人们承受生命不能承受之重。一切是好是坏，是成功，抑或是失败，都可以看淡。人们可以保持一颗平常心，无所谓得失。因为冥冥中自有注定，人们只要顺其自然，顺从、放下就可以了，要相信一切都是最好的安排。当然，该派的观点，也会造成人们不必承担自己行为的后果，为罪恶行为找到开脱，找到借口，不必去负责一切，因为一切都是注定的。

多年以前，我姑母的女儿离家出走，一时间杳无音信，我的母亲陪同姑母去了一个地方算命，据说算命的也是瞎子，给了他生辰八字，请他算姑母的女儿现在在县城的什么方向。他当初说的是西方，然而不久姑母的女儿回来后，她说的是一直在县城的东面。钱锺书先生的妻子杨绛在《人生有命》中也写到过她家曾请一个叫梆冈冈的瞎子算命，他只略说几句，却都很准。不过她只信梆冈冈会算，并不是对每个算命的都信。

自由论者（相对前定论者）认为，人类在总的前定范围内有选择自己行为的自由。安拉创造了人类的意志，同时给人类以意志自由。人类犯罪是自取的，安拉惩其罪行是公道的。自由论者是承认自由的，自己要为自己的行为承担责任的，但是自由论易不断暗示自己，生活精神上的负担沉重，要承受起生命之重，无法逃避一些事情，必须自我面对。

依据经验，虽然在很多事情上，我们都是不由自主的，但是在有些事情上，或由天命，或由自由意志，值得探讨。

逊尼大众派提出：在信仰安拉是万事万物的创造者和定夺者的同时，承认人类有意志和行为的自由。他们认为信仰前定能使人在受挫折或不幸时自我慰藉，而不致暴戾或气馁，有助于渡过难关；同时能使人在顺利和取得意外成功时，相信此乃安拉之默默预定，不致使人得意忘形，忘乎所以。同样的，我一直相信这样一句话：当自己好的时候千万别把自己当回事，当自己不好的时候千万要把自己当回事。

相信人有行为自由便是承认人的主观能动性，要求人们发挥这种能动性，凡属有益之事要尽自己的努力求得预期的结果，先尽人事，而后听天命，不能完全听天由命。

尽人事，而后听天命，尽人事部分必须先做好，然后听天命，还需要靠点运气。努力了，缺点运气，不一定能成功，但是不努力一定不会成功，不可否认，这句话确有道理。

最近发生了东方之星沉船事件，世事无常，愿一切安好。有的人是一辈子第一次去旅行，却不幸永远地走了。有人说，也许不去这趟旅行，就不会遭此劫难了，有的人说，有极少数人，虽然去了这次旅行，却万幸生存下来了，这都是命。人各有命是老话。也许天命无法透析，也许天机无从得知。我觉得我现在自己能做的，就是做好自己，珍惜现在拥有的一切，做一个幸福的普通人。

23

相比佛教、基督教而言，伊斯兰教在我身边并没有很大的影响。信仰伊斯兰教的信徒也只有回族的同学了。我所了解的现实中的伊斯兰教只是在同学口中听说的，并没有真正的参与过伊斯兰教的活动。

印象最深的就是古尔邦节和开斋节。开斋节并没有亲身经历过，只是听说在开斋节的时候他们将会保持一个月在白天不吃任何东西，只有晚上才会吃东西。但是我有幸参加过一次在学校举办的古尔邦节。当天学校为信仰伊斯兰教的同学放了半天的假，他们在宿舍走访、同一信仰的同学，并且还邀请了不信仰伊斯兰教的同学参加他们的聚会，他们准备了各种好吃的，一起狂欢。在晚上还有大型晚会，晚会节目大部分是由十几二十几人一起跳的舞蹈，气势很宏伟，很有震撼力。舞蹈都是具有民族宗教特色的舞蹈，并且他们还互送礼物表示友好。在他们心中，古尔邦节就是他们的新年。古尔邦节的氛围不比我们的春节氛围弱。

另外，信仰伊斯兰教的教徒在生活习惯上也有所变化。可以说是，我们这一代人有所变化。听回族的同学说，他们在家是不容许喝啤酒的，但是现在很多同学都没有遵循这一个要求，很多同学都喝啤酒。在现今社会真正想要完全遵循以前的生活习俗或者宗教信仰是不切合实际的。随着经济社会的发展，社交是必不可少的，要想在社交中不喝酒好像又不现实。尤其是男同学的交情，喝酒是增进情感的一种方式。我自己也感觉保持一种信仰不是在所谓的吃什么不吃什么上面体现，而是将真正的教义融入现实生活中去，教义要随着社会的变化而不断地变化，只有与时俱进才能不被历史抛弃，才能源远流长。

28

对伊斯兰教并不是很了解，第一次认识伊斯兰教是在初中看的一本课外书上，霍达写的《穆斯林的葬礼》，最有印象的话就是"万物非主，唯有安拉"。新月是我最喜欢的人物，她善良可爱，坚强，有个性，非常有主见，可怜的新月只活到了十九岁，不只是因为生病，更重要的是她的妈妈梁君壁用穆斯林的教条去教育她，告诉她回族是不能与外族通婚的，况且楚雁潮是她的老师，他们是不可能得到幸福的，虽然楚雁潮在她临死时来看她了，但还是没有把她留住，新月安然的死去了，最终还是没有突破世俗。所有的穆斯林都来参加新月的葬礼，她脸朝着西方，头朝正北，朝着那世代穆斯林崇奉的圣地麦加，希望天堂没有疼痛，愿死去的灵魂再没了苦难。

文化现象无处不在，无时不有，只要你留心观察周边，一定可以发现更多伊斯兰教的现象，学习到更多宗教知识。

29

我先讨论伊斯兰教中安拉的前定论，安拉认为前定论有三种。

第一种前定形式是指人的能力之外的力不从心的，无法抗拒的前定。无论他拥有多大的力量和权力，这是关乎自然法则和宇宙规则的前定，它是无法战胜的前定，因此人的能力不能够阻止天体的运行，不能够改变春夏秋冬的运行顺序，不能够取消地球的万有引力。我们人也一样，从一出生，就注定了我们是男孩还是女孩，是黄种人或者白种人还是黑种人，以及我们的父母和亲人是哪些人。对于这种形式的前定，我们根本无法改变，只有服从。

　　第二种形式是人不能够完全抗拒的前定，但是我们可以减轻，缓和的，就是与天性，环境，遗传以及其他有关联的前定，其开始是无法征服的，但结果是可以选择的。我们从小就熟读三字经"人之初，性本善"。如果照这样说的话，那世界上就没有恶人了，可是在我们的现实生活中还是有恶人的存在。针对善良的人和恶人，我们可以想象到，他们可能是受到不同环境的影响，以及不同教育的影响吧。比如一个小孩的父母是十分善良有修养，那么将来这个小孩百分之九十也会像他的父母一样；反之如果他生活在一个父母没有善恶之分的家庭，那么他将来很可能也像他的父母一样。但是这种情况也不是绝对的，比如两个兄弟生活在同一个家庭环境中，他们的父亲是个赌棍，每天都是好吃懒做，生活得十分艰苦。但他们有不对的地方，他父亲就用拳脚教育他们。于是哥哥就十分恨父亲，为了惩罚父亲，他就过颓废的生活，也像父亲一样，成天去赌博，不好好学习。弟弟也十分讨厌父亲，但他并没有像哥哥那样荒废自己，他发奋努力学习，通过读书走出这个家庭。最后，两兄弟都成人了，其中的哥哥像他的父亲一样，成天吃喝赌，但是弟弟就不一样了，弟弟学有所成，过上了好的生活。所以，前定是可以抗拒的，虽然开始就注定了，但是结果我们是可以自由选择的。

　　第三种形式是安拉责成人去消除的一些前定，它是与有自由选择权的工作相关联的前定，这些是从开始到结束都有主动选择权的决定。比如饥渴属于前定，我们可以用食物的前定消除它；干渴属于前定，我们可以用饮料的前定消除它；病是前定，我们可以用药物的前定消除它。

31

　　《穆斯林的葬礼》讲述的是一个穆斯林家庭的兴衰成长史。书中的大部分人物都是信仰伊斯兰教的穆斯林，因此书中详细介绍了伊斯兰教的宗教文化，从饮食、婚嫁到丧葬事无巨细地对读者进行了描述。冰心在为这本书作序的时候也有提到，书中所体现的独特的带有伊斯兰教文化色彩的回族习俗。下面我就跟大家分享一下我在这本小说中所了解的伊斯兰教宗教礼仪。

一 《穆斯林的葬礼》在日常生活中展现的种种教派礼仪

穆斯林每日需进行五次礼拜，分别是晨礼、晌礼、晡礼、昏礼和宵礼。小说中梁亦清的妻子和女儿，以及后来姑妈都日日做礼拜，十年如一日。每日的礼拜不仅标志着穆斯林对信仰的虔诚，更能使穆斯林在做礼拜的同时对自己的行为进行反思，在提升穆斯林自己的同时，更促进了社会的和平稳定。

伊斯兰教中的一项十分重要的教规就是穆斯林人员禁止食用猪肉。人们一直认为，回族不吃猪肉是因为他们把猪奉为神灵。但其实是因为穆斯林很爱干净，他们觉得生活在脏乱中的猪十分不洁，这来源于伊斯兰教经典《古兰经》。这在小说中很多地方都有体现，梁亦清教导他的小女儿不要买汉人吃的东西，汉人吃的东西指的应该就是猪肉了。

禁止饮酒也是伊斯兰教的教规之一。《古兰经》中规定禁止饮酒。小说中，韩子奇去英国避难，他的英国友人也因尊重伊斯兰教的教规而没有在欢迎宴上设酒。

伊斯兰教中还明令禁止与异教徒联姻。在小说中，例如梁冰玉和奥利佛之间的爱情必定是以悲剧结尾。这在梁冰玉的下一代韩新月身上也有体现，梁君璧就因为楚雁潮不是穆斯林而强烈反对韩新月和楚雁潮的恋情。

二 伊斯兰教教派礼仪在丧葬中的体现

小说中有多次描写回族的丧葬礼仪，对丧葬的介绍最为详细，尤其是在韩新月因心脏病过世之后对其葬礼的描述。在新月的葬礼上，作者为读者介绍了一整套伊斯兰教的丧葬习俗。

穆斯林的葬礼主要有这几个环节：洗礼、守斋、忏悔、穿"卧单"、诵经、送葬以及封闭墓穴。每一个环节都彰显着对逝者的爱和尊敬。穆斯林的葬礼隆重庄严，但却十分简朴。在穆斯林的葬礼上没有棺木，没有灵位，各个环节都极尽简朴。这是与汉族葬礼有显著的区别，也体现了伊斯兰教独特的精神文化。

《穆斯林的葬礼》为我们了解伊斯兰教文化开启了一扇很好的窗户，让回族人民不再变的遥远而陌生，并且伊斯兰教文化为普通大众所熟知。

31

穆罕默德说："安拉预定好了一切事物后，就把他们写在天书里，这天书就放在安拉的面前。"除安拉之外，没有人能提前预知未来会发生什么，唯一能确定的是，这一切都是安拉早已注定好的，我们无法躲避和抵抗。就像我们谁也不知道2015年6月1号晚上会发生什么事情。

根据最新报道，"东方之星"翻沉事件现搜寻到432具遇难者遗体，还有10人失踪，14人生还。这些数字冰冷而残酷，难以从中感受到任何情感。但在这数字之后，有很多家庭因此破碎，游轮的突然翻沉，亲人的突然离世，无疑是给了遇难者家属重重一棒。本来开心的游玩，变成了一趟有去无回的死亡之旅。手机屏幕上遇难者家属悲痛的照片，让人不禁心头一紧，即便隔着一道无法突破的手机屏幕，我还是能深切地感受到那种悲伤。突然间降临的黑暗，让人觉得十分不能承受。无尽的悔恨在他们心头涌动，不断的对自己进行追问：为什么会让亲人出去游玩？不应该让他们去这趟旅行的！

不要责怪自己，不要让自己陷入悔恨和自责的黑洞中。生命的承受有限，切勿把那些不属于自己的苦痛背在自己肩上，学会从生命不能承受之重中解脱出来，对自己宽容些。生命中我们或许会遇见很多挫折和苦难，切莫把这些挫折和苦痛归因于自己，人不过是根会思考的芦苇，渺小且无助。不要让悔恨和自责使得自己这根芦苇因不堪重负而折断。

32

伊斯兰教是当今世界三大宗教之一，它同佛教和基督教一样，都有着悠久的历史和为数众多的信徒，正如世界上找不到两片完全相同的树叶，伊斯兰教作为一大独立的宗教，肯定也有自己的特色。这个特色，在我看来，主要表现在它的基本信条和礼仪上。

伊斯兰教的基本信条主要有六项内容，即唯一神论、造化论、先知论、启示论、两世论和前定论。唯一神论主张安拉是唯一应受人们崇拜的神。造化论主张万事万物的产生都是安拉意欲造化的必然结果。先知论主张安拉派遣了一些受其恩宠的人作为先知传达安拉的启示并引导人们弃恶从善、遵循正道、信仰唯一神安拉。启示论主张安拉以特殊而隐微的方式交给他所选择的先知以宗教原则和治世济人的知识。两世论主张今世和后世有必然联系，提倡"两世兼顾"，以达到"两世吉庆"的目的。前定论主张万事万物都是由安拉预定的。其中最有特色的是前定论。前定论有两种，绝对前定论和相对前定论。相比之下我觉得相对前定论更有说服力。它主张人类在总的前定范围内有选择自己行为的自由。这跟我的座右铭——三分天注定，七分靠打拼，爱拼才会赢，不谋而合。相对前定论对当代社会而言具有重要的意义。一方面，它能使人始终保持一种积极的心态，以平常心来面对生活中的各种酸甜苦辣；另一方面，它又给予人们一定的自由并让他们对自己的言行负责，有利于充分发挥人的主观能动性，培养人的社会责任感。

伊斯兰教的礼仪主要表现为"五功"，即念功、拜功、斋功、课功和朝功，其中最有伊斯兰教特色的是斋功。伊斯兰教在其教历9月全月斋戒，昼间禁止饮食。这是伊斯兰教教导人们要节制各种物欲的体现。这一方面有利于提高人们的自身修养，另一方面还可以激发人们对饥饿者、贫困者的同情和恻隐之心。

总之，伊斯兰教是一个注重人的全面发展的宗教，它以追求人的真正快乐和内心平静为宗旨，俘获了一大批的信徒，并在其不断的丰富和完善中形成了自身的鲜明特色。

36

伊斯兰教作为现在世界上的三大宗教之一，有着许多值得借鉴的地方。穆斯林与真主的交流无时无刻不在进行着。最直观的就是每天定时的五次礼拜，他们认为礼拜是接近真主的最佳方式。礼拜可以让人净化心灵，反省自身，时刻保持一颗虔诚敬畏的心。这一点在现如今物欲横流的时代值得我们学习。我们可以每天反省自身的缺陷，通过不断的学习来提高自身的素质，从而在对待事情上做到更加理智，而不是遇事冲动导致发生许多不好的结果。

伊斯兰教和基督教同样认为存在主宰的神，他们所供奉的神都要他们绝对的服从并为其献出一切。基督教认为人生来就是有罪的，是来赎罪的，所以他们必须时刻进行忏悔和祷告，不断祈求主的宽恕。而伊斯兰教的祷告则是求真主赐福于他们，而这里的主宰都是真正的神。在组织结构上，基督教和伊斯兰教是相同的，他们都有着类似的组织结构。神职人员认为是神的使者，是为了传达神的旨意，代替神来行驶权利的。基督教徒都是神的仆人，必须绝对服从神的意志，否则就会受到神的惩罚。

任何宗教都有两面性，都会导致迷信和真主信仰。我认为宗教就是一个善意的谎言，它的确让人们的心灵在一定程度上得到了慰藉和寄托，同样也会让人沉迷于里面的精神世界无法自拔。所以我们应该正确认识宗教，即使我们是一个无神论者，也不要轻易地去否定某种宗教，一概地认为宗教就会危害社会。

37

"前定"就是认为"安拉在万象未显之前预定了万事万物的有，并预定这些事物在一定时间，以一定形式，按一定数量而发生"。并相信这是由安拉意志决定的必然，人类的意志无法改变。

"只恨自己没投个好胎"这句话是目前人们经常用来感慨自己为什么不能像那些富二代们肆无忌惮地炫富,有个好爹可拼,我觉得某种意义上来说,这就是一种前定,自己投什么胎,这一世的财富、凶吉、美丑、性格都是上天注定的,自己无能为力。如果这一世状况不行,那也只能是感慨一句,没投个好胎!而福祸、善恶、寿命这些都是可更改的前定。就寿命来说,一个人总有些好习惯和坏习惯,坏习惯如抽烟喝酒,如果把这些坏习惯统统剔除掉,是完全可以为自己的健康加分,从而延长自己的寿命的。

书上有一句话,人类犯罪也属于前定,不必由自己负责。我感觉这句话说得非常不正确。如果犯罪属于前定,不必负责,那人人都可以犯罪,不必追究责任,这个社会,这个世界,岂不是会乱了套。我感觉,犯罪是属于人们自己潜意识里有一些欲望,一些不该有的欲望没有得到满足,从而才会去犯罪,如果人们有一定的自制力,那么犯罪是完全可以避免的。既然犯了罪,就必须为自己的行为承担后果和责任,能推脱给上帝的话,谁都可以在犯罪之后悠悠地说一句,这并不是我本身的意愿,那不是非常可笑吗?

比起前定论,我更喜欢"三思而后行"。每当做一件事之前,都要考虑一下做这件事的后果,以及带给别人的感受。如果对他人有害,我觉得还是不要做的为好。人与动物最大的区别是,人具有理性。如果因为信前定,而不考虑做事的后果,那人要理性有何用,人与一般的动物又有什么区别。人是有思想的高等动物,做任何事都是要考虑后果的。

总的来说,前定论有它的正面意义,但不可否认的是,它也有不好的一面。对它好坏的讨论,并不能靠只言片语来判定,还是要从生活出发,从实践出发来感受的。我个人来看,我们可以信它正确的方面,用其他思想来弥补它不足的地方,这样相互辅佐,相互完善,得到的必然是更加全面,更加令人信服的思想。

42

之前看过一部关于耶路撒冷的电影《天国王朝》,里面讲的是萨拉丁带领阿拉伯世界收复圣城的故事,看完之后给我的印象特别深。在这部电影里面描述的伊斯兰穆斯林并不像现在阿富汗塔利班,"伊斯兰国"一样那么极端，宣扬圣战，他们在攻打城池之后为了双方减少流血牺牲，决定谈判解决战斗，最终十字军撤出耶路撒冷，阿拉伯世界重新夺回圣城。这种仁慈是符合伊斯兰教义的，使我对伊斯兰的看法有了改变。

在我的印象中，阿拉伯人是富有反抗精神的一群人，他们果敢，有战斗激情，从伊斯兰教的成立的过程中就可见一斑。先知穆罕默德统一阿拉伯各部落，将人民从罗马帝国的统治下解放出来，中世纪时期一次次地与十字军交战，不得不佩服这个战斗民族。但这都是在有统一的共同利益的前提下，并且有统一的，有强有力的领导下才一致对外。失去了这些，我们总能看到把枪口对准内部的情况，比如两伊战争。当然我觉得这是由于它所处的地理环境、自然环境决定的。阿拉伯人生活的环境都是沙漠，自然环境特别恶劣，资源特别有限，根本不适合农业的发展。这些决定了他们必须对外扩张，以求生存，所以这应该能稍微解释为什么我觉得阿拉伯人好斗，是战斗民族。

还有一点我觉得不知道合适不合适，就是在人类社会进入电气时代以来，石油的发现和开采使得阿拉伯人终于得到上天眷顾，他们富有了起来。但是石油是会挖完的，这怎么办呢，于是我们看到伊拉克贸然进攻科威特，控制油田，可能说贪婪有点过于严重，但是为了自己国家不顾其他国家的死活这可有点说不过去。在我们纷纷谴责伊拉克的时候，我们何尝不是这样。所以人都是自私的，尤其在涉及自身利益的时候。

在我们学校经常能看到巴勒斯坦的留学生，他们穿着长袍，留着大胡子，一开始对他们挺好奇的，但是说不出来为什么总觉得离的有点远，好感不是特别多。据说阿拉伯人都特别热情，不知道是文化的原因呢，还是个人问题呢，大抵是因为语言原因吧，沟通起来确实比较吃力。不管怎么样，人与人交流相处都应该更加敞开心扉，而不是敌视，在不了解的情况下容易错误判断别人。

43

唯一神论，是伊斯兰教徒对自身的一种判定，也可能会让他们有安全感。但看他们的理论，有些夸大其自身地位、形象。或许这也是中国穆斯林教徒不与汉族通婚的其中一个原因，这在《穆斯林的葬礼》中尤为明显。在回族看来，他们的血统更高等，更纯洁。但我们知道人的本质是一样的，你信仰什么或不信仰什么，不是区分你高不高等的标准，而是你的言行举止是否得到绝大多数人的认可与赞同。

造化论，在这种理论指导下，伊斯兰教倡导人们，观察人类的自身，观察宇宙万象及其奥妙变化以认识安拉的存在及其所具有的伟大能力。虽然是以宗教为中心的，但它无疑可以激发我们对自然与社会的认识，对科学的发展有一定的促进作用。

先知论，从这一理论看来，那些先知者像是一些得道高僧来人世间点化人类。我相信有些人的劝功确实很厉害，但我相信如果你内心不曾有过这种想法或者你曾经认为对的，遭到你自己的怀疑，这些劝说者能介入吗？所以我更愿意去相信自己，别人说的再怎么天花乱坠还是浮云。我相信自我否定提升的空间更大。

启示论，它的核心就是信仰《古兰经》为安拉的语言，就是穆罕默德的最大奇迹。这像是一个预言师拿着预言书在预言着世界。但现实是，一般当人们遇到不顺或不幸时，感叹一句，这是"命"呀！而当我们取得成功时，一般都认为是自身的努力。其实偶尔相信一两次上帝呀，神啦，亦可以安慰我们受伤的情感世界。

两世论，它认为人有今世和后世，提倡两世并重，因此要求人们在今生今世生活中勤奋耕耘，努力进取，积极创造物质财富和精神财富，建设安定和平的生活。我们不论有没有后世，但伊斯兰教的两世论对我们的今生今世却有很大的激励作用。伊斯兰教积极努力是为了后世，我们努力是为了更美好的明天，我倒觉得大体上意思差不多，后世不过是明天的无限延伸。

45

在老师的教学过程中，我认真听了关于伊斯兰教的前定论的一些观点，对于当今社会崇尚学习马克思主义、毛泽东思想、邓小平理论和三个代表重要思想的我们而言，伊斯兰教所谓的前定论是有些不可取的。伊斯兰教的前定论太过于肯定安拉的意志决定的必然，和当今的教育思想来比较的话，我认为，伊斯兰教在前定论上的观点是偏主观性的，不论是任何一个派别都表达了由安拉意志决定的主观，而我们现如今所主张的是物质决定意识，在任何事情方面都要一分为二看事情，并且强调人的主观能动性。所以，在深受当代教育思想的熏陶下，我还是不太能理解伊斯兰教的宗教思想，但是作为宗教信仰来讲，我仍然会尊重每个国家的宗教信仰，这是对各国宗教的尊重。

虽然从伊斯兰教的前定论来看，我并不是十分认同伊斯兰教对于前定论的观点，但是从其他角度来看，我又认为伊斯兰教也有很多值得学习值得赞扬的地方。就比如，在伊斯兰教的经典中，伊斯兰教兴起之时，为了摆脱愚昧倡导人们学习文化，增长知识，在现如今看来，这一点是做得极好的。又比如，在伊斯兰教礼仪中的功课里声明了所得财富都是安拉所赐，所以富裕者都会从自己所拥有的财富里拿出一部分数额，用来做救危扶贫的慈善事业。不管在过去，还是在现在，这都是很有贡献和价值的。再比如，在伊斯兰教强调斋功的过程中，也同样强调了伊斯兰教教导人们要节制各种物欲和情欲。告诉人们斋戒是可以控制人们欲望和贪婪的重要方式。并且，在斋戒的过程中，看到饥饿的人们会产生恻隐之心。这样可以触发人们的善良之意，以小的善举影响大的行为，从而减少人们心中的贪婪之意，有利于促进整个社会的和谐发展。

所以说，对于伊斯兰教的看法，我们应该从多个角度去看待他，不应该持片面的观点去看待伊斯兰教。伊斯兰教在民众的生活中，在人们的行为中，在生活习惯中，在习俗中，在交流过程中都是极为重要的。这告诉我们，不仅对伊斯兰教，在对待任何宗教的过程当中，都应该持有客观的态度去看待每个国家的宗教，每个国家的宗教都有其自身的意义在里面。我们都应该尊重每个国家的宗教信仰。这样才能更好地学习宗教知识，更好地理解宗教所要表达的含义。

世界三大宗教之一：伊斯兰教。

不管是哪个教派都有着属于他们自己本身的信仰。他们也信神，但他们信仰的是唯一的神——安拉，认为安拉是宇宙最高的主宰。伊斯兰教认为：安拉是独一、固有和真实的存在，并非抽象的概念；安拉是万能的具有绝对的权威，天地万物的创造、日月星辰的运行、昼夜的往复并非抽象的概念；人类的产生和繁衍、人生的富贵贫贱和人类社会发展演变等现象，无一不是安拉的意志所决定；安拉是永恒的。"前无始，后无终"；安拉是绝对完美的；安拉造化人类并赐予其理性，还为人类创造了世间的一切，因而人们不仅要信仰他，顺从他的意旨，而且还要崇拜他。在《古兰经》中有这么一句话：你应当知道，万物非主，唯有真主。也就是说：真主才是唯一的主宰，才是万物的创造者，是真实的存在，是不以人的意志为转移的。即使你认为他不存在，但他还是实实在在的存在。他与佛教、基督教不同的是，佛教、基督教是你认为他存在即为存在，你要认为不存在即为不存在，是以人的意志为转移的。而伊斯兰教则是不以人的意志为转移的。伊斯兰教与佛教有一点相似之处，就是佛教讲究禁止杀生禁食有生命的动物，这点在伊斯兰教中也有体现，他们对禽畜类也有一定的禁忌，不能随便杀生，造物主创造万物间的一切美好事物，一切都得遵从安拉的指示。

49

伊斯兰教让我印象最深的就是重视教育，认为"愚昧是最卑贱的贫穷，智慧是最宝贵的财富，骄傲是最令人难受的孤独"。事实也证明了教育是最不能够被忽视的。一个人如果不接受教育，很多的事情就会没有自己的判断，别人说什么就会相信什么，万一被利用便会造成不好的影响。如今，我们国家也越来越重视教育，实行义务教育，让更多的人享受教育，拥有智慧。

伊斯兰教的"五功"之中有一个"斋"，让我觉得伊斯兰教也是纯洁并且善解人意的一个宗教。成年的教徒会在"回历九月"，白天戒饮食和房事一个月，但是对于老弱病残孕及有原因的人可以免除。在这一点上又能看出伊斯兰教对教徒的关心。教徒在日常生活中也极其重视日常饮食，不食用血液和猪肉。

前定后世论对于我而言，也并不是完全不可信任的。在新闻或者小说中总是会有人谈及关于前世的记忆。在生活中也经常有人说，"上辈子积了什么福"或者说"上辈子造了什么孽"。因此我觉得生活中还是有很多人对于这个是不排斥的。我认为如果有更多的人真的相信前定后世,那么世界可能会更加美好一点。因为当一个人要干坏事的时候,想到如果因为自己做了这样的事情是要下地狱的,那么他可能就不会轻易地去做这样一件事情。如果做好事的人就会上天堂,可能更多的人想去做好事,而没有人会去做坏事了,那么社会不就会更加的和谐了吗?

对待各种文化,我们采取"吸取精华,去除糟粕"的态度。对于宗教,不能一味地保持排斥的心理,也应该看到它好的方面。

第十三章 反对邪教

我国《刑法》第三百条认定,邪教组织是指冒用宗教、气功或者其他名义建立,神化首要分子,利用制造、散布迷信邪说等手段蛊惑、蒙骗他人,发展、控制成员,危害社会的非法组织。邪教的基本特点是:反现实渲染灾难,反社会摧残生命;反科学散布迷信;反正统神化教主;反政府危害政权。世界性邪教组织主要有人民圣殿教、奥姆真理教、太阳圣殿教等,我国邪教组织主要有"法轮功""呼喊派""门徒会"和"全能神"等。这些邪教组织制造了一系列震惊世界的暴力恐怖事件。

宗教与邪教的区别:宗教教人遵纪守法,邪教则指使成员从事恐吓、绑架、杀人等违法犯罪活动,扰乱社会秩序;宗教教导人们遵守道德,邪教则败坏社会伦理,使用种种伎俩骗敛钱财,煽动成员抛弃家庭,蛊惑妇女以色情手段拉人下水,邪教头目还以"传教"和救人为名玩弄、奸淫妇女等;宗教强调服务社会,邪教则煽动成员仇视社会,宣传现在社会是堕落的,是魔鬼当道的;宗教要求信徒接受政府领导,邪教则攻击政府是邪恶之源,要建立神的国度取而代之;宗教有合法登记的团体组织和活动场所,邪教则秘密建立非法组织,没有公开的活动场所,从事地下活动;宗教尊重生命,邪教则蛊惑信徒为了升入天堂或者追求圆满而舍弃生命,甚至残害生命。

在未来,由于社会异化与人类情感缺失,反对邪教任重而道远。我们应该懂得在理性基础之上树立正确信仰,用崇尚真、善、美的宗教与科学文化知识武装自己,涵养自己的精神生命,培养自己的健全人格。同时,我们还应该通过积极投身于健康有益的文体活动,丰富自己的业余生活,使邪教没有任何可乘之机。

01

　　邪教，多是打着宗教的旗号却行着祸乱之事。山东招远血案曝光后瞬间即震惊全国，冲击着大家的心理，也使邪教问题摆上了台面。在接受采访时犯罪嫌疑人张立冬声称："不害怕，我们相信神。"不禁让人惊叹他们的主神真的如此神通，这些暴徒在做这些残暴的事情的时候他们的心理世界是否就完全归属了他们的神？这些人是无法用理性去理解的人，他们的思维、行为、心理已完全不受自己控制，已经失去了自我。

　　邪教祸乱的案例比比皆是，让人触目惊心。陕西西安一男子杀妻除"邪灵"向妻子头胸腹部连砍十余刀，声称需要消灭肉体才能消灭"邪灵"，再由"圣灵"带来重生。可是最终他未能使得妻子死而复生，却让自己戴上了镣铐。河南兰考两个月婴儿被母亲当"小鬼"割喉杀害，该女把自己在邪教内降职归因到女儿身上，认为女儿是小鬼，处处纠缠着她，致使她没有时间"信神"、读书，于是产生了亲手弑女的悲剧。江苏沭阳一女子为向"全能神"献上"宝血"希望洗清自己"身上的罪恶"，"拯救世上万人"，用斧头猛击自己熟睡中的儿子，而后还残忍的将其儿子钉在自己自制的十字架上，还将一根长钉钉进了儿子的脑门。湖北枣阳"全能神"信徒靳丽娟为"升天"割喉自杀。安徽霍邱一女子欲退"全能神"遭威胁后投水自尽。河南光山一男子受邪教"世界末日"影响，闯入校园，砍伤22名小学生。这些血的教训无不冲击着我们的心灵，警醒着世人，这是什么样的信仰什么样的心理会让他们做出这样丧失人伦泯灭人性的事情呢？

　　邪教多是某些正常宗教的极端化、异化，邪教传教往往是针对人性最脆弱的那一部分。那些渴望得到他人认同的人、对自己做的一些事情有负罪感的人、对自己的将来心怀不安的人、缺乏亲情友情爱情的人、缺乏生存意义和价值的人、尚未形成完整的自我认知的人等都是他们发展和传教的对象。每个人都希望自己受重视、有归属感、受人尊重，渴望神圣而不朽。为了满足这些需求，他们能视金钱如粪土，可以抛妻弃子，能忍受艰难险阻，甚至不惜献出自己的生命；为了达到目的，他们不想仔细分辨，也无从分辨自己所奉献的，到底是上帝还是魔鬼。

王阳明说："破山中贼易，破心中贼难。"人之所以堕入邪道，不是因为这个世界不够好，而是因为在他们需要这个世界伸出援助之手的时候，这个世界没有做到。苦守内心的底线被这世间的冷漠一次又一次的逼退，直到末路，恰恰在这时候黑暗向他敞开怀抱，在我认为这个世界抛弃了我的时候我所等待的救赎却没有出现，但是他出现了并救了我，所以我给予他我的信仰我的全部。

现代社会中，人们的压力越来越大，随之而来的是受挫感，也就越有逃避自我、甚至放弃自我的冲动。人们在现实中找不到慰藉便会把希望寄托在这些信仰之上，甚至无从分辨自己信仰的到底是上帝还是魔鬼。信徒活在"社会"所建构的世界里，痛苦而无意义，活在宗教建构的世界里，似乎达到了精神和人生的救赎，因而宗教是具有"超社会"特征的，然而邪教却划入了"反社会"的阵营，他们极端要求人们放弃全部自我，包括自由、生命和财产，切断人们与社会的任何联系，切断人们正常的社会关系，完全把自己的一切献给他们的"神"，为"神"服务，从而才能获得虚假意义上的救赎与解脱。巨大的恨意、恐惧，以及自我感觉万能、无敌，使得这些心理上变异了的狂热信徒们启动了他们的破坏性程序，且"不受法律约束"，"只信奉神"，"不害怕，相信神"。一个彻底的败坏了自我泯灭了人性的人，在特定的情境中也必毁灭他人。

邪教这种不安因素就像社会平静的海平面底下深藏着的暗流，让人猝不及防，当今社会又是滋养这种异化教派的肥沃土壤，政府对邪教的警惕和控制功能都是有限的。精神世界的巨大空洞使得一些人执迷不悟，不肯承认自己走上歧路，偏执的带着这种精神空洞继续残缺地生活，放不下那个虚幻的天堂，等着新的"神"来填补这个空白。此所谓"破山中贼易，破心中贼难"。

02

《这个男人来自地球》讲述了一个哈佛历史教授约翰要辞职，同事询问其离开理由时吐露自己14000年不死人的身份的故事，其中他讲述了自己的经历，同事根据他的描述推测出他就是《圣经》里的耶稣，跟随过释迦牟尼传教，和贝多芬、凡高做过朋友。最后令人诧异的是，当他跟同事说他说的都是假的时候，他用自己的经历证实了其中的一个同事居然是他儿子。从科幻的角度说这部电影很成功，它成功地塑造了一个14000年不死人的形象，并向大家阐述了如果这个世界真的有不死人存在的话，他是如何生存的，他在社会历史中扮演着一个怎样的角色。它试图让我们相信可能这个世界上真的存在着这样的一个人：他永生，他甚至可能就是神话小说里的神，但他其实并没有像神话故事里那般神奇，他和普通人一样，不一样的是因为他的生命里拥有了更多的知识与智慧。

在剧中约翰有一个宗教学家同事，她认为约翰亵渎了她心中的神、亵渎了《圣经》，她不愿相信他就是耶稣的化身。这让我想起人民圣殿教的教主琼斯，琼斯自称是神的化身，曾经化身为耶稣，创立了基督教。对于纯正的基督教信仰者或者佛教以及共产主义信仰者来说的话，他无疑是一种对信仰的亵渎。但是为什么有那么多的人会陷入他用言语编织的陷阱甚至为之付出生命呢？人民圣殿教的信徒是一些对生活感到绝望的人和得不到社会帮助的人、吸毒者、老年人和孤独的人。他们对社会现实不满，对前途感到渺茫。不少人受虚无主义思想影响，认为人生无常，活着是一种痛苦。因而他们入教之后，经常议论自杀。邪教和正统的宗教的区别就在这里，正统的宗教帮助无助者重拾信心、劝导人们走回正道，而邪教则把这种负面的情绪放大。我觉得对生命的尊重应该是宗教存在发展的重点，佛教崇尚善忍义，基督教爱众生，主张众生皆得救赎，而伊斯兰教则主张和平顺从。人民圣殿教的教义主要来自基督教的基本教义，是基督教的异化。在最初的时候，人民圣殿教是一个相对比较民主和正义的基督教的分支，加之教主琼斯的口才和反歧视等举措吸引了大批教徒。但在后期由于各种因素琼斯摒弃了基督教大部分的教义，对《圣经》里对世界末日的预言深信不疑，以及琼斯个人对自我私欲的放大和品德的败坏使得人民圣殿教走向邪教的道路。

作为一个公众人物或者信仰领袖人物，首先很重要的是他要对自己的言行负责，他的言行必须和他所应该承担的责任一致。有才无德是危险品，就像人民圣殿教的教主琼斯。

看那部电影的时候，我相信约翰所说的都是真的，不是出于他同事问他的问题他都对答如流，而是如果真的存在这样一个人他是耶稣的化身的话，我觉得应该就像他那一样。他和普通人一样，不一样的是拥有常人没有的智慧和怜悯解救教徒的心。我也相信无论是神话还是宗教的各种人物，应该大部分都是真实存在过的，但他们没有小说或者宗教书籍里描述的那么神奇，那么万能和全知，但他们通达而智慧、善良而正直，拥有常人没有的悲悯之心。

大部分邪教都是宗教的异化，它们或篡改或借助或歪曲正统宗教的教义，我们要看清它们的实质。那些容易被吸纳为邪教教徒的弱势群体，社会应该给予应有的关注和帮助。

03

恐怖主义是实施者对非武装人员有组织地使用暴力或者用暴力相威胁，将一定的对象置于恐怖之中，来达到某种政治目的的行为。

邪教是指冒用宗教、气功或者其他名义建立，神化首脑，利用制造和散布歪理邪说等手段来蛊惑、蒙骗他人，发展和控制成员，危害社会的非法组织。一般邪教都是以不择手段地敛取钱财为主要目的，制造恐怖主义。

首先着眼点就在于两者的目的：恐怖主义是为了达到某种政治上的目的，比如，圣战这种手段，想要的是政治上政府对其达成一种妥协。而邪教的目的是为了敛财，对政治也有一定目的。但是，大部分是为了钱财。

其次是两者的手段：恐怖主义利用武器，使用暴力伤害无辜民众。邪教多是利用歪门邪说，利用迷信来控制信众，间接危害社会。

两者的成员也有不同，恐怖主义多为边缘化的人们，对社会有所不满，对这个世界充满绝望的人。邪教多为迷信的，对社会有所失望，但还是希望能通过邪教来拯救自己的人。

不管是恐怖主义还是邪教，可以肯定的是，两者都是控制人思想，利用歪理邪说作为最高主义。利用人的生命来反对社会，都是不可取的。所以，我们要坚定自己的科学思想，用理想和知识武装自己，反对恐怖主义和邪教。

04

人的生命只有一次，失去了就不会再有重来的机会。正如周杰伦的那句歌词"说了再见才发现再也见不到"所蕴含的深意一样。在我们生命的历程中会经历各种各样的彩排，但是我们的生命不能彩排，就像我们的时间一样，过去了，浪费了，就再也无法挽回；我们的生命就是一场场的现场直播，一旦你做出一些伤害它的事，那这种伤害有可能就是永久性的，再也无法复原。

随着西方宗教的传入，一些从宗教中异化出来的邪教也渐渐地进入了我们的生活，这些邪教腐蚀着我们健康的心灵，骗取我们的钱财，拆散我们的家庭。一言以蔽之，邪教会让你家破人亡，妻离子散，家产败尽。虽说钱财乃身外之物，但生命诚可贵。所以当我们遇上邪教组织时应该要自觉抵制，用正确的方法维护自己的生存权。

最近看了《邪教档案之末日风暴》这样一部有关邪教肆意迫害教徒生命的电影。

该影片主要讲述了：德宝花园发生五尸命案，重案组陈Sir接手调查，怀疑与江湖神棍谋财害命有关。命案中的唯一生还者阿贞昏迷不醒，陈sir发现其传呼机上有阿盈的电话，便约阿盈见面想了解一下阿贞的具体情况，却目睹了阿贞离奇的惨死。阿盈告诉陈sir，自从阿贞加入了一个名叫真神真理教的教会后就性情大变。阿盈为了查出好朋友阿贞的死因遂加入邪教做卧底。这个名为真神真理教的邪教假借世界末日来招收信徒，用假先知和基督的暗喻末世说来蛊惑教徒放弃肉身，上天国做天使，并且宣扬神是无所不能的，让教徒捐款来洗清教徒本身的原罪，并恐吓信徒如果没有凑好足够多的钱给教会的话，他们在世界末日来临的时候就只能进地狱。

剧中一名叫阿娟的女教徒，因为其丈夫反对她加入教会，并且责怪她老是拿钱给教会，最后小娟为了能够上天堂做天使，竟然在汤里下了毒，用刀把她自己的老公杀了，若不是警察及时开枪射杀，她的儿子也会惨死在她的刀下。陈 sir 往教坛找阿盈，教主皇唯一在陈 sir 耳边说出陈鲜为人知的身世，陈 sir 大惊离去。原来陈母亦因加入邪教，受教主林越天所迷而杀死丈夫，陈 sir 为此惨痛回忆痛苦一生。他假作失忆找皇帮忙，但被皇识破，反被教主控制，陈 sir 往监狱找林越天，林越天教陈 sir 克制皇唯一之道，但皇唯一以魔法迷惑陈 sir，令陈 sir 难以自制。最后在神婆秋（警局里身怀异术的警察）和陈 sir 的努力下最终把皇唯一给击毙了，解救了一批无辜的教徒。

　　从这部电影中我们体会到了邪教的可怕之处，剧中陈 sir 一家的悲惨遭遇，以及小娟为了能够在世界末日来临之前进入天堂做天使，为了凑那些捐款，残忍的杀害了自己的丈夫。由此可见，邪教是多么的可怕，教主为了得到广大教徒的钱财，不惜残害教徒的生命，并且教唆教徒，不信该教的人就是罪人，从而酿成了那么多的悲剧。

　　我们的生命是有限的，是宝贵的，我们不像耶稣死了之后还能复活，一旦失去了就不会再有。我们也不是神，就算我们做了错事，只要我们在精神上反思了，就可以减轻我们的罪罚；就像马丁·路德的一样，主张"因信称义"，我们和上帝之间不需要教主这样一个纽带。生命诚可贵，让我们自觉抵制邪教，爱护自己，保护家人。

06

　　上节课我们学习了有关邪教的知识，觉得老师讲的挺全面的，这里我就不再继续说邪教方面的了。我在这里讲一下和邪教有点类似的组织——传销组织。传销组织是指组织者或者经营者发展人员，通过对被发展人员以其直接或者间接发展的人员数量或者销售业绩为依据计算和给付报酬，或者要求被发展人员以交纳一定费用为条件取得加入资格等方式谋取非法利益，扰乱经济秩序，影响社会稳定的行为。

近几年来，传销组织很是猖獗，各地都有报道抓获的传销组织团伙。我的一个姑姑就是进入了传销组织，她本来是在广东那边打工的，传销组织的人接近她，并以低投入高回报的投资邀她入股。进入组织后，那里的组织者们会对成员们进行"洗脑"，大量灌输他们组织的理念，他们很少说他们的公司，就是一直和你聊人生、理想、社会，还十分关心你，时时都让你感觉家人般的关怀，让你渐渐习惯那里的生活方式。然后，他们就开始灌输金钱的重要性，金钱至上的思想，分析他们从事的行业是多么的赚钱，前景是多么的好，让你树立新的价值观。等到你差不多完全接受了他的价值观的时候，他就会派你去叫你比较有钱的亲戚朋友加入组织，我姑姑先后把她爸爸哥哥都叫进了传销组织，可能你会觉得不道德，但是她并不是这样觉得，她一直认为他们做的是"事业"。并且，她人身自由并未受到限制，可以自由出入，只是公司管理比较严格，打电话有时间限制，外出时需要两人同行。其实他们跟她说的公司根本就不是真实存在的，她投入进去的钱也没有回来，更别说收入了。

其实我们大家都知道传销组织是违法的，但却还是有许多年轻人被骗进传销组织。究其原因还是年轻人的社会阅历少，社会经验不足，很容易被传销组织所描绘的前景所诱惑，而失去了自我的判断力，所以很容易迷失自己。还有就是年轻人大都有点眼高手低的感觉，很多的工作报酬不是很高，都看不上。在传销组织的高薪诱惑下，很容易就上当了。所以我们要树立正确的价值观，不要被社会中一些金钱至上的理论所迷惑，要保持清醒的头脑。俗话说得好，"害人之心不可有，防人之心不可无"。对于社会上的有些人，有些事还是要有所防范。不要太相信对你太过热情的陌生人，提高自我保护意识。世界上没有免费的午餐，要想有收获，就要付出辛勤的劳动，最好不要有投机的心理，脚踏实地才是真。

07

邪教不是宗教，但是与宗教有着许多的相似之处。宗教与邪教，一正一邪，依附神鬼上帝的思想力量而存在于我们所处的社会。邪教与宗教都有自身产生发展的源泉。

宗教是由政府支持的，它的主要教义也是为维护政府统治服务的，宗教思想基本上也与法律与道德相适应，宗教使人向善，教人明理守法。所以，总体上来说，宗教是有利于维护社会稳定和人们精神团结的。而邪教恰恰相反，它不仅仅会毁坏自己的身体，还破坏了精神灵魂。例如：当有人生病时，邪教会告诉病人只要信教就包治百病，而且只需虔诚祷告就行，不用住院打针，那就可以省下一大笔钱，对于本不富裕的人来说当然非常乐意，也因此会耽误许多人治病，导致生命流逝，对家庭和社会都是深重的灾难。另外，邪教组织鼓吹只要抛妻弃子就可进入天国，可以长生不老，永享富贵，导致许多的家庭破裂，孩子也因此成为孤儿或生活在单亲家庭。在世界末日来临的传闻下，邪教更加猖獗地利用百姓的恐慌煽动人们的情绪，借此机会横加敛财，造成社会的不稳定。许多邪教组织丧失人性，把他们罪恶的魔爪伸向了青少年，趁着他们的思想与灵魂还不成熟的时候，对青少年进行洗脑，使得青少年的心灵扭曲。

接下来我们要探讨的是，既然邪教有这么多的危害，为什么还有那么多的人趋之若鹜呢？其原因有三，第一（自身因素）：不注重自身品格与素质的修养，平时不努力上进，反而想走歪门邪道，为人不坦坦荡荡反而求神拜佛，不友善团结，反而个性孤僻才会信奉邪教，这也不足为奇。第二（家庭因素）：家庭成员之间要相互友爱，要让人感觉人间处处充满温情，让亲情的力量洗涤人的心灵，如果家庭成员之间的矛盾与冲突不断，丝毫不顾及亲情与家族颜面，而一心只追究利益，这就造成了人的心理以及生理的不正常，人性也慢慢地扭曲，才使得邪教盛行。第三（社会因素）：社会的贫富差距大，总感觉社会不公，因此对社会的不满也渐渐加剧，在现实生活中，剥削与压迫随处可见，而人类的预知能力与抵抗自然灾害的能力有限，人们只能屈服于命运，这个时候需要寻找心灵安慰和精神寄托，这时，邪教自然而然的出现了，成为他们所认为的拯救他们的

"天使"。

08

如今,伴随着宗教文化的不断发展,借用宗教名义而兴起的危害社会的组织——邪教,正悄然兴起并以迅雷不及掩耳之势破坏着我们社会的和谐。正如社会上很猖狂的传销组织一样,邪教在对人们进行无止境的洗脑活动。著名学者郑也夫先生曾写过《走向杀熟之路》一书,提出"杀熟"即随着社会的不断发展,人们越来越倾向于欺诈熟人,无论是自己的亲人、爱人还是朋友,都难逃其魔爪,邪教组织与传销组织二者在这一方面不谋而合,然而所幸的是传销组织所谋求的是利益的最大化,而邪教组织意在反科学、反社会、反正统、反政府与反现实。相较之下,邪教的政治野心让人不寒而栗。

邪教所宣扬的是一种非理性化、非人性化的世界观,体现的是一种错误的歪曲的价值观。人们抵制不了其蛊惑加入其中换来了血淋淋的人生,给了我们惨痛的教训,然而在血与泪的教训中依旧有很多人在不知不觉中沦陷了。所以我认为提高人们的自我控制力,增强人们的自我意识迫在眉睫,人们要有辨别是非的能力,了解什么是正确的合理的,什么该做,什么不该做。面对来者不善的邪教,首先在观念上杜绝。邪教传播的是一种极端的思想,我们应加强对孔子中庸思想的学习,对马克思主义辩证法的学习,用一分为二的观点去看待生活中的点滴,不应陷入极端的旋涡不能自拔。

要始终相信邪不胜正,邪教终将走向覆灭。

10

存在的东西因为有人去遵从,有人去发现,所以它才会存在,就像是如果没有人去吃野生动物,没有人买皮衣,就没有杀戮一样。邪教的存在也说明了有人去用,有人需要。而邪教是由于人意志的不坚定与信念的偏执,让人漂浮于人世间,找不到存在的意义,去寻找心灵的依靠。

在生活中找不到自己的位置，体现不出自己存在的价值，他们利用制造、散布不好的言论，蒙骗他人，控制里面的成员，做一些危害社会的事情。他们以拯救人类为幌子，而且不择手段地获取钱财为主要目的。邪教也为你做通常由每个人自己做的决定。他们公开或暗示性地要求你严格服从，甚至要求你放弃自我，因为这是取得进步或得救的唯一途径。如果你没能取得进步，那么原因只在你自己，因为你信得不够，读得不够，理解得不够，所以只会让你更加投入的去理解，让你误以为只要你努力，就一定能达到你想要的境界。他们控制人的思想，让你觉得不管他做什么都是为了你好，如果你对邪教产生怀疑，不会有人关心你怀疑的原因，更多的是，你将会听到某些现成的解释：这套体系本身没错，只是你还没到时候。所以这就是让你始终坚持下去的动力。在现实生活中存在很多邪教害人的事情，但是并没有什么制度可以完全地杜绝邪教存在的危害。人可以提高自身的意识，去减少受邪教的传染。

11

电视剧《法证先锋》中有这样一个案件：一个妇女的儿子出车祸去世了，然而肇事者仍然活的潇洒自在。法律因为证据不足释放了他，这让这位妇女很绝望，而由此案件引发一起连环杀人案。最后侦破案件，杀手就是这位看似柔弱的妇女。但是仅凭她一个人的力量不足以杀死这么多人，原来她的背后是一个类似邪教的组织。里面的人都是一些受害人的家属，而她们组织杀死的都是一些杀了人却逃之夭夭没有受到法律制裁的人。剧中有个画面。一个晚上，这些家属围成一个圈，人人身着黑色长服，中间是火焰，其中有一个领头人，这些人在祈祷，在烧东西，这些东西都是那些做错事没有受到制裁的人的，而另一天家属们就开始行动并最后杀死这些人，他们说的大概意思就是请求神的旨意，让他们惩罚这些犯法而逍遥法外的人，这是个自发组织起来的团体，非常恐怖，他们甚至烧车。

现实生活也存在这些自发组织起来的邪教，他们信奉神，信奉上天，也是因为对世俗不满，对现实的绝望，认为上天应该惩罚这些人，于是带着这些神的旨意去杀死他们。这最终让自己也得到了惩罚。

12

在当代社会，邪教组织还存在，而且，我猜测邪教有进一步发展扩大的趋势。为什么这么说呢？我个人认为，现在社会迅猛发展，社会竞争压力愈加激烈。生活、学习、工作等各方面的焦虑，使人们急需增加人与人之间的亲近频率。众所周知，人们面对面的亲近交流越来越少了，更多的是依靠高科技电脑和手机等通信工具进行交流。这样就会使人变得冷漠，使人的情绪变得越来越糟糕，性格也就孤僻、冲动、分裂，甚至会有受虐倾向，人们的认识也会偏执、狭隘。此时，人们会很容易成为邪教的"猎物"，受到它的攻击，最终会成为邪教的成员。此外，我们还经常说道当代社会是"拜金时代"，金钱利益至上，人与人之间的信任强度越来越弱，信任危机也越来越严重。人们便渴望生活在一个美好的天堂中，想象人世间没有欺骗，有"良田美池桑竹之属"，"黄发垂髫，并怡然自得"的场景，希望社会能够持续协调和谐发展，没有贫富悬殊，生活在一片世外桃源之中。这种美好的想法在现实中目前无法实现，他们便很容易听信邪教的邪说，加入邪教组织。再加上以前的封建迷信思想还存在，部分相信鬼神能治疗百病，他们也就相信邪教。当然，有些国家利用邪教去扰乱他国的社会治安，危害人类社会。所以，我认为邪教组织有进一步发展扩大的趋势！

15

说起邪教我就想起法轮功这个邪教组织，这个组织让很多人深恶痛绝的同时，也有人信仰它。信仰法轮功的信徒在天安门集体自焚，以求升天成仙得解脱，他们宣扬"世界末日"即将来到，只有加入他们才能得救，邪教主以声称自己是全能神能包治百病等理论来蒙骗群众。

邪教用蛊惑、蒙骗的方式去扩大其队伍，不择手段的去骗取钱财，危害社会，破坏社会的秩序。对教徒加以精神控制和摧残，从而让教徒荒废学业和工作，使他们痴迷在邪教中不能自拔。因此我们应该抵制邪教，崇尚科学。树立科学的态度，反对一切邪教活动，影响和带动身边的亲人朋友不信邪教，拒绝邪教。如果家人朋友、邻居误入歧途，要尽可能做好提醒，把他们及时拉出来。同时我们也应提高警惕，树立正确的人生观和价值观，有些在生活或工作中遇到了困难，就自暴自弃，依靠迷信来慰藉自己，这样很容易就误入邪教，因此我们要有坚强的意志。同时我们要多参加有益于身心健康的文体活动，营造科学文明的浓厚氛围。

17

众所周知，邪教是一种用宗教、气功或其他名义建立散布迷信邪说等手段蛊惑蒙骗他人，危害社会的非法组织。可是就像人们明明知道烟是有害身体健康一样，但还是要去抽。邪教也一样，有时候明明知道那是一种不科学迷信的组织，可是仍旧有好多人趋之若鹜，笃信不移。

到底是因为什么使得邪教有如此大的魅力呢？是什么让邪教的身影依然出现在我们的生活中呢？我们可以发现大部分信众都分布在农村等贫困地区，且以妇女为主。以全能神为例，这个教里的信徒绝大部分都是50岁以上的农村妇女。这些人有什么特点呢？第一是生活无聊，不打麻将不跳广场舞，就完全不知道干啥。第二是文化水平相对较低，被稍有心计的人一忽悠就容易上当。第三是贫穷，农村挣钱手段单一，天天刨那块地也刨不出什么大名堂。第四是自己或者家人生病的多，一把年纪得场大病把一辈子积蓄搭进去也不见得治得好。其实归根结底可以总结为：精神比较空虚、前途比较渺茫。当一个人精神空虚，百无聊赖，对未来又没有很好的规划与期望时，时间该如何打发呢，这就为邪教的产生提供了土壤。事实证明的确如此，宗教信仰本身是一件根植于人内心的原始冲动，人总得信点什么，总得有所敬畏。邪教将自己伪装成基督教这样的合法宗教，散布的材料里会出现基督、神、救世主这样的字眼，甚至在蛊惑人心的最初阶段，也会导人向善。正是这些虚伪的教义给那些内心空虚情感缺失的人带去了心灵的慰藉，满足了他们的精神生活。然而邪教给他们带去的是真正的心灵慰藉吗？答案当然是否定的，那些教义是扭曲了的教义，是有损人类道德、败坏社会伦理、扰乱社会秩序的教义。

因此，在当今社会如何消灭邪教、重振文明健康的社会风气下，我想我国在大力发展经济的同时，最重要的还是要满足人民大众的精神生活，一个人被蛊惑最可怕的是精神的蛊惑，一个人最崩溃的是精神的崩溃，一个人最怕的缺失是情感的缺失，所以应当提供更多健康文明有利于人们身心发展的娱乐设施，注重人们的精神生活，在农村地区尤为重要。

18

学习宗教，不得不提的是邪教。首先要搞清楚的是邪教不是宗教，这一说法得从它的定义谈起。邪教，也称为"邪教组织"，通常是打着宗教的旗号做着利己的事，蒙骗他人，宣扬封建迷信邪说，蛊惑群众，是一种非法的行为。像这样的邪教组织在国际上有很多，在我国最突出的就是全能神、法轮功。其实，这些邪教组织离我们的生活说远也不远，说近也不近。比如在2001年，法轮功的信徒们在李洪志"只有升天，才能圆满"的蛊惑下，在天安门广场上集体自焚的事件，并进一步地策划了"围攻中南海"的阴谋，从而使一场借助于宗教产生的运动发展成为了一场政治事件，而信徒们集体自焚也让我们感受到了生命不能承受之重。

既然邪教对我们的社会和生活有极大的危害，那么它为什么还这样"经久不衰"？反而愈演愈烈？它产生的土壤是什么呢？事实上，它滋生的土壤正是来源于这个社会，来源于快节奏的生活导致人类情感的缺失和社会的异化，或者更确切的说是人类的异化。因此，邪教要么成为生活的一部分，要么成为一种生活方式！我们应该远离邪教，坚守自身的信仰，倡导科学、文明、健康的生活方式。

21

生命诚可贵，所以我们应当为了追求心中的信仰而有意义地活着。在各种天灾人祸面前，人们总是手足无措。"东方之星"客船翻沉事件，让我们看到了生命的脆弱与短暂，但在这个多样的社会里，还有一些心怀恶意的人，总是利用着某种精神力量控制着本性善良的人们。

邪教是个危害社会的非法组织，都是反科学、反人类、反社会、反政府的，散布迷信邪说，进行精神控制，不择手段地敛取钱财，残害生命。邪教中"法轮功"的消极影响深远，它的毒害思想影响着社会科学前进，它让一条又一条鲜活的生命逐渐枯萎，使一个又一个幸福的家庭走向破碎，多少个家庭痛心疾首。邪教组织披着宗教外衣神化首要分子，蒙骗他人、蛊惑控制成员。"法轮功"的传播使社会上的人上当受骗，利用人们病急乱投医、发财等心理达到邪恶目的。然而相信了邪教的人错过生命的好时期，家破人亡，更有甚者就是报复社会残杀他人，有如"人民圣殿教"914名教徒集体服毒自杀，以及"全能神"邪教宣传世界末日、残杀了很多的无辜群众。

宗教与邪教是有区别的。中国古话说，"尽人事，听天命"，对于生活中那么多的不稳定因素，我们要尽人生最大的努力做好，但是对于那些不可控制的外来因素，如果不能有效的解决，那只能听从上帝的安排。宗教尊重生命，但邪教在我们生活中愈演愈烈，是危害社会的重大因素，国家和政府要坚决取缔邪教的发展。而我们要反对邪教、崇尚科学，树立正确的精神信仰，以科学的精神和态度面对生活，参与健康的娱乐文化活动，丰富人生活着的意义，创建和谐文明的社会。

22

邪教是指冒用宗教或者其他名义建立的对国家、社会、家庭、个人正常的生产生活秩序和生命财产安全都有着极为严重危害的非法组织。它神化教主，打着拯救人类的幌子，散布迷信邪说，进行反科学、反现实、反社会、反正统、反政府的危害活动。主要以骗取钱财为目的，靠蛊惑、蒙骗的手段来发展成员，对其成员进行绝对的精神控制，并且摧残其生命，破坏其家庭。

邪教不是宗教，它和宗教有着本质的区别。首先，宗教教导人们要遵守道德、遵纪守法，而邪教却指使其成员扰乱社会秩序制造恐吓、杀人等事件，诈骗钱财、奸淫妇女、败坏社会伦理；其次，宗教提倡服务社会、服从和支持政府领导，而邪教是放大和歪曲社会问题，让人们仇视社会、仇视政府，蒙骗人们会建立一个神化的国度；再次，宗教是合法的团体组织，也有合法的活动场所，而邪教是非法组织；最后，宗教还要求人们尊重生命、热爱生命，而邪教以死后会升入天堂为幌子，要求人们牺牲自己的生命，甚至强制残害其信徒的生命。所以邪教和宗教是不同的，它只是冒用宗教名义满足个人私欲和达成一些阴谋。它并不能够给人们传递正能量，只是利用和控制人们，诈骗钱财。它危害社会、危害家人、同时也危害到了自己，它是反人类、反社会的。

虽然，邪教有这么多的危害，但是，在社会上还是会有很多人相信邪教、参与邪教、信仰邪教。邪教残害人们的事例在我们的身边也是不少见的。如：2011年1月10日，河南省兰考县的全能神信徒李桂荣，因觉得是自己两个月大的女儿影响了她为全能神做工，导致其被全能神内部由"带领"降级为"执事"，从而认为自己的亲生女儿是"小鬼"，处处纠缠她，于是便趁女儿熟睡之际，用剪刀向颈部猛刺一刀。一个两个月大的婴儿，就这样被全能神，被自己的亲生母亲夺去了幼小的生命。还有，河南南阳人赵秀霞，因儿子梁超小儿麻痹症造成腿部疾病，走路一瘸一拐，和其他孩子不一样。为给孩子治病，赵秀霞相信全能神信徒"绝对能治好"的"承诺"，并拿出1万块钱"奉献"给了全能神教会。2011年8月16日开始，赵秀霞将儿子交到全能神信徒手中进行"治疗"。可是全能神信徒所谓的"治疗"手段就是一天只吃一顿饭，然后就唱经、祷告，加上用木板固定住梁超，用砖头压，甚至用人上去踩。这些酷刑再加上天气炎热，伙食不足，特别是全能神教徒的轮番折磨，在"治疗"的第三天，梁超体力虚脱致死。本想为孩子治病的母亲，却让全能神夺去了孩子的性命。邪教能使一个母亲如此的残忍痴迷，用迷信邪说蒙住了人们的双眼，无法辨别是非对错。像这样的例子在我们的生活中太多太多，这些现象的出现不仅仅是个人感情缺失的问题，而且也有社会变异的原因，有些人在社会中得不到肯定，遭受了挤压和挫折，于是心理开始不健康，仇视社会、否定社会，认为社会只有黑暗的一面。开始相信和推崇邪教所散布的一些迷信邪说，支持邪教反社会、报复社会，以此得到心理满足和平衡，受到邪教的精神控制无法清醒。

邪教对我们社会、家庭、个人的危害是极其严重的，我们要时刻保持清醒的头脑，正确地对待生活中的挫折和困难，拥有健康积极的心态，提高我们的辨别能力，把宗教和邪教完全区分开来。我们要认清邪教诈骗钱财、残害生命，反人类、反社会的本质，保护好自己、保护好家人不受侵害，同时也可以维护社会和谐。我们还要不走歪门邪道、不信迷信邪说，正视一些社会中存在的问题，多去观察和发现社会阳光、温暖的一面，不受他人的精神控制，要有自己的主见，要有自己的辨别能力。总之，我们应该学会透过现象认清本质，让正能量在社会中传播，消除不和谐因素。

23

众所周知，邪教是危害社会发展、危害人类生活健康的组织。邪教不被国家认可，可以说是国家严厉打击的对象。但是邪教为什么还存在并且成员还在不断增加呢？

宗教信仰本身就是把希望寄身于信仰上，不管是信神还是信上天，那些信仰邪教的人都是由于现实生活中出现了一些问题和挫折，不愿意接受这些苦难，或者对于已经出现的事情没有找到解决办法的人，所以他们才会病急乱投医，把希望寄托在错误信仰之上。但是不知道这些人有没有想到，他们信仰的东西会帮助他们吗？

邪教都是在正教中分离出来的，就是把原本正教中的教义扭曲化了，但是这些扭曲化的教义又何尝不是适应当今社会中存在的问题的。只有人们真正需要的才会被人们所接受。邪教中的很多想法是适合生活中存在问题的人的想法的。他们在现实生活中遇到了挫折，但是在邪教中能够得到自身的满足。邪教的说法符合他们的需求。在他们的心中，社会抛弃了他们，但是邪教却使他们实现了人生的价值。这在一个侧面也在提醒我们，我们是不是应该关注一下生活中有困难的人，虽然社会竞争很残酷，但是在残酷的现实面前人情就应该升温。让我们用亲情、友情、爱情来填补伤口，就没有那么多内心痛苦找不到精神寄托的人了。

有一个问题值得大家深思：中国实行宗教信仰自由政策，但是为什么又规定中国共产党党员不准信仰宗教？

25

邪教的产生来源于社会的负面需求，社会是一个整体，像一个人一样。我们相信和向往一切美好的事物，有部分原因是因为自身或现实中还有不足或者恶的东西存在。邪教是逆社会潮流生长的一株毒草，是不幸且沉沦于迷信的人们为了苟延残喘地活着的"信仰"，他们认为这个社会不应该这样发展，他们得不到物质上的满足，只有依靠邪教来慰藉，他们认为社会已无爱，像被抛弃的婴儿，在冰天雪地里呐喊，却得不到回应，于是反社会行动开始了。

他们试图建立自己的组织，来谋他人之命来赚自己之钱，他们是社会的负面表现，但也是社会的一部分，我们在对他们采取鄙夷的态度时，也要正视他们。试想，他们如果都有一个幸福美满的家庭，有一个热爱的事业，有一个知冷暖的群体在他们身边，我想谁也不想干这样的坏事，这也反映着社会的各个血管中并不都是清纯的血液。社会需要不断地净化血液，需要不断净化每天呼吸着的空气，我们每个人就像社会血液中的细胞，只有社会正常地、健康地发展了，即使有少部分的坏细胞存在，也最终会被好细胞取代。所以，面对邪教，我们除了排斥还应该正视，正视之后，我们应该想办法去改善他，使之成为好的一部分。

处在社会生活的我们，对于自身不好或者负面的东西，我想首先应该做的不是急于去压抑或压制，而更应该学会与之共存，因为那一部分东西也是我们身心的一部分。我记得有句话是这么说的：每个人心中都有一个恶魔，它之所以存在，是因为它也是人性的一部分。我相信正因为有了不好的一部分，才会使我们想变得更好，那一部分是伴随我们成长的必需品，最终我们会承认自己的确有不足，会学着和我们不好的东西共存。

面对邪教亦是如此，社会坏的一部分之所以存在是因为社会还需要改善、需要不断成长。最后我们相信社会的负面会融入正面中，达到和谐状态，"邪不胜正"始终是至理名言。

26

邪教是指冒用宗教、气功或者其他名义建立，神化首要分子，利用制造、散布迷信邪说等手段蛊惑、蒙骗他人，发展、控制成员，危害社会的非法组织。邪教组织的身影遍布全世界，其危害也十分严重，在中国有许多邪教组织秘密发展，欺骗民众，危害社会。

近些年来，我们也听闻了一些邪教在中国肆虐的事例。比如法轮功痴迷者自焚事件，导致了许多生命的逝去。在 2001 年春节前后，一些法轮功教徒在天安门广场制造了震惊全国的自焚事件，参与其中的不仅有原本的法轮功信徒，还有许多是被她们拉着一起自焚的亲人朋友，甚至还有一名12岁的孩子和一名19岁的女大学生。邪教组织法轮功残害生命的残忍行径受到全国上下的一致谴责和申讨。

为了避免邪教的侵害，我们应该辨明真正的善恶，坚定自己的信念。因为邪教组织都是对信教徒进行洗脑，使他们放弃自己的观念，接受邪教人员灌输的观点，进而操控人们的思想和行为。然后我们应该相信科学和自然规律，没有人可以长生不死，生老病死这都是有自然规律的，邪教组织所谓的神也无法改变。只要看清了这一点，被迷惑的老年人就会少很多。而且，面对生活中的不公和挫折，我们都不应该产生绝望、怨恨等情绪，这会让邪教组织乘虚而入，引导我们的思想，唆使我们做出报复社会的行为。因此，保持积极乐观向上的心态也十分重要。我们要武装自己的思想，首先确保自己不会被邪教组织所侵害，始终站在科学和正义这一边。然后，才能尽可能帮助身边的人，破除迷信，避免被邪教组织欺骗和伤害。

27

邪教是披着宗教外衣的反科学、反现实、反社会、反正统、反政府的非法组织。随着社会主义事业的不断发展，我国已经受到多个邪教组织的攻击。截至2015年我国已经确认的邪教组织就达14个之多，这些邪教组织虽然造成了一定经济损失，但更重要的是给国人造成的心理阴影和心理恐惧，搞得人心惶惶，而且渗透到我国的邪教组织不是直接进行破坏活动，而是利用煽动我国的普通的百姓对我国进行破坏活动。由于普通百姓知识水平不高，无法准确辨别邪教与宗教，被别有用心的人利用，最后甚至失去自己的生命。

邪教组织既然能够在我国存在，那就一定有它存在的土壤。首先，邪教组织将社会的不足无限放大，将社会的异化无限夸大。在边疆地区的普通的百姓因为对政策不是十分了解，容易被利用。而且邪教利用煽动的人多半是一些愤世嫉俗、看不惯社会的危险分子。其次，现代社会的快速发展，有时候让人有些喘不过气来，难以追赶上社会的发展步伐，虽然每天朝九晚五，但有时间闲下来无事可做就总觉得好像少了些什么，有了一些情感上的缺失。人都是这样，一旦觉得缺失了些什么，就得寻找一种寄托填补精神上的空虚。邪教也正是因为人有精神的缺失，它便乘虚而入，普通群众一时之间又难以辨别，所以就会误入歧途，一旦踏入邪教，就会被邪教控制，难以脱身。所谓"一入邪门深似海"。其实邪教也不一定一开始就是邪教，都是经过一定时间的积累，慢慢变质而成。除此之外，可能一时之间并不能看清邪教的本质，当你看清时，却为时已晚。

邪教在我国如此放肆，有没有可以抵御的办法呢？我想，还是有办法的。首先，我们应该明白，我国正处在社会转型期，正是改革的攻坚期，有问题是在所难免的，我们既要正视出现的问题，又要积极寻求解决之道。其次，如果觉得累了，就自己自动的放慢脚步，静静地想想自己到底想要些什么，想好后再重拾行囊再次出发。当然在闲暇时也可以进行一些有益身心的各方面的活动，给自己放个短暂的假，清一清心里的垃圾，放松放松自己。再就是学习一些抵抗邪教的基础知识，提高自己的辨别能力。正所谓"知己知彼，方能百战不殆"。

28

众所周知，随着邪教组织的迅猛发展，已经严重危害了社会的安全，造成了社会动荡。最让大家印象深刻的是天安门自焚事件，还有2014年5月28日，山东招远发生的一起"全能神"邪教成员故意杀人案件，六名该邪教成员在麦当劳向周围就餐人员索要电话号码，在遭到拒绝后，将其残忍殴打致死。"全能神"邪教近年来屡屡制造危害社会安定，伤害民众安全的恶性事件。

为什么邪教组织会反社会呢？我觉得是作为个人欲望过大，想要成为社会的主宰，过分夸大神的作用，盲目自信。作为国家没有很好的管理这些邪教组织，把它扼杀在摇篮里，而是任由它发展，等它造成了很大危害之后，才开始对其进行打击管理。如何避免邪教组织的发展壮大呢？作为个人，应该加强自身的道德文化修养，提高自己的辨别能力，努力学习科学文化知识，用科学的力量武装自己。作为国家社会，应加强对人民群众的教育，积极引导人们树立正确的世界观、人生观和价值观。还要对邪教进行干预，让它不能成长壮大，加强对社会的管理，完善相关部门制度，积极引导人们举报邪教组织。

为了更好地打击邪教，使其不能危害社会造成社会动荡，国家和个人应该好好配合，履行好各自的义务，承担起各自该承担的责任。

30

对于生老病死，没有人能看的开，这也是邪教利用神的目的。能包治百病的神人，谁会不想要呢？在农村，我们总是可以看到很多用劣质纸印刷出来的小册子，上面满是邪教的标识、标语。其中占大部分的是小故事，关于亲人生病的家庭，因为加入了教会，病就不治而愈的故事。他们的故事大同小异，主要说的是某个偏远山村，某户人家有人生病了，治了很久都治不好，无意间看到他们教会的某位人员，他们把这个事情上报给他们的"神"，于是不久后病就好了。对于这类故事，作为大学生会觉得很可笑，其真实性我们一看便知，但是对于没有多少知识的农村妇女及老人，更甚者比如碰上家里有亲人生病的家庭，他们会病急乱投医，觉得试试也无妨，但是一旦进入到陷阱之后，就是任人宰割的羔羊，由不得你了。我觉得，这也是邪教能宣扬的原因，他们选择的主要阵营是农村，以百姓最关注的身边事为诱饵，扩散的范围广。

邪教有多大的危害，我们都有所耳闻。全能神、法轮功这些邪教，他们在干扰农村的基层政权，毒害思想不成熟的青少年，它们反社会、反政府，这些对于个人、家庭、社会的伤害何其的大。

对于邪教，作为个人，我们要坚决抵制、反对。对于大学生参与邪教的可能性比较小，但是对于老一辈知识比较少的农村人，我们要做的还有很多。就如马克思所说的，经济是基础，政治、文化对经济具有反作用。政府要做的就是在发展经济的同时，对于国民的思想教育不容忽视，对于广大农村的思想文化教育必须重视，对于基础的医疗设施更加需要完善。在平时，也要加强对于宣传迷信思想的电视节目、报刊等的审核，不要给人民群众错误的引导。社会要做的是对主旋律思想的宣扬，对舆论的引导，这些，也是我们要做的！

31

  随着当今时代的发展，人们的思想和文化逐渐变得纷繁复杂。同时，由于人类感情的缺失和社会的异化，邪教的种子开始萌芽，并受到人们错误信仰的浇灌而逐渐膨胀。发展到今天，邪教早已在我们无知觉时渗透到我们的生活之中。在居民区疏于管理的小巷中，随处可见邪教张贴的广告，甚至在很多的公众场合中，有邪教成员公开向他人传播邪教文化。据我同学的亲身经历，她曾经在乘坐公交车时，无意地与一旁的陌生人闲聊，发现那陌生人信仰邪教，并一直宣扬邪教的教义和礼仪，大声宣扬说，如果练好了他们教派的气功便可长生不死，让人听起来不禁觉得好笑。为什么会有人信仰这些明显违背生活常理和科学的无稽之谈呢？是由于缺乏生活常识和科学教养吗？并非如此，因为有很多受过高等教育的人也参与了其中。在我看来，除了由于人类感情的缺失和社会的异化外，人们陷入邪教的泥潭是源于其徘徊于心灵的"迷雾"之中。

  自然界的雾是由水和灰尘混合而成的，而心灵的迷雾则是由人们的贪欲、怨恨、自私和恐惧交织而成，使人们看不清世界的本来面目。受"迷雾"的影响，人们眼中的世界是扭曲了的、黑暗化了的。人们找不到"迷雾"的出口，在其中不堪折磨与煎熬，转而投入邪教露着坏笑的怀抱中。在人的一生中，人们很容易走入心灵的"迷雾"，只因人生不可能一帆风顺，总有狂风暴雨袭来，甚至于有可能遭受地震和海啸，在这个时候，别被"迷雾"蒙蔽了双眼。勇敢地面对一切，冷静面对人生中的挫折和磨难，切莫始终徘徊于自己给自己设的"迷雾"中。

32

  邪教，是一个令人生畏的组织，它与宗教不同，它反科学、反现实、反正统、反政府、反社会。无论是在资本主义国家还是社会主义国家，邪教都属于非法组织。既然邪教对社会具有破坏性是公认的事实，那它又是如何产生和发展起来的呢？

  在我看来，邪教的产生主要有两方面的原因。一方面是因为随着社会经济的发展，社会中不公平、不公正的现象比较普遍，人们饱受打击又无处宣泄，心里充满了对现实的不满，再加上有些人的心理承受能力不强，所以屡经挫折后容易走向极端，这就为邪教的产生创造了非常有利的条件。另一方面，邪教的组织者非常有心，他善于利用人性的弱点，用种种伎俩哄骗、蛊惑人们，拉他们下水，为自己所用。两个方面相辅相成，就这样邪教在世界各地相继产生了。

事物的影响往往表现在它的发展过程中，邪教也不例外。据统计，全世界邪教组织有1万多个，信徒数亿人，其发展可谓是较为惊人。邪教组织尚能发展成如此，这不得不引起我们的注意。那它究竟是如何发展起来的呢？我个人认为，最主要的原因还是因为国家法制的不健全，人民法律意识淡薄，不能很好地学法、知法、懂法、守法、用法，让一些居心不良的人钻了空子，最后迷失了自我。

邪教的产生和发展都有一定的原因，我们只有不断地去认识它，分析它，才能最终减少它，消灭它，让世界多一分美好。

33

邪教组织不仅在西方发达国家泛起，而且在广大的由传统社会向现代社会过渡的发展中国家频频出现。西方发达国家虽然已经实现传统社会向现代社会的转型，我认为社会的富足和繁荣并不能消除人心的空虚和烦恼。因为现代社会是建立在市场经济基础之上的，在市场经济条件下，金钱至上，物欲横流，人们的欲望被空前地激发出来，推动了社会经济的发展，但现实社会不可能让所有人的欲望都同时得到最大的满足。挑战和机遇同时存在，同样拥有才华能力的人，社会可能给予的回报、生活的境遇会有天壤之别，而且在社会转型过程中，收入分配的不公平，贫富差距的两极分化等现象也普遍存在。很多没有得到需求的人把社会没有给予的社会待遇归结为社会的不公平，把个人的不良境遇归咎于社会，认为是社会对自己的剥夺，从而对社会产生反感和敌视态度，进而在一定条件下可能转化为反社会，甚至反人类的仇视心理和行动。

对于邪教，我觉得我们在谴责的同时，更重要的是反思。我们都很明白，一般人不会在理智清醒的时候做一些违背自身原则的事，很多人加入邪教组织,是因为受到蛊惑,然后被操控。因为很多人在绝望、失望的时候才会不理智,更容易被蛊惑,被操控。所以,我们应该反思,是什么让人绝望失望,从根本找到原因,从而才能正确的解决。

34

"邪教"一词,相信每个人都不会感到陌生,因为它实实在在的存在,并且时刻在破坏社会的稳定,践踏法律的庄严,残害人们的生命。学练法轮功而引起多起自焚事件,多少人因此而失去了生命,破坏了多少完整的家庭,多少无辜的人受到牵连;招远"全能神"故意杀人事件,就因为拒绝告诉电话号码而遭到"全能神"信徒的杀害;西安"全能神"信徒无辜砍伤22名小学生事件等,一件件与邪教相关的事发生在人们身边,究竟是什么原因造成的呢?又该如何去应对它呢?

近年来,邪教不仅在中国,甚至在全世界都在滋生蔓延,逐渐成为破坏社会和平,危害社会稳定,阻碍社会进步的重要因素之一。它不仅对社会的发展构成了威胁,同时也给无数的家庭和个人带来了严重的灾难,让许多人失去了无辜的生命。就法轮功而言,从它产生的那一刻起,就不断向周围的人宣传,不停地制造事端,大搞教主崇拜,编造歪理邪说,宣传迷信救人,自焚死后能进入天堂,通过欺骗和蒙蔽善良民众,残害生命,骗取钱财,践踏人权,扰乱社会,破坏法制,危害社会稳定。尽管国家在认真防范和严厉打击各种邪教组织的活动,但邪教却没有偃息旗鼓,反而有种蔓延的趋势,为什么会出现这种状况?我认为主要是两个因素引起的。

一是社会因素。在当今这个利益横流的社会,社会上个人利益至上,为了谋求个人利益而不惜损害国家利益和他人利益,有些人追求利益不计一切后果,把社会的制约,法律的制裁置之度外。科技日益发展,社会日益复杂,致使许多事情无法用简单的方式来解释,对于一般的民众而言,总是在追赶社会的发展,时代的进步,而不是真正的处在时代的前沿,许多事情科学给出的答案往往过于复杂,使一般公众难以理解和接受,让人们处于懵懂之中。一些邪教的伪科学、歪理邪说理论就会乘虚而入,为了迎合一般公众需要简单而快速回答的心理,从而误导他们走进科学的误区，诱导他们对其迷恋、依赖，进入其中而不能自拔。现代科技的进步不仅促进社会的发展，科学的推广，同时也给邪教的伪科学、歪理邪说的宣传和邪教组织的发展提供了便利。

二是个人因素。中国有着两千多年的封建传统社会，在封建传统文化的背景下，封建传统思想和迷信思想仍然根植于许多人心中，所以个人迷信在当代社会继续盛行。邪教利用迷信的心理，在邪教信徒中宣扬邪教教主和"神"的存在，迷惑信徒无所不能，反复灌输于脑海当中，渐渐让其产生迷恋和依赖。人生活在这个世上，都会有各种各样的需求，例如生活需求，生理需求，精神需求，自我实现需求等，在追求这些需求的同时，总有一些人是不如愿的，这些人就会感到迷茫，得不到自己所需要的，邪教就会利用这些人对需求的渴望，满足或者部分满足他们的这些需求，从而使他们唯邪教之命是从。个人欲望的强烈膨胀，有些人总是不满足现状，欲望的膨胀使人走向极端，而邪教从某种意义上就会提供满足欲望的平台，把他们的欲望无限放大，让他们处于欲望的幻想中自我陶醉，而不能清醒走出来。

因此，国家应该加大对邪教组织的打击力度，宣传科学的力量，传授简单而又正确的科学方法防范邪教的传播。对于个人而言，追求利益要使用正确的方法，不能损害他人的利益，要破除封建迷信思想，清晰地辨别优秀的传统思想和糟粕的迷信思想，遇到问题时，要使用正确的科学方法去解决，对邪教要做到不听、不信、不传，主动检举揭发邪教的违法活动，面对邪教不惧怕，使用合理的手段作抗争。社会是进步的，促使人也要不断地向前进步，不要让利益、欲望遮盖了我们的眼睛和心灵。

35

邪教是指冒用宗教、气功或者其他名义建立，神化首要分子，利用制造、散布歪理邪说等手段蛊惑、蒙骗他人，发展、控制成员，危害社会的非法组织。邪教大多是以传播宗教教义、拯救人类为幌子，散布谣言，且通常有一个自称开悟的具有超自然力量的教主，以秘密结社的组织形式控制群众，一般以敛取钱财为主要目的。

先不说别的，光从字面上理解，"邪"就是指不正当，不正派的意思，所以说，邪教对人们、对社会肯定是有巨大危害的。那么，邪教究竟有哪些危害呢？

大家应该还记得 2014 年山东的"招远案"，这是近年来影响较大的邪教组织危害社会的事件，事情经过大家应该都已经通过网络或者电视详细了解过。当央视焦点访谈播出记者采访几名罪犯事发当时心里是怎么想的，他们的回答竟然说：受害人是邪灵，他们不害怕法律，因为他们相信神。从这里我们可以看出，这些人显然是被邪教组织完全洗脑了，变得是非不分，心无善念，一切只听从邪教组织的安排，所以才会酿成这样的悲剧，害人终害己。

在我们现实生活中，多少也都存在着一些邪教成员，只不过他们的活动时间和地域都比较隐蔽，所以我们平时无论在哪里，都要提高警惕。就在今年年初，发生在我家附近的事情，也和邪教有关。事情大概是这样的：我家旁边一个妇人，好像是前年的时候，之前是信仰基督教的，不知道从什么时候开始，被人骗去信了邪教。今年年初的一天晚上，她突然在家人一起吃饭的时候，说出了这个事，竟然劝自己的儿子信这个教，当时她的丈夫一听，立马大拍桌子，当时就想要打他的妻子，好在一家人都在，被劝阻了。当时她的女儿听到她母亲说出这样的话，由于女儿是一个中学老师，她明白信邪教的危害，于是就商量劝阻自己的母亲，叫她明天就和父亲一起去外地打工，割断她与邪教组织成员的来往，可是怎么都不听劝，后来闹得死去活来，吵得一晚上不得安宁。到了第二天，听我妈妈说，除了她自己，他们一家人都去外地了，好好的一个家，就这样被弄得七零八散。那天以后，时不时的在晚上能看到她独自一个人出去，大家都猜测她是去参加什么邪教活动，可是没人敢上前问她，都是敬而远之，平时多防备着她。现在大半年过去了，不知道事情怎么样了，作为邻居的我而言，真心的希望她能正确认识事情的严重性，趁早割断与邪教的来往，与家里人多沟通，好好过日子。

从上面这个真实的例子我们可以看到，一旦受到邪教组织和邪教思想的干扰，无论是对家人还是社会，都非常不利，所以我们必须提高辨别能力。尤其是在一些乡下，大多数老百姓文化水平不高，容易受一些小恩小惠的蛊惑。切记，天上不会掉馅饼，世界上没有那么好的事，平日里要克制贪念，只有这样，我们才能远离邪教，免受邪教干扰，才能维护社会和自身的安宁。

36

宗教是我们所认同的，可是却往往有一些宗教变了味，变成了邪教，危害社会。

首先，宗教是为了寄托人们的情感，是人们精神的寄托。而邪教往往却是在利用人们的心理不择手段的骗敛钱财。一般邪教要求"成员要完全的奉献，来满足教主的旨意"，宣扬奉献越多，所得到的恩典和平安就越多。宗教为人们提供的是善意的精神寄托和信仰的支持，邪教则是不择手段的对人们思想进行控制。这就与宗教最基本的宗旨相违背了。其次就是危害社会，我们早先听到过许许多多的新闻，例如天安门自焚事件，这些行为已经引起了社会的不安，给人们造成了很大的困扰。宗教的教义与现实世界是相互包容的，并不排斥现实的世界，而是通过教义对人们进行积极的引导，劝善戒恶；而邪教往往让教徒与现实社会对抗，教唆人们逃避和反对现实世界，往往导致偏执狂热的极端行为的发生。再者就是一些邪教组织宣扬有病不用去医院，只需要喝点组织中所谓的圣水就好，声称信教能治病，而导致了一些人因为没能及时治疗而变得残疾，甚至失去生命。

邪教相对于宗教来说已经完全是变质了的。我们应当自觉地去抵制，首先要做到的就是不相信，不加入。如果发现了邪教组织的人应当及时报警，以防他们危害更多的人。

37

一般来说，我们认为邪教是指用宗教、气功或者其他名义建立，神化首要分子，利用、制造、散布迷信邪说等手段蛊惑蒙骗他人，发展、控制成员，危害社会的非法组织。我们可以这样理解，邪教是一个非法的机构，它有自己的组织形式，他们的目的是为了取得自己的利益或者是危害社会。他们有自己的头目，并且把他们的头目神化。

我们都是普通人，没有多少的自制能力，邪教通过各种手段迷惑他人，让人们不经意的陷入其中。想必大家都听说过天安门的自焚事件吧？法轮功信徒为了响应李洪志的号召，为了去极乐世界，公然在天安门前用汽油把自己烧死。他这种行为怎么样呢？当然是可笑的，他不仅给他自己带来了灾难，也给国家和社会带来了灾难。这样的例子还有很多，还有一些家庭把自己的亲人杀死，为的是让他们解脱。给社会和家庭造成了严重的伤害，难道我们还要去相信那所谓的神吗？

一般来说，邪教具有以下几点特征：

1. 神化其教主。他们往往称他们的首要分子为教主，比如李洪志就认为自己是神的化身。

2. 组织严密，活动诡秘，拥有一套极权主义结构。他们往往是一个组织，有明确的部门和分工。

3. 剥夺信徒钱财，非法谋取暴利。这是非常重要的一点特征，这也可以说是邪教和宗教的区别之一。他们总是要收取一定的费用，比如很多人都要花钱买李洪志的书和光碟等"修炼"资料，邪教分子从中可以获取大量的利润。

4. 打着宗教的幌子破坏宗教秩序和信仰自由。

5. 实施精神控制。

很多人觉得奇怪，邪教有这么多明显的特征，为什么还有那么多人相信它呢？我觉得那是因为现实社会中存在太多的矛盾。社会不可能关注到所有人，这就注定有人会觉得不平等。而这时候，一些邪教分子乘虚而入，误打误撞戳中人们的要害，那么人们自然而然会相信他们。

与迷信相对的自然是科学，想要破除迷信，就必须相信科学。当今社会，科学发展是第一生产力。随着科学的进步，我们对越来越多未知的事物有了更多的了解，对一些无法解释的事情也有了明确的答案。另外，我们自身也需要建立足够强大的心理防线，因为你永远也无法预计邪教分子什么时候会出来妖言惑众。

邪教的存在必然危害到社会的健康发展，他们的歪门邪道更是破坏了我们和谐的社会。我们只有从根本上杜绝邪教，从自身做起，不听不信邪教。只要人们不相信邪教，邪教分子就失去了支持，那么自然无处容身。我们才能创造和谐社会。

39

邪教大多是以传播宗教教义、拯救人类为幌子，散布谣言，且通常有一个自称开悟的具有超自然力量的教主，以秘密结社的组织形式控制群众，一般以不择手段地敛取钱财为主要目的。传销则指组织者或者经营者发展人员，通过对被发展人员以其直接或者间接发展的人员数量或者销售业绩为依据计算和给付报酬，或者要求被发展人员以交纳一定费用为条件取得加入资格等方式谋取非法利益，扰乱经济秩序，影响社会稳定的行为。由此看来，邪教和传销有很多共同点，邪教和传销无处不在，甚至已经渗透进了我们神圣的大学校园。

近年来，我国邪教和传销组织活动新的动向和新的特点是向青年知识分子和在校大学生渗透，呈现出低龄化和诡秘化的倾向。在我大一刚进大学校园时，我就下定决心要把我的英语学好，而且我了解到我们学校有很多英语协会，所以我就想加入进去。但是在我向学长学姐们咨询过后，我就熄了这个念头，学长学姐们说有的英语协会很像传销！开始我是不相信的，那些协会的成员都很努力，每天清早都在操场大声朗读英语。之后在一次偶然的机会下我亲眼看到了，那是夏天的一个晚上，我因为在教室看书晚了急着回宿舍，走在路上我隐约听到了一些奇怪的声音，我就循声音过去看了眼，只见五个人趴在草地上爬行，而他们背上各自站了一个人，那些人一直在叫他们爬快点，还说这点苦都吃不了，还怎么学英语！这件事我一直没跟人说过，之后也没想过加入任何英语协会，但是那些英语协会成员一直死缠烂打，天天劝说我交钱加入他们，不得已我换了电话号码。通过这个事情我明白了某些传销组织和邪教打着协会的幌子来蒙骗我们学生，很多学生深陷其中不能自拔，之后不久学校方面可能掌握了一些信息而取缔了某些协会。这个事情尤其需要我们大学生提高自我辨别能力。

大学生掌握着现代通信工具，而世界观、人生观和价值观还不成熟，便成为邪教组织和传销组织最看好的发展对象。这不仅严重扰乱了正常的教学工作，还对高校教书育人的和谐校园环境构成了严重威胁。加强正确宗教观教育和反邪教反传销立场教育，揭露它们的危害和本质，开展高效防范与处理问题的对策教育，这是我们高校反邪教反传销教育的重点任务。

40

其实说到邪教，大家怎么看呢，就是它危害社会，害的别人妻离子散，家破人亡。其实这只是一点点，邪教对其教徒实行精神控制，信徒必须遵循"精神领袖"的旨意而行动。这种精神控制的严重性，早已超出了人们的想象。另外，邪教脱离正常社会生活，内部法则高于正常社会法则，信徒必须首先遵守教规，使信徒脱离社会，就能使信徒失去家庭和朋友的帮助，有的即便后悔了也难以脱身了。最为重要的一点就是邪教具有反社会的性质，不断宣扬社会很丑恶，只有加入教会才会得到美丽生活。

说到法轮功大家并不陌生，2001年的天安门自焚事件大家也都记得，这些现象说明了什么呢，那就是部分民众受害颇深。而法轮功的创始人李洪志在其组织编写的《李洪志先生简介》中称李洪志8岁得上乘大法，具有大神通，能搬运、定物、思维控制、隐身等功能，这简直是胡说八道，欺骗众多法轮功修炼者。

据统计全世界邪教组织有1万多个，信徒数亿人。在未来社会，由于人们的性格多样化，也许受到邪教组织的影响会更大，它们往往经过精神灌输来迷惑信徒，这往往导致很多悲剧的发生。当今社会，是科学的社会，是和谐的社会，是健康的社会，是发展的社会。任何组织不论以任何理由去破坏社会和谐与安定，都应受到严厉的制裁。

41

在我的印象中，知道宗教是在很小的时候从电视或者报刊等媒体上了解的。那时候，包括现在，出现的关于宗教的报道都是某地又出现了宗教之间的流血冲突事件，要么是人体炸弹在人群聚集的地方爆炸，要么就是暗杀或者是武装冲突。总之，没有基督教里讲的天堂，神爱众人，也没有伊斯兰教里说的真主安拉庇护世人，充斥在我们眼前的是一幕幕惊心动魄的流血、破坏与死亡。

我们总是讲中国人缺乏信仰，而西方人信仰坚定。是的，中国处在这样一个经济全球化，社会大变革的时代，而思想意识，艺术文化都受着外来的冲击，但不可否认的是中国整体上还是处在一个相对和平、人人积极向上的状态，虽有少量的社会问题出现，也是中国高速发展不可避免的。反观西方国家，大肆宣扬个人主义，是的，他们在宗教信仰中表现的尤为忠烈，甚至许多人不惜为此付出自己的一生或者是生命，为的就是那自以为应该守其一生的所谓的信仰。而且由于西方这种极其推崇自我的思想影响，对于信仰，他们也是如此的。他们永远都是排斥异己，认为自己信仰的宗教才是世界上最为完美的，人人都应该和他一样拥护他心中的那个神，否则，就不是一路人，我可能会打击你。因此，在这种狭隘的信仰思维下，很容易就因为一些小事情就扩大到信仰忠诚问题，而所谓的重视信仰忠诚的信教徒就难免大动干戈。仔细一想，这就是宗教的初衷？真不知道各个宗教的创始祖看到今天的状况会是怎样一种心情。

让我们回到宗教这个问题上吧，我个人对宗教知识了解不是很深，但至少可以确定的是，宗教的起源背景基本都是社会动荡，世人活在水深火热之中又无法把握自身命运，大家为了有个心灵寄托来躲避难熬的现实，由此宗教应运而生。在宗教世界里，会有个假想神，这个神有超能力，带领着人们摆脱苦难，过上幸福的生活。而发展到如今，人们却在和平年代因宗教而又回到水深火热之中，这是多么可笑又可悲的事啊！

宗教本是游离于政治，利益集团之外的，一旦单纯的宗教与这些东西有沾染，灾难就随之来临。在中世纪时期，宗教被某些贪权者掌控，于是宗教被这些人用作释放贪欲的工具，西方世界陷入黑暗时期，宗教的乌云在欧洲笼罩了几百年才散去。而如今，更多的人为了一己私欲而利用宗教来达成目的，而这样带来的后果就是各种破坏和平，陷百姓于水深火热的事情时有发生。恐怖活动，霸权主义，中东地区的动乱，这些不能说是宗教的错，而是宗教被人利用所带来的不良后果。

宗教，是给人心灵上的放松，让人在压力巨大的现实世界中找到一个安静的情感处所，宗教应该是为现实服务的。在中国大部分人是信奉佛教的，小时候经常在一些特定的节日去寺庙烧香拜佛祈福，愿一家人平安、健康、幸福。有时还会有大型的宗教活动。这些不但让我们对现世有个希冀，也在这其中丰富了我们的生活，陶冶了心灵。

宗教，只是服务我们人生的一个工具而已，实在是没有必要如此忠诚。如果这样的话，恰恰是我们成为宗教的附属品了。那才是真正的悲哀。说到底，还是苏格拉底的那句话，"认识你自己"，只有我们真正认识自己，了解自己的内心，强大到不依赖外在的东西来让自己存在，才真正活出了自我。否则，即使我们依赖的东西是多么美好，平静时倒看不出什么，万一出现巨大的变故，事业的失败，生离死别，爱情的失去等，我们都将轰然倒下。

42

人类世界几千年的文化积淀下来，宗教文化就是人类文明史上一颗璀璨的珍珠，然而经过那么长时间，难免会有一些糟粕夹杂在其中，宗教在全世界吸引众多信徒的同时，它的一些分支，各种小的邪教却是给宗教世界抹了一把黑。

21世纪初，震惊全国的法轮功，再到近年来的全能神，在我国，邪教已经公然破坏社会稳定，另外还有一些不为人知的小邪教可能暂时还没出现，但是如何防止邪教已经成为一项刻不容缓的国家问题。那么为什么邪教能招摇过市，取得无辜群众的信任呢？我觉得可以从以下几点来探讨一下。

首先从当今社会这个大环境来说，很多人找不到存在感，他们或许生活在社会最底层，郁郁不得志，不管生活上，还是工作上都不能被认同，自己的诉求也难以被表达出来，即使表达出来了也得不到满足，这个时候他就会去寻找心里慰藉，而正是这时给了邪教可乘之机。我们可以看到那些被邪教洗了脑的人，他们本质上并不坏，只是被邪教分子利用洗脑来达到邪教报复社会的目的，他们实际上只是工具，也可以说是一枚小小的棋子。就这点来说我们政府职能还有很多地方需要完善，要更加了解人民群众的需求，替群众解决问题，更好的提供公共服务。

其次，对于邪教为什么能蛊惑人心，很重要的一点就是它在某一方面正好迎合受洗脑群众的心，特别知道人们在想什么，并通过一些手段使你麻痹了双眼，然后对你进一步洗脑，最后你就变成了他们的一部分。这是很可怕的，一个人的思想一旦被坏人控制，他就变成了恶魔。作为政府首先还是得完善相关职能，了解百姓疾苦，让邪教没有缝隙可以进来，而且要加大对邪教的打击力度，让邪教没有生长的土壤。

最后，作为个人来讲，健康的心理和理性的态度，对事物的辨析能力是至关重要的，因为即使可能你很失意，你也会健康积极的看待问题，而不是想一些极端的问题或解决办法，更不会加入邪教报复社会，总之，邪教是人类思想发展过程中的毒瘤，我们应该主动躲避。

43

大部分人听到邪教都会害怕或者是觉得它很可恨，因为他们在报复社会，破坏社会安定，残害人的生命，他们确实是这样。但反过来又有一说法：可恨之人必有可怜之处。

首先，他们的精神世界处于分裂边缘。他们每天应该活在担惊害怕的日子里，无法正常入睡，每天紧张。还有的可能像被传销的一样被洗脑了，又还有点意识，但却无法自拔，就像吸毒了一样。可想而知，他们生活得太惨了。

其次，他们情感的缺失，使他们无法拥有世界美好的东西，像爱情、亲情、友情和人间的悲欢离合等。

最后这一点，我们看看在他们成为邪教人士之前的社会生活。邪教是个组织，那么就有上层与下层，他们的发展对象是下层人员。根据调查显示，这些下层人员在社会上同样来自社会的底层，而且，文化水平大部分很低。我们可以想到，这些来自社会的底层人员，他们生活在贫穷、不公、环境破坏与污染的一个社会中。这样的社会疾病导致他们的心理扭曲，这种心理不断膨胀，以至于他们通过报复社会来发泄他们对社会的不满。

我们在看邪教人士的可怜之处，其实我们何尝又不是在看我们自己，我们社会的可怜之处呢。

45

老师在教学过程中也和我们讲到邪教的含义。我自己也有自己的理解。在此我说说自己对邪教的理解和看法。

在人们看来，邪教和正规的宗教是有很大的区别的。对于之前我们所学的基督教、伊斯兰教、佛教之类的宗教最明显的区别就在于，基督教、伊斯兰教、佛教都是正确的宗教信仰，并且在信仰宗教的过程中遵守各个国家自身的法律法规。而邪教在这方面和其他正统宗教是完全不一样的，在邪教组织的眼中，不管是全能神还是法轮功，都是以不遵守国家规章秩序为基础进行一切危害社会的活动的。

所谓邪教，顾名思义，就是邪恶的宗教，并没有为人们树立正确的宗教信仰，并且利用人们对宗教的虔诚来影响人们，为邪教所用。在新闻中轰动一时的全能神杀人案件和曾经的引火自焚的法轮功自杀案件，都是全能神和法轮功这两个邪教组织为实现自身利益而做出的恶劣的危害社会治安的事件。

当然这是我们应该全民行动起来一起杜绝的邪教组织。邪教之所以发展得如此规模宏大，之所以受影响人群这么多，正是因为他们抓住了人们向往天堂向往美好生活的心理，并且以可以缓解人们的身体压力和精神压力为手段，使无数人为之听命。所以很多的美好与和谐并不能由邪教所给予，要自己给自己。邪教主要影响的也是缺乏知识教育的人群，例如老人、小孩、农民，所以在此方面就更应该注重宣传树立正确的宗教信仰，有利于全人民的发展，也利于国家的发展。

在这里，我还想要讲一下传销组织。在这个知识点中谈到传销组织是因为，在当今的社会环境下，传销组织存在于我们所处社会的每个角落，并且用他们的传销方式危害着我们的社会安定。而且我也认为，传销组织在日益壮大，有朝一日存在成为邪教的可能性，虽然对于邪教而言，他们的精神崇拜是唯一的，是属于神的化身那一类的，而传销组织的精神崇拜是崇拜最高的领导者，他们的崇拜对象可以是多人的，但是这一点的区别在我看来并不能抹去传销组织对我们的社会带来的危害。传销组织和邪教有一个共同点，就是他们的主要目的都是为了非法敛财。在这点上，邪教所产生的危害可能还比传销组织要恶劣些，邪教会给人们造成社会恐慌，进而引发很多社会刑事案件的上升和动荡，会带来各种社会骚乱。传销组织也会危害社会安定，扰乱社会秩序。所以说，我们不仅仅要防范和杜绝邪教组织，同时还要提高对传销组织的防范能力，传销组织都是从亲朋好友人手,认为从越熟悉的人入手越容易掌控,所以今后在社会生活中,也要懂得擦亮眼睛,要有警惕性,小心邪教和传销组织的陷阱。

这就是我对学习邪教这个课程的理解,可能我说的并不是一定正确的,对于邪教我们还需要花更多的时间去了解、去探讨。我们的社会环境中还存在这样那样危害我们社会治安的邪教,只有我们都能齐心协力地去抵制邪教,才能得到好的效果,才能抵制邪教的恶性传播。

46

作为世界上对社会危害影响最大的非法宗教组织——邪教,从古到今一直活跃在世界舞台上,以至于导致人们的生命财产安全受到极大的威胁。邪教不同于基督教、伊斯兰教、佛教,它是利用宗教的名义散布谣言,用非法手段遥控组织成员,以达到危害社会的目的。之所以不同,是因为世界三大宗教主要以和平相处为准则,相互学习交流优秀的宗教文化。

我最早知道的邪教组织是法轮功,主要是从初中政治书中所知,法轮功是我国活跃性第一的邪教组织。至今我还记得那个误入法轮功歧途,被她妈妈带入火坑点汽油自焚的年龄仅仅12岁的花季女孩刘思影。在那次自焚事件中,年仅12岁的刘思影还是没有挽救回来,不幸离开了这个世界。这个本应在父母的怀抱里撒娇,在学校里开心的与同学玩耍的花季年龄,一个爱学习的成绩优异的女孩,就这样离开了她亲人,老师和同学们。可见,法轮功的危害有多大,给人类的生命财产安全造成了重大的不利影响。从法轮功自焚事件可知,我认为我们应当远离邪教组织,珍惜生命、尊重生命、爱护生命,任何威胁我们自身生命财产安全的非法组织要坚决抵制,利用法律的手段来维护我们自身的生命财产安全。

据我了解,我认为危害性最大的邪教组织是全能神教。去年发生的招远血案导致一个女人当场死亡的恶性事件就是最好的见证。全能神教徒就因为对方不给电话号码而殴打对方以致死亡,其行为极度恶劣,严重践踏了他人的生命。不管怎么说,这些人都要受到法律的严厉制裁。我认为,生命是可贵的,任何人都不能非法擅自夺去他人宝贵的生命。在我国,还有一个组织也不容小觑,它造成一些家庭家破人亡,给社会带来了极大的不利影响，那个组织就是我们所说的传销组织。近年来，传销组织一直在活跃着，虽然警察每次都能把非法传销组织打掉，但是非法传销组织总是会卷土重来，只是换了一些人一些洗脑工具罢了。为什么这些非法组织不能永远被剔除，有各种各样的原因，关键还是我们自身能够明白这些非法组织的危害性，能够克制自身的欲望。可是，在社会经济的快速发展，生活水平的提高的同时，我们往往忽略了自身道德意识的培养，以至于导致一些人做出了不合社会逻辑的事情，走上违法犯罪的道路。可见，不管是邪教组织还是传销组织，我们都应该抵制，并利用法律手段取缔它们。

通过了解邪教组织和传销组织，从中我明白了一些道理：生命是可贵的，我们应该远离邪教组织和传销组织，珍惜生命、尊重生命、爱护生命。任何非法擅自夺取他人生命的行为都会受到法律严厉的制裁。同时，我们还要尊重劳动者、珍惜劳动成果，要靠自己的双手去劳动，获得自己所要的劳动成果。任何不劳而获的想法都是错误的。通过劳动，我们可以锻炼自己，获得劳动果实，解决自己的后顾之忧，也为国家贡献了自己的一份力量，何乐而不为呢？

13

自古以来都是邪不胜正，因为这是与社会发展相违背的，是完全扭曲了人的思想。邪教都是打着宗教幌子，利用制造，散布歪理邪说等手段蛊惑、蒙骗他人，发展和控制成员，危害社会的非法组织。邪教主都说自己是神的化身，是来拯救人类的，充满正义感的具有超自然能力的教主。这个教主跟我们之前的佛教、基督教、伊斯兰教世界三大宗教不一样的是，邪教主这个自以为是神化身拯救人类的人物是真真切切存在于人类的世界当中，是一个真实的存在体。这种非法的组织跟传销一样，首先都是对人进行洗脑，让人完全相信。

但是这种组织能够成立的原因，我个人觉得都是心灵扭曲了，受打击了，觉得世界不再是当初想象的那么美好的，就想着寻求另一种方式去净化自己，还有就是社会的异化，导致人的思想动摇，受到影响。

邪教危害社会的案例也有不少，就比如：山东招远发生一起"全能神"邪教成员故意杀人案件，六名该邪教成员在麦当劳向周围就餐人员索要电话号码,在遭到拒绝后,将其残忍殴打致死。还有就是在安徽霍邱县卢庆菊加入"全能神"两年后,想要退出,却被当时"介绍人"威胁:"你要是不干了,神一定会惩罚你的,灭了你和你的家人,包括你的子孙。"卢庆菊曾看过教会惩罚不听话的人,想起那种毒打场面,威胁的话,不敢再多说一句。2011年11月,卢庆菊迫于"全能神"的威胁,为了不牵累家人投河自尽了等类似这样的案例还有很多很多。这完全就是在危害我们的社会。神拯救人类,救世主的神,怎么会如此残忍的去危害我们的社会呢?这也是一种侵犯人身权利的行为,信仰这种组织的人我觉得他们也有点神经质,完全就是一种心理变态的行为。一个正常人怎么会去做如此残忍的事。尤其是这个所谓的邪教教主,所谓的神的化身,就更不可思议了,说什么自己是神的化身还具有超乎一切自然的力量,在这个现实世界上怎么会有这么个神人,如果有的话那我们这个世界还不都得任由他去宰割,那世界都会完蛋掉。虽然宗教宣扬神的存在,但这只是人的一种理性的信仰,是引导人向善的,而且这种神他并非存在于我们现实的世界当中,并不是我们可以看见的。进入邪教成为邪教教徒的人,有内在的因素也有外在的因素,完全就是属于心理变态,受控于邪教教主。一切听命于邪教教主,也是一种完全被洗脑了的行为。这种人连死都不怕。早几年的法轮功,引火自焚,这是需要多大的勇气啊!这个事件在社会上的影响也很大,引起了社会的关注。由此可见,邪教对我们这个社会所造成的危害影响是极大的。但邪教依然还如此盛行的原因无外乎就是我们刚才所说的两点,内在的和外在的。社会广大成员应该要多相信科学,科学才是硬道理,不要去相信这些乱七八糟的东西,政府及其有关人员也应该要严厉去打击这些危害社会的非法组织。不过这些组织最终都是会走向灭亡的,这个社会终究都是邪不能胜正的。

19

世界上可能有许多人数不多但是确实存在的邪教,到现在为止可能对社会还没有产生更大的危害,所以存在但是并不出名。但是总有一天,邪教发展到一定的程度,人数扩充之后,对社会的危害就会慢慢地显露出来。我们奉行宗教信仰自由,没有对社会产生破坏性的影响之前,不能够过多的干涉，但是等邪教发展到一定程度，又不能预测他们的行为，因此阻止不了。

在网上搜索资料时，看到中国甚至世界上都有很多的邪教，比如说"天堂之门""天父的儿女""统一教"等。这些邪教都是出了名的，所以我们了解的，也并不确定邪教中有多少的教徒。还有更多的不知名的邪教，那么人数又是不可估量的。

第一个了解到的邪教就是"法轮功"，印象最深的就是自焚。很多时候总是有人默默地出现在你身边劝你信奉邪教，在钱币上写下他们的教义，在不知道的小角落里都会有它们宣传其存在。邪教总是会造成很多的危害，信徒集体自杀，集体自焚，因为别人经常的劝告以为别人是反教的恶魔，所以将人杀死。在我看来，入邪教的人都是已经被洗脑了的人，没有自己的思想，想到的都是教义，说什么做什么的人了。

说到洗脑，总是觉得传销和邪教有一些类似，邪教为了使信徒相信他们，都会将人控制起来，身边一直都有人陪，经常有人在你身边告诉你，这个世界是怎样怎样，我们的存在是为了社会，然后一直在旁边洗脑，直到你接受了他们的思想。传销不也有一些类似吗？为了更好的发展，经常让人六亲不认，认为自己能够赚大钱，不断发展下线，让更多的人六亲不认，不顾家庭。一开始认为邪教的发展只是控制他们的思想，但是后来了解，入教是要交钱的，也会要求你发展下线，更有甚者，要求你奉献自己的肉体，以及更多不能接受的要求。而对传销，一开始的印象只会对经济产生影响，但是后面慢慢了解到，传销将人洗脑之后让人没有了感情，不是更大的影响吗？传销和邪教有那么多的相同点，那么传销会不会有一天发展成邪教呢？当然我也知道传销和邪教是不同的。

在网上搜索邪教信息时，虽然并没有指出参与邪教组织的人的年龄阶层，但是图片中经常出现的人都是一些中年或者老年人，特别是乡下的老年人。也经常看到在乡下小孩子生病时不是送去医院，而是在家拜拜神，或者请一些巫婆用巫术救治，导致小孩因为救治不够及时，然后死亡的事情。这些事情是不能避免的吗？当然不是，但是当自己的思想不够清晰时，或者自己的意志力不够坚定时，总是会听取或者遵从他人的建议，然后又因为对科学的不信任，导致了这一个个悲剧。还有一些仅仅是因为农村中落后的陈旧的思想导致的，虽然并不能够说是邪教，但也产生了很多的不良影响。

并不是不让你信教，我们也是奉行宗教信仰自由。但是害人害己的邪教终究是不能轻易参加的，要保持高度的警惕。

50

邪教的产生应该从创立者和参与者两个主体，多个角度进行分析，如个人原因、社会原因、家庭原因等。第一，从组织者方面的原因阐述，邪教有一大特征就是组织者通过教会大量的敛财、践踏人权，可以看出组织者创建邪教的一大个人原因就是：为了满足自己的私人欲望而通过教化来欺压跟随者，宗教异化是他们的一般手段，比如全能神主要以"平安"之名敛财，通过钱财买安全，以"善心"名义敛财，捐助的钱财其实就是被组织者所没收，以"灾难"之名、"祭祀"之名等手段掩饰。第二，邪教的产生也有反社会势力组织的支持，才得以维持运作。正如全能神教，1991年被公安部门查处后，创立者赵维山潜逃，经反社会势力的协助，辗转东京、美国等地，为下次的传教积蓄力量。所以说邪教的背后拥有一个强大的集体和雄厚的资金维系着，这也是邪教之所以产生的重要原因。

当然，参与者本身的原因也是不可忽略的，首先就是人的感情的缺失，生活中缺少交流，遇到压抑情绪无法及时排除，导致心理疾病的产生。正如赵维山的异化的工具，河南的邓姓女子，1990年由于高考失利，受到刺激，患有精神病，多次治疗未能治愈，后经介绍加入全能神，导致个人病情加重，同时危害社会。其次主体意识的缺失，防范意识的缺失，具体科学的发展使人们越来越忽视了人的主体意识和防范意识的教育，所以说关于邪教的识别和应对的教育无论对于什么层次的人来说都是不可或缺的。最后，社会压力越来越大，人民生存压力空前加剧，对于学业、就业、生活的压力未能得到缓解，人们的精神财富的缺失，心理得不到安慰或者解压的方式不对，在邪教分子的怂恿下导致误入歧途害人害己，给社会安全带来了巨大了威胁。

结　语

　　21世纪各大宗教都在努力呈现自己的文化内涵，以更积极的态度面对教外大众，宗教的文化品格日益得到彰显。而我们大学生群体作为主要受众之一，面对错综复杂的宗教，更需要我们做出正确的价值判断与价值选择。那么《宗教学》这一课程就显得尤为重要，通过这一课程的学习，我们从更深层次了解了真正的宗教。根据费尔巴哈的唯物论观点，宗教有人类在其文化发展过程中产生的思想和价值的构成，却被异化的投射于神的力量或神身上，他相信一旦我们了解了宗教与社会生活的本质，宗教所具有的爱的本质及善的力量就会造益于人类社会，宗教代表了人的自我异化这一观点到后来也被马克思所接受。任何宗教都包含信仰与文化的两大层面，信仰在很大程度上属于个人或群体的内在心灵力量，而文化则是外在的，它是个人群体或者说社会的信仰体现。每一个宗教体系的建立与完善都是一种信仰与文化的发展传承，我们学习它就是去深层次了解每一个宗教背后的文化传承与它所蕴含的信仰力量。这对于当代大学生行为规范的养成有不可忽视的重要作用。

　　宗教以其特别的作用与形式给我们的生活带来各种不同的影响，在现今经济快速发展，功利主义甚嚣尘上的时代，学一点宗教学知识便显得尤为重要。基督先知耶稣告诫基督徒应该过这样的生活——我们基督徒是世上的光，要照亮罪恶的黑暗世界；我们是世上的盐，要抵挡从世界而来的腐败和堕落。伊斯兰教义中说一个真正穆斯林的社会生活，是植根于最高的道德原则，并且是以旨在确保个人以及社会之幸福与兴旺为着眼的，做一个真正穆斯林应该也是充满自我幸福感与满足的，他们植根于最高的道德原则，仿如尘世的圣贤，以善和爱教化世人，在教化世人的过程中，自身也得到心灵的满足与精神境界的提升，这也是一种纯净纯洁的心灵养成方式。佛陀告诫弟子，我们在日常生活中要这样修行——三界唯心，万法唯识，修行先要修心，将"十恶业"转化为"十善业"，佛教徒先要修其心，再修其法，只有心若明镜台，才能本来无一物。可想而知，佛的修行更是一种纯净自我心灵的上乘之法，不争不怒，万法归一，心灵的纯净才是修习万法的前提与基础。由此可见，各个宗教都在呈现自己文化内涵的同时，在当今社会它也能指导我们如何去更好地生活。

总之，通过一个学期的宗教学课程的学习，我们清楚地认识到宗教信仰的意义与缺陷。我们有必要在坚持正确世界观与价值观的基础上努力汲取宗教的有益成分，取其精华，去其糟粕，与时俱进，不断创新与发展，让其为我们个人成长与社会主义和谐社会建设发挥宗教的独特作用，为社会主义宗教建设与传播做出我们应有的贡献。